Peter Löw/Maximilian Löw (Hg.)

Das eine Evangelium

Peter Löw/Maximilian Löw (Hg.)

Das eine Evangelium

Auf der Grundlage der
Evangelienharmonie des Tatian

Mit dem deutschen Text
der Herder-Übersetzung
des Neuen Testaments

Wissenschaftliche Mitarbeiterin
Mai Nguyen

FREIBURG · BASEL · WIEN

© Verlag Herder GmbH, Freiburg im Breisgau 2024
Alle Rechte vorbehalten
www.herder.de
Umschlaggestaltung: Verlag Herder, Freiburg
Satz: SatzWeise, Bad Wünnenberg
Herstellung CPI books GmbH, Leck
Printed in Germany
ISBN 978-3-451-38555-1

Inhalt

Einleitung 7

Hinweise zur Benutzung 11

Abkürzungen 12

Das eine Evangelium: Kapitelübersicht 13

Textteil:
Das eine Evangelium 19

Anhang

I. Tatians Diatessaron:
   Historische und methodische Erläuterungen 209
   1. Übersicht 209
   2. Das verlorene Diatessaron 214
   3. Zur Person Tatians 222
   4. Zur Motivation Tatians 225
   5. Kritik am Diatessaron 229
   6. Die Methode Tatians 231

II. Das eine Evangelium:
    Tatians Diatessaron in einer neuen Ausgabe 238
    1. Zur Methode dieser Ausgabe und des neu
       zusammengestellten Textes 238
    2. Die Kritik an der Gattung Evangelienharmonie . . . 244
    3. Eine Evangelienharmonie für heute 246

Nachwort 249

Quellen und Literatur 251

Die Herausgeber 256

Einführung

Es ist reine Freude und pure Menschenliebe, die die Frohe Botschaft ausstrahlt. Und genauso wie für uns Christen nur der eine Gott existiert, gibt es auch nur ein Wirken, ein Leiden und eine Auferstehung des menschgewordenen Sohnes Gottes, Jesus Christus. Dieser Glaubenswahrheit scheint jedoch in gewisser Weise entgegenzustehen, dass die Frohe Botschaft nach heutiger Lesart in vier zum Teil unterschiedlichen Evangelien, nämlich in der Fassung des Matthäus, Markus, Lukas und Johannes, kanonisch tradiert wird.

Es war Athanasius von Alexandria, der im Jahr 367 als erster (in seinem 39. Osterfestbrief) alle Bücher des Neuen Testaments einschließlich der vier Evangelien in ihrer heutigen Form auflistete. Es folgte im Jahr 397 die dritte Synode von Karthago (eine Regionalversammlung, die nur für den Bereich Nordafrika sprach), die erstmals verbindlich festlegte, dass ausschließlich die vier kanonischen Evangelien, und zwar jedes für sich, die einzig authentische Berichterstattung über das Leben und Wirken Jesu, sein Leiden, seinen Tod und seine Auferstehung sein sollten. Alle anderen Berichte, die in der alten Kirche kursierten, wurden für den liturgischen Gebrauch verboten. Diese Position setzte sich in der Folgezeit in der ganzen Ökumene durch und fand schließlich im 5. Jahrhundert Eingang in das Decretum Gelasianum „der aufzunehmenden und nicht aufzunehmenden" biblischen Bücher.

Je mehr Zeit seit dem Kreuzigungstod Jesu verstrichen war, desto geringer wurde die Bereitschaft, die vier alten und ehrwürdigen Evangelientexte aus der Frühzeit des Christentums in Frage zu stellen oder auch nur ein einziges Wort an ihnen zu verändern. Mit ihrer Kanonisierung wurde der Zugang zum Bericht über Leben, Botschaft und Lehre Jesu Christi als einem geschichtlichen Ereignis nur über die separaten Evangelientexte möglich, die sich aber in ihren theologischen, kerygmatischen, historischen aber auch schriftstellerischen Eigenarten unterscheiden.

Auch aus heutiger Sicht und unter Berücksichtigung der Umstände der damaligen Zeit ist der Vorgang der Kanonisierung der

Heiligen Schrift nachvollziehbar, darf aber für die Evangelien dennoch, wie bereits damals, hinterfragt werden. Der klare Auftrag an uns Christen nämlich: *Geht hinaus in die ganze Welt und verkündet das Evangelium der ganzen Schöpfung* (Mk 16,15), wird durch die Parallelstruktur der vier Texte erschwert, die einfache Fasslichkeit und anmutige Schlichtheit der einen Frohen Botschaft durch deren Aufteilung womöglich verkompliziert.

Bereits in der Frühzeit des Christentums wurde darüber diskutiert, ob die Darstellungen der vier separaten Evangelienberichte zu einem einheitlichen Geschehensablauf, der ihnen ja in der Biographie des historischen Jesus von Nazaret zugrundeliegt, verknüpft bzw. harmonisiert werden sollten. Eine frühe Fassung einer solchen „Evangelienharmonie" ist das Diatessaron (griechisch, „aus vier" bzw. „alle vier"), das der Syrer Tatian bereits um die Mitte des 2. Jahrhunderts geschaffen hat, also lange vor der dogmatischen Festlegung des neutestamentlichen Kanons.

Das Vorgehen Tatians war visionär. Er benutzte mit prophetischem Weitblick die später kanonisierten Evangelien und keinen der zahlreichen anderen damals kursierenden apokryphen Texte des Lebens Jesu. Bei der Komposition seiner Harmonie behandelte er die genannten Evangelientexte respektvoll und mit größter Hochachtung, ohne deren Inhalt oder gar deren Wortlaut mehr als geringfügig zu verändern. Er schnitt einzelne Sätze aus den Texten aus und fügte sie in seiner Sicht (historisch) folgerichtig „harmonisiert" in seiner Komposition wieder zusammen. Bis auf wenige sprachliche Änderungen blieben somit die ursprünglichen Evangelientexte in ihrem Wortlaut erhalten. Inhaltliche Doppelungen (v.a. der synoptischen Evangelien Matthäus, Markus, Lukas) entfielen; widersprüchliche Angaben harmonisierte er.

Tatian wollte mit seinem Diatessaron keinesfalls ein eigenes „Tatian-Evangelium" schaffen, sondern vielmehr eine verständliche und in sich schlüssige Version des einen Geschehens aus den tradierten Texten kompilieren.

Schon damals war der Erfolg seines Unterfangens überwältigend. Tatians Diatessaron avancierte im 3. und 4. Jahrhundert zum eigentlichen Evangeliar der syrisch-arabischen Kirche und verbreitete sich in der ganzen christlichen Welt, wie zahlreiche Übersetzungen belegen. Erst die oben geschilderte Kanonisierung der vier Evangelien ab dem Ende des 4. Jahrhunderts und das darauffolgende Verbot des Gebrauchs abweichender Texte in der Liturgie, auch jener des Diatessaron, beendete die Karriere von Tatians Diatessaron innerhalb der Ökumene.

Dem Ansatz Tatians folgend möchte das vorliegende Buch gleichfalls keine eigene oder neue Evangelienversion schaffen, sondern auf Basis der vier tradierten Evangelientexte eine harmonisierte Darstellung vorlegen. Dabei geht es aber nicht darum, eine deutsche Übersetzung des Werks Tatians zu präsentieren. Dazu gibt es bereits verschiedene wissenschaftliche Ansätze, die sich noch im Prozess befinden. Das vorliegende Werk beabsichtigt vielmehr, sich an der Struktur von Tatians Diatessaron orientierend, auf der Basis der vier Evangelien einen einheitlichen Evangeliumsbericht zu präsentieren.

Auch in der vorliegenden Ausgabe „Das eine Evangelium" werden die vier kanonischen Evangelientexte mit größter Hochachtung und mit höchstem Respekt behandelt. Als deutschen Bibeltext benutzen wir die vier Evangelien, wie sie in der Übersetzung der Bibel des Verlags Herder (sog. Herder-Übersetzung, HÜ) in ihrer revidierten Fassung seit 2004 vorliegen.

Ziel des vorliegenden Werkes ist es, das Leben, das Leiden und die Auferstehung Jesu von Nazaret in *einem* zusammenhängenden und lebendigen Text darzustellen, der zum Lesen und Nachdenken einlädt. „Das eine Evangelium" möchte dadurch die Freude an der Frohen Botschaft neu beleben und allen Leserinnen und Lesern einen einfachen Zugang zu Jesu Verkündigung, Botschaft und Lehre geben.

Ausführliche Erläuterungen zur Vorgehensweise Tatians sowie zur Texterstellung des vorliegenden Werkes finden sich im Anhang.

München, im Advent 2023 *Peter und Maximilian Löw*

Hinweise zur Benutzung

Der im Folgenden abgedruckte Text bietet in der Marginalspalte die Stellenverweise auf die kanonischen Evangelien.

Einige Passagen aus den vier Evangelien wurden von Tatian nicht übernommen. Diese Passagen sind jedoch in der vorliegenden Ausgabe wieder in den Fließtext eingefügt worden, jedoch *kursiv* ausgezeichnet, sodass sie sofort identifiziert werden können, ohne den Lesefluss zu stören. Darüber hinaus findet sich in der Regel dazu eine erläuternde Fußnote.

Aufgrund Tatians Vorgehensweise, einzelne Passagen, Sätze oder gar Halbsätze aus den vier Evangelien neu zusammenzusetzen, ergab sich für den deutschen Bibeltext der vorliegenden Ausgabe gelegentlich die Notwendigkeit, kleinere Anpassungen grammatikalischer oder sinnwahrender Art vorzunehmen. Diese kleineren Eingriffe sind ebenfalls durch *Kursivschrift* kenntlich gemacht.

Gelegentlich hat Tatian Passagen oder einzelne Wörter der Evangelisten weggelassen, dies meist dann, wenn er vom Text eines Evangelisten zu dem eines anderen wechselt. Soweit diese Auslassungen innerhalb eines nummerierten Verses erfolgten, sind sie im nachfolgenden Text mit Auslassungszeichen (...) gekennzeichnet.

Umfassende Erläuterungen einerseits zu Tatians Diatessaron, seiner Überlieferung, den wissenschaftlichen Ausgaben und den einschlägigen Einleitungsfragen sowie andererseits zu Methodik und Prinzipien der Erstellung des vorliegenden deutschen Textes „Das eine Evangelium" finden sich im Anhang im Anschluss an den Textteil.

Abkürzungen

EE Das eine Evangelium
EÜ Die Bibel. Einheitsübersetzung der Heiligen Schrift. Gesamtausgabe. Freiburg 2016.
HÜ Die Bibel. Die Heilige Schrift des Alten und Neuen Bundes. Vollständige deutsche Ausgabe (Herder-Übersetzung), Freiburg 2022.

Das eine Evangelium: Kapitelübersicht

1 Der Stammbaum Jesu _____ 21
2 Im Anfang war das Wort _____ 22
3 Zacharias _____ 22
4 Die Verkündigung _____ 23
5 Maria besucht Elisabeth _____ 24
6 Die Geburt Johannes' des Täufers _____ 25
7 Maria und Josef _____ 26
8 Die Weihnachtsgeschichte _____ 27
9 Das Kind Jesus im Tempel _____ 28
10 Die drei Magier _____ 29
11 Die Flucht nach Ägypten _____ 30
12 Die Rückkehr aus Ägypten _____ 30
13 Der Knabe Jesus im Tempel _____ 31
14 Johannes predigt in der Wüste _____ 32
15 Das Zeugnis des Johannes _____ 33
16 Die Taufe Jesu _____ 34
17 Jesus in der Wüste _____ 35
18 Die ersten Jünger _____ 36
19 Die Hochzeit in Kana _____ 37
20 Die Berufung weiterer Jünger _____ 38
21 Der große Fischfang _____ 39
22 Das Zeugnis des Täufers über Jesus _____ 39
23 Die Festnahme Johannes' des Täufers _____ 40
24 Die Heilung des Sohnes eines königlichen Beamten _____ 41
25 Jesus tut Wunder in Kafarnaum _____ 41
26 Jesus lehrt und heilt _____ 43
27 Die Heilung eines Gelähmten _____ 43
28 Die Berufung des Levi _____ 44
29 Über den Sinn des Sabbat _____ 45
30 Jesus heilt am Sabbat _____ 46
31 Die Berufung der Zwölf _____ 47
32 Die Bergpredigt _____ 48
33 Der Hauptmann von Karfarnaum _____ 56
34 Bedingungen der Nachfolge Jesu _____ 58

Kapitelübersicht

35	Der Sturm auf dem See	58
36	Der Besessene von Gerasa	59
37	Auferweckung der Tochter des Synagogenvorstehers	60
38	Die Heilung zweier Blinder	62
39	Die Heilung eines stummen Besessenen	62
40	Die Aussendung der Zwölf	62
41	Marta und Maria	65
42	Die Anfrage des Täufers und die Antwort Jesu	65
43	Von der Geltung des Gesetzes	66
44	Über den heiligen Geist und über Dämonen	67
45	Die Heilung eines blinden und stummen Besessenen	69
46	Jesus und die Sünderin	69
47	Die Aussendung der 72 Jünger	70
48	Die Drohung gegen die Städte	71
49	Die Vollmacht und die Freude der Jünger	71
50	Der Jubelruf Jesu	72
51	Die Entschlossenheit zur Nachfolge	72
52	Die Zeichenforderung der Pharisäer	73
53	Die Jüngerinnen Jesu	74
54	Das Gleichnis vom Sämann und über den Sinn von Gleichnissen	74
55	Die Gleichnisse vom Himmelreich	76
56	Der Prophet in seiner Vaterstadt	78
57	Der Tod Johannes' des Täufers	79
58	Die Speisung der Fünftausend	81
59	Jesus wandelt auf dem Wasser	83
60	Die Rede in der Synagoge von Kafarnaum	84
61	Die Spaltung unter den Jüngern	86
62	Das Mahl bei einem Pharisäer	87
63	Über Reinheit und Unreinheit	87
64	Die kanaanäische Frau	89
65	Die Heilung eines Taubstummen	90
66	Die Samariterin am Jakobsbrunnen	90
67	Die Heilung eines Aussätzigen	92
68	Die Heilung eines Gelähmten am Teich Betesda	93
69	Die Speisung der Viertausend	96
70	Die Zeichenforderung der Pharisäer und Sadduzäer	97
71	Die Heilung eines Blinden	98
72	Das Messiasbekenntnis des Petrus und die Antwort Jesu	98
73	Bedingungen der Nachfolge Jesu	99

74	Die Verklärung Jesu	99
75	Die Heilung eines kranken Jungen	101
76	Die Unterweisung der Jünger in Kafarnaum	103
77	Über Ehe und Ehebruch	104
78	Das Gleichnis vom verlorenen Schaf	106
79	Das Gleichnis vom verlorenen Sohn	107
80	Das Gleichnis vom klugen Verwalter	108
81	Das Gleichnis vom unbarmherzigen Schuldner	109
82	Mahnungen zur Umkehr	111
83	Die Heilung einer gekrümmten Frau am Sabbat	111
84	Jesus reist zum Laubhüttenfest nach Jerusalem	112
85	Das Gleichnis vom törichten Kornbauern	114
86	Was muss ich tun, um das ewige Leben zu erhalten?	115
87	Die Gleichnis vom reichen Mann und vom armen Lazarus	116
88	Das Gleichnis von den Arbeitern im Weinberg	117
89	Die Heilung eines Wassersüchtigen am Sabbat	118
90	Wer sich selbst erhöht, wird erniedrigt werden	118
91	Das Gleichnis vom Gastmahl	119
92	Die Heilung der zehn Aussätzigen	120
93	Die (dritte) Leidensankündigung	121
94	Die Bitte der Zebedäussöhne	121
95	Vom Herrschen und Dienen	122
96	Die enge Pforte	122
97	Der Zöllner Zachäus	123
98	Die Heilung des blinden Bartimäus	123
99	Das Gleichnis vom anvertrauten Geld	124
100	Jesus vertreibt die Händler aus dem Tempel	125
101	Der Pharisäer und der Zöllner	126
102	Der fruchtlose Feigenbaum	127
103	Jesus und Nikodemus	127
104	Regeln für die Jünger Jesu	129
105	Das Gleichnis von der Witwe und dem Richter	130
106	Die Vollmachtsfrage und das Gleichnis von den ungleichen Söhnen	130
107	Das Gleichnis von den bösen Winzern	131
108	Gebt dem Kaiser, was des Kaisers ist	132
109	Die Auferstehungsfrage und das Gleichnis von den sieben Brüdern	133
110	Das wichtigste Gebot	134

111	Das Gleichnis vom barmherzigen Samariter	135
112	Die Rückkehr Jesu zum Vater	135
113	Der Streit um Jesus im Hohen Rat	136
114	Die Ehebrecherin	137
115	Jesus lehrt im Tempel	138
116	Die Heilung eines Blindgeborenen	141
117	Der gute Hirte	143
118	Lazarus von Betanien	145
119	Jesu letzter Gang nach Jerusalem	148
120	Maria salbt Jesus die Füße	149
121	Die Eselin und ein Fohlen	150
122	Der Einzug in Jerusalem	151
123	Die Ankündigung der Verherrlichung	152
124	Die Heuchelei der Schriftgelehrten und Pharisäer	153
125	Ich bin das Licht der Welt	156
126	Die Zeichen des Weltendes	158
127	Die große Bedrängnis	160
128	Das Kommen des Menschensohnes	161
129	Ermahnungen zum Kommen des Menschensohnes	162
130	Das Gleichnis von den zehn Jungfrauen	164
131	Das Gleichnis von den Talenten	165
132	Das Weltgericht	166
133	Der Todesbeschluss	167
134	Der Verrat des Judas	167
135	Die Fußwaschung	168
136	Die Vorbereitung des Abendmahls	169
137	Das letzte Abendmahl	171
138	Die Ankündigung der Verleugnung durch Petrus	172
139	Jesus, der Weg zum Vater	172
140	Das Kommen des Beistands	173
141	Der Abschied Jesu	177
142	Das Hohepriesterliche Gebet	178
143	Im Garten Getsemani	180
144	Die Gefangennahme	181
145	Die erste Verleugnung durch Petrus	183
146	Jesus vor dem Hohepriester	184
147	Die zweite und dritte Verleugnung durch Petrus	184
148	Jesus vor dem Hohen Rat	185
149	Die Auslieferung an Pilatus	186
150	Jesus vor Herodes	187

151	Jesus erneut vor Pilatus	188
152	Die Verurteilung Jesu	190
153	Der Tod des Judas	190
154	Der Kreuzweg	191
155	Die Kreuzigung	192
156	Der Tod Jesu	194
157	Die Durchbohrung der Seite	195
158	Das Begräbnis Jesu	195
159	Die Bewachung des Grabes	196
160	Das leere Grab	197
161	Die Frauen berichten Petrus und Johannes	198
162	Die Erscheinung Jesu vor Maria aus Magdala	199
163	Der Betrug der Hohepriester	199
164	Maria aus Magdala bei den Jüngern	200
165	Die Emmaus-Jünger	200
166	Jesus erscheint den Jüngern in Jerusalem	202
167	Der ungläubige Thomas	203
168	Der Auferstandene am See von Tiberias	203
169	Der Missionsbefehl	205
170	Christi Himmelfahrt	206

Textteil:
Das eine Evangelium

1 Der Stammbaum Jesu

¹*Anfang des Evangeliums von Jesus Christus.* ⁽¹⁾   Mk 1,1
²*Stammbaum Jesu Christi, des Sohnes Davids, des Sohnes*   Mt 1,1–17
Abrahams:
³*Abraham zeugte Isaak, Isaak zeugte Jakob, Jakob zeugte Juda und seine Brüder,*
⁴*Juda zeugte Perez und Serach mit Tamar, Perez zeugte Hezron, Hezron zeugte Aram,*
⁵*Aram zeugte Amminadab, Amminadab zeugte Nachschon, Nachschon zeugte Salmon,*
⁶*Salmon zeugte Boas mit Rahab, Boas zeugte Obed mit Rut, Obed zeugte Isai,*
⁷*Isai zeugte David, den König. David zeugte Salomo mit der Frau Urijas,*
⁸*Salomo zeugte Rehabeam, Rehabeam zeugte Abija, Abija zeugte Asa,*
⁹*Asa zeugte Joschafat, Joschafat zeugte Joram, Joram zeugte Usija,*
¹⁰*Usija zeugte Jotam, Jotam zeugte Ahas, Ahas zeugte Hiskija,*
¹¹*Hiskija zeugte Manasse, Manasse zeugte Amon, Amon zeugte Joschija,*
¹²*Joschija zeugte Jojachin und seine Brüder zur Zeit der Wegführung nach Babylon.*
¹³*Nach der Wegführung nach Babylon zeugte Jojachin Schealtiël, Schealtiël zeugte Serubbabel,*
¹⁴*Serubbabel zeugte Abihud, Abihud zeugte Eljakim, Eljakim zeugte Azor,*
¹⁵*Azor zeugte Zadok, Zadok zeugte Achim, Achim zeugte Eliud,*
¹⁶*Eliud zeugte Eleasar, Eleasar zeugte Mattan, Mattan zeugte Jakob,*
¹⁷*Jakob zeugte Josef, den Mann Marias, von der Jesus geboren wurde, der Christus genannt wird.*
¹⁸*Von Abraham bis David sind es also vierzehn Geschlechter, von David bis zur Wegführung nach Babylon sind es vierzehn Geschlechter und von der Wegführung nach Babylon bis zu Christus vierzehn Geschlechter.* ⁽²⁾

⁽¹⁾ Nicht in Preuschens Tatianübersetzung. Andere Prologversion in Lk 1,1–4.
⁽²⁾ Stammbaum nicht in Preuschens Tatianübersetzung. Etwas andere Stammbaumversion bei Lk 3,23–38: „²³ Jesus war, als er zum ersten Mal öffentlich auftrat, etwa dreißig Jahre alt. Er galt als Sohn Josefs. Die Vorfahren

Das eine Evangelium 2

2 Im Anfang war das Wort

Joh 1,1-5 ¹ Im Anfang war das Wort, und das Wort war bei Gott, und Gott war das Wort.
² Es war im Anfang bei Gott.
³ Alles ist durch es geworden, und ohne es ist nichts geworden, was geworden ist.
⁴ In ihm war das Leben, und das Leben war das Licht der Menschen.
⁵ Und das Licht scheint in der Finsternis, und die Finsternis hat es nicht ergriffen.

3 Zacharias

Lk 1,5-25 ¹ In den Tagen des Herodes, des Königs von Judäa, lebte ein Priester namens Zacharias aus der Priesterklasse des Abija. Seine Frau stammte aus dem Geschlecht Aaron und ihr Name war Elisabet.
² Beide waren gerecht vor Gott, streng nach allen Geboten und Satzungen des Herrn lebend.
³ Sie hatten kein Kind, weil Elisabet unfruchtbar war, und beide waren schon in vorgerücktem Alter.
⁴ Eines Tages, als er nach der Ordnung seiner Klasse Priesterdienst vor Gott tat,
⁵ traf ihn nach dem Brauch der Priesterschaft das Los, in den Tempel des Herrn einzutreten und das Rauchopfer darzubringen.
⁶ Das ganze Volk aber stand zur Stunde des Rauchopfers draußen und betete.
⁷ Da erschien ihm ein Engel des Herrn, der zur Rechten des Rauchopferaltars stand.
⁸ Zacharias erschrak, als er ihn sah, und Furcht überfiel ihn.
⁹ Doch der Engel sagte zu ihm: Fürchte dich nicht, Zacharias; denn dein Gebet ist erhört worden. Elisabet, deine Frau, wird dir

Josefs waren: Eli, ²⁴ Mattat, Levi, Melchi, Jannai, Josef, ²⁵ Mattitja, Amos, Nahum, Hesli, Naggai, ²⁶ Mahat, Mattitja, Schimi, Josech, Joda, ²⁷ Johanan, Resa, Serubbabel, Schealtiël, Neri, ²⁸ Melchi, Addi, Kosam, Elmadam, Er, ²⁹ Joschua, Eliëser, Jorim, Mattat, Levi, ³⁰ Simeon, Juda, Josef, Jonam, Eljakim, ³¹ Melea, Menna, Mattata, Natan, David, ³² Isai, Obed, Boas, Salmon, Nachschon, ³³ Amminadab, Admin, Arni, Hezron, Perez, Juda, ³⁴ Jakob, Isaak, Abraham, Terach, Nahor, ³⁵ Serug, Regu, Peleg, Eber, Schelach, ³⁶ Kenan, Arpachschad, Sem, Noach, Lamech, ³⁷ Metuschelach, Henoch, Jered, Mahalalel, Kenan, ³⁸ Enosch, Set, Adam; der stammte von Gott." (Text nach EÜ.)

einen Sohn gebären und du sollst ihm den Namen Johannes geben.
¹⁰ Er wird dir Freude und Jubel sein und viele werden sich über seine Geburt freuen;
¹¹ denn er wird groß sein vor dem Herrn. Wein und berauschende Getränke wird er nicht trinken; schon vom Mutterschoß an wird er mit Heiligem Geist erfüllt werden
¹² und viele Söhne Israels wird er zum Herrn, ihrem Gott, bekehren.
¹³ Er wird ihm mit Geist und Kraft des Elija vorangehen und die Herzen der Väter den Kindern zuwenden und Ungehorsame zur Einsicht der Gerechten, um so dem Herrn ein bereites Volk zu schaffen.
¹⁴ Zacharias sagte zu dem Engel: Woran soll ich dies erkennen? Denn ich bin alt und meine Frau ist in vorgerücktem Alter.
¹⁵ Der Engel antwortete ihm: Ich bin Gabriel, der vor Gott steht, und ich bin gesandt, zu dir zu reden und dir diese frohe Botschaft zu bringen.
¹⁶ Aber siehe, du wirst stumm sein und nicht sprechen können bis zu dem Tag, an dem dies geschehen wird, weil du meinen Worten nicht geglaubt hast, die sich zu ihrer Zeit erfüllen werden.
¹⁷ Inzwischen wartete das Volk auf Zacharias; sie wunderten sich, dass er so lange im Heiligtum verweilte.
¹⁸ Als er dann heraustrat, konnte er nicht zu ihnen reden. Da erkannten sie, dass er im Heiligtum eine Erscheinung gehabt hatte. Er gab ihnen Zeichen und blieb stumm.
¹⁹ Als die Tage seines Dienstes zu Ende waren, kehrte er nach Hause zurück.
²⁰ Bald darauf empfing seine Frau Elisabet und hielt sich fünf Monate verborgen. Sie sagte:
²¹ So hat der Herr an mir getan zu der Zeit, als er auf mich schaute, um meine Schmach bei den Menschen wegzunehmen.

4 Die Verkündigung

¹ Im sechsten Monat wurde der Engel Gabriel von Gott in eine Stadt in Galiläa namens Nazaret   Lk 1,26–38
² zu einer Jungfrau gesandt, die mit einem Mann namens Josef aus dem Haus Davids verlobt war. Der Name der Jungfrau war Maria.

³ Er trat bei ihr ein und sagte: Sei gegrüßt, du Begnadete, der Herr ist mit dir!
⁴ Sie erschrak über das Wort und sann nach, was dieser Gruß bedeuten solle.
⁵ Der Engel sagte zu ihr: Fürchte dich nicht, Maria; denn du hast bei Gott Gnade gefunden.
⁶ Du wirst ein Kind empfangen, einen Sohn wirst du gebären; ihm sollst du den Namen Jesus geben.
⁷ Er wird groß sein und Sohn des Höchsten genannt werden. Gott, der Herr, wird ihm den Thron seines Vaters David geben. Er wird herrschen über das Haus Jakob in Ewigkeit
⁸ und seine Herrschaft wird kein Ende haben.
⁹ Maria sagte zu dem Engel: Wie soll dies geschehen, da ich keinen Mann erkenne?
¹⁰ Der Engel antwortete ihr: Heiliger Geist wird über dich kommen und Kraft des Höchsten wird dich überschatten. Deshalb wird auch das Kind heilig und Sohn Gottes genannt werden.
¹¹ Auch Elisabet, deine Verwandte, hat noch einen Sohn empfangen in ihrem Alter und dies ist schon der sechste Monat für sie, die als unfruchtbar galt.
¹² Denn für Gott ist nichts unmöglich.
¹³ Da sagte Maria: Ich bin die Magd des Herrn; mir geschehe nach deinem Wort. Dann verließ sie der Engel.

5 Maria besucht Elisabeth

Lk 1,39–56

¹ Maria machte sich in diesen Tagen auf und eilte in eine Stadt im Gebirge von Judäa.
² Sie trat in das Haus des Zacharias und begrüßte Elisabet.
³ Als Elisabet den Gruß Marias hörte, hüpfte das Kind in ihrem Leib; Elisabet wurde vom heiligen Geist erfüllt
⁴ und rief mit lauter Stimme: Gesegnet bist du unter den Frauen und gesegnet ist die Frucht deines Leibes!
⁵ Woher wird mir dies zuteil, dass die Mutter meines Herrn zu mir kommt?
⁶ Denn als der Klang deines Grußes in mein Ohr drang, hüpfte das Kind vor Freude in meinem Leib.
⁷ Selig, die geglaubt hat, dass sich erfüllt, was ihr vom Herrn gesagt wurde.
⁸ Da sagte Maria:
Hoch preist meine Seele den Herrn

⁹ und mein Geist jubelt über Gott, meinen Retter.
¹⁰ Denn er hat geschaut auf die Niedrigkeit seiner Magd. Siehe, von nun an preisen mich selig alle Geschlechter.
¹¹ Denn Großes hat an mir getan der Mächtige und heilig ist sein Name.
¹² Seine Barmherzigkeit währt von Geschlecht zu Geschlecht allen, die ihn fürchten.
¹³ Er hat Machttaten vollbracht mit seinem Arm, er zerstreut, die im Herzen voll Hochmut sind.
¹⁴ Gewaltige hat er vom Thron gestürzt und Niedrige erhöht.
¹⁵ Hungrige hat er erfüllt mit Gütern und Reiche leer davongeschickt.
¹⁶ Angenommen hat er sich Israels, seines Knechtes, eingedenk seiner Barmherzigkeit,
¹⁷ wie er gesprochen hat zu unseren Vätern, Abraham und seinen Nachkommen, in Ewigkeit.
¹⁸ Und Maria blieb ungefähr drei Monate bei ihr und kehrte dann in ihr Haus zurück.

6 Die Geburt Johannes' des Täufers

¹ Für Elisabet kam die Zeit, dass sie gebären sollte, und sie gebar einen Sohn.   Lk 1,57-86
² Ihre Nachbarn und Verwandten hörten, dass der Herr ihr große Barmherzigkeit erwiesen hatte, und freuten sich mit ihr.
³ Am achten Tag kamen sie, um das Kind zu beschneiden, und wollten ihm den Namen seines Vaters Zacharias geben.
⁴ Seine Mutter aber entgegnete: Nein, er soll Johannes heißen.
⁵ Sie antworteten ihr: Niemand ist in deiner Verwandtschaft, der diesen Namen trägt.
⁶ Sie winkten nun seinem Vater, wie er ihn nennen lassen wollte.
⁷ Er verlangte ein Täfelchen und schrieb die Worte: Johannes ist sein Name. Alle wunderten sich.
⁸ Sogleich wurde sein Mund aufgetan und seine Zunge (gelöst) und er sprach und pries Gott.
⁹ Alle Nachbarn ringsum wurden von Furcht ergriffen und im ganzen Bergland von Judäa sprach man von all diesen Dingen.
¹⁰ Und alle, die davon hörten, machten sich Gedanken darüber und sagten: Was wird wohl aus diesem Kind werden? Denn die Hand des Herrn war mit ihm.

¹¹ Sein Vater Zacharias wurde vom heiligen Geist erfüllt und weissagte:
¹² Gepriesen sei der Herr, der Gott Israels! Denn er hat sein Volk besucht und ihm Erlösung bereitet.
¹³ Er hat uns ein Horn des Heils aufgerichtet im Haus Davids, seines Knechtes,
¹⁴ wie er verkündet hat von alters her durch den Mund seiner heiligen Propheten,
¹⁵ um uns Rettung zu schaffen vor unseren Feinden und aus der Hand aller, die uns hassen;
¹⁶ Barmherzigkeit zu üben an unseren Vätern und seines heiligen Bundes zu gedenken,
¹⁷ des Eides, den er unserem Vater Abraham geschworen hat, uns zu verleihen,
¹⁸ dass wir, erlöst aus der Hand unserer Feinde, ohne Furcht ihm dienen
¹⁹ in Heiligkeit und Gerechtigkeit vor ihm alle unsere Tage.
²⁰ Und du, Kind, wirst Prophet des Höchsten genannt werden; denn du wirst dem Herrn vorangehen, zu bereiten seine Wege,
²¹ um seinem Volk Erkenntnis des Heiles zu geben in der Vergebung seiner Sünden,
²² durch das innige Erbarmen unseres Gottes wird uns besuchen der Aufgang aus der Höhe,
²³ zu leuchten denen, die in Finsternis und in Todesschatten sitzen, und unsere Füße zu lenken auf den Weg des Friedens.
²⁴ Das Kind aber wuchs heran und erstarkte im Geist. Und er lebte in der Wüste bis zum Tag, an dem er vor Israel auftrat.

7 Maria und Josef

Mt 1,18–25

¹ Mit der Geburt Jesu Christi verhielt es sich so: Als seine Mutter Maria mit Josef verlobt war, fand es sich, noch bevor sie miteinander lebten, dass sie schwanger war aus heiligem Geist.
² Da aber Josef, ihr Mann, gerecht war und sie nicht bloßstellen wollte, gedachte er, sie im Stillen zu entlassen.
³ Während er noch darüber nachdachte, erschien ihm ein Engel des Herrn im Traum und sprach zu ihm: Josef, Sohn Davids, scheu dich nicht, Maria, deine Frau, zu dir zu nehmen; denn was sie empfangen hat, ist aus heiligem Geist.
⁴ Sie wird einen Sohn gebären, ihm sollst du den Namen Jesus geben; denn er wird sein Volk von seinen Sünden erlösen.

⁵ Dies alles ist geschehen, damit das Wort des Herrn in Erfüllung geht, das er durch den Propheten gesprochen hat:
⁶ Seht, die Jungfrau wird schwanger werden und einen Sohn gebären, und man wird ihm den Namen Immanuel geben, das heißt übersetzt: Gott mit uns.
⁷ Als nun Josef vom Schlaf erwachte, tat er, wie der Engel des Herrn ihm aufgetragen hatte, und nahm seine Frau zu sich.
⁸ Er erkannte sie aber nicht, bis sie einen Sohn geboren hatte. (...)

8 Die Weihnachtsgeschichte

¹ In jenen Tagen erging ein Erlass des Kaisers Augustus, den ganzen Erdkreis (in Steuerlisten) einzutragen. Lk 2,1-21
² Diese Aufzeichnung war die erste und geschah, als Quirinius Statthalter von Syrien war.
³ Alle gingen hin, sich eintragen zu lassen, ein jeder in seine Stadt.
⁴ Auch Josef zog von der Stadt Nazaret in Galiläa hinauf nach Judäa in die Stadt Davids, die Betlehem heißt. Denn er war aus dem Haus und Geschlecht Davids.
⁵ Er wollte sich mit Maria eintragen lassen, seiner Frau, die schwanger war.
⁶ Während sie dort waren, kam für Maria die Zeit ihrer Niederkunft,
⁷ und sie gebar ihren Sohn, den Erstgeborenen, wickelte ihn in Windeln und legte ihn in eine Krippe, weil in der Herberge für sie kein Platz war.
⁸ In derselben Gegend waren Hirten auf dem Feld, die bei ihrer Herde Nachtwache hielten.
⁹ Da trat der Engel des Herrn zu ihnen, und die Herrlichkeit des Herrn umstrahlte sie, und sie fürchteten sich sehr.
¹⁰ Der Engel aber sagte zu ihnen: Fürchtet euch nicht! Denn ich verkünde euch eine große Freude, die dem ganzen Volk zuteilwerden soll.
¹¹ Heute ist euch in der Stadt Davids der Retter geboren, nämlich der Messias, der Herr.
¹² Und dies soll euch das Zeichen sein: Ihr werdet ein Kind finden, in Windeln gewickelt und in einer Krippe liegend.
¹³ Und plötzlich war bei dem Engel eine Menge himmlischer Heerscharen, die Gott lobten und sprachen:
¹⁴ Herrlichkeit in den Höhen für Gott und auf der Erde Friede den Menschen seines Wohlgefallens!

¹⁵ Als die Engel von ihnen in den Himmel gegangen waren, sagten die Hirten zueinander: Lasst uns also nach Betlehem gehen und sehen, was geschehen ist und was der Herr uns kundgetan hat.
¹⁶ Sie kamen eilends hin und fanden Maria und Josef und das Kind, das in der Krippe lag.
¹⁷ Als sie es sahen, berichteten sie von dem Wort, das ihnen über dieses Kind gesagt worden war.
¹⁸ Und alle, die es hörten, wunderten sich über das, was ihnen von den Hirten erzählt wurde.
¹⁹ Maria aber bewahrte alle diese Worte und erwog sie in ihrem Herzen.
²⁰ Die Hirten kehrten zurück, priesen und lobten Gott für alles, was sie gehört und gesehen hatten, so wie es ihnen gesagt worden war.
²¹ Als acht Tage vergangen waren und das Kind beschnitten werden musste, wurde ihm der Name Jesus gegeben, der vom Engel genannt worden war, noch bevor das Kind im Mutterschoß empfangen wurde.

9 Das Kind Jesus im Tempel

Lk 2,22-39

¹ Als die Tage ihrer Reinigung nach dem Gesetz des Mose erfüllt waren, brachten sie ihn hinauf nach Jerusalem, um ihn dem Herrn darzustellen
² – wie im Gesetz des Herrn geschrieben steht: Jedes Männliche, das den Mutterleib öffnet, soll dem Herrn heilig heißen –
³ und um ein Opfer nach der Vorschrift im Gesetz des Herrn darzubringen: ein Paar Turteltauben oder zwei junge Tauben.
⁴ Damals lebte in Jerusalem ein Mann namens Simeon. Er war gerecht und gottesfürchtig und wartete auf den Trost Israels und der Heilige Geist ruhte auf ihm.
⁵ Ihm war vom Heiligen Geist offenbart worden, er werde den Tod nicht schauen, bevor er den Messias des Herrn gesehen habe.
⁶ Er kam, vom Geist getrieben, in den Tempel und als die Eltern das Kind Jesus hereinbrachten, um nach dem Brauch des Gesetzes an ihm zu tun,
⁷ nahm er es in seine Arme und lobte Gott:
⁸ Nun entlässt du deinen Diener, Herr, nach deinem Wort in Frieden;
⁹ denn meine Augen haben dein Heil gesehen,
¹⁰ das du vor allen Völkern bereitet hast,

¹¹ ein Licht zur Offenbarung für die Heiden und als Herrlichkeit für dein Volk Israel.
¹² Sein Vater und seine Mutter wunderten sich über das, was über ihn gesagt wurde.
¹³ Und Simeon segnete sie und sagte zu Maria, seiner Mutter: Dieser ist gesetzt zum Fall und Aufstehen vieler in Israel und zu einem Zeichen, dem widersprochen wird –
¹⁴ auch deine eigene Seele wird ein Schwert durchdringen –, auf dass die Gedanken aus vielen Herzen offenbar werden.
¹⁵ Es war da auch eine Prophetin Hanna, eine Tochter Penuëls, aus dem Stamm Ascher. Sie war hochbetagt; nach ihrer Jungfrauschaft hatte sie sieben Jahre mit ihrem Mann gelebt
¹⁶ und war nun eine Witwe von vierundachtzig Jahren. Sie wich nicht vom Tempel und diente Gott Tag und Nacht mit Fasten und Beten.
¹⁷ Sie kam zu derselben Stunde hinzu, lobte Gott und sprach von dem Kind zu allen, die auf die Erlösung Jerusalems warteten.
¹⁸ Nachdem sie alles nach dem Gesetz des Herrn erfüllt hatten, kehrten sie nach Galiläa in ihre Stadt Nazaret zurück.

10 Die drei Magier

¹ Als nun Jesus geboren war zu Betlehem im Land Juda, in den Tagen des Königs Herodes, da kamen Magier aus dem Osten nach Jerusalem

Mt 2,1–12

² und fragten: Wo ist der neugeborene König der Juden? Wir haben seinen Stern aufgehen sehen und sind gekommen, ihm zu huldigen.
³ Als König Herodes das hörte, erschrak er und ganz Jerusalem mit ihm.
⁴ Er ließ alle Hohepriester und Schriftgelehrten des Volkes zusammenkommen und forschte sie aus, wo der Messias geboren werden solle.
⁵ Sie antworteten ihm: In Betlehem in Judäa. Denn so steht beim Propheten geschrieben:
⁶ Du, Betlehem im Land Juda, bist keineswegs die geringste unter den führenden Städten Judas; denn aus dir wird ein Herrscher hervorgehen, der mein Volk Israel weiden wird.
⁷ Da rief Herodes die Magier heimlich zu sich und horchte sie aus, wann genau ihnen der Stern erschienen war.

⁸ Dann schickte er sie nach Betlehem und sagte: Geht und forscht sorgfältig nach dem Kind; und sobald ihr es gefunden habt, lasst es mich wissen, damit auch ich komme und ihm huldige.
⁹ Nachdem sie den König angehört hatten, brachen sie auf. Und der Stern, den sie hatten aufgehen sehen, zog vor ihnen her, bis er ankam und über dem Ort stehen blieb, wo das Kind war.
¹⁰ Als sie den Stern erblickten, hatten sie eine überaus große Freude.
¹¹ Sie traten in das Haus ein und sahen das Kind mit Maria, seiner Mutter, fielen nieder und huldigten ihm. Dann öffneten sie ihre Schätze und brachten ihm Geschenke dar: Gold, Weihrauch und Myrrhe.
¹² Und da sie im Traum die Weisung empfingen, nicht zu Herodes zurückzukehren, zogen sie auf einem anderen Weg heim in ihr Land.

11 Die Flucht nach Ägypten

Mt 1, 13–18 ¹ Nachdem sie aufgebrochen waren, erschien dem Josef ein Engel des Herrn im Traum und sprach: Steh auf, nimm das Kind und seine Mutter und flieh nach Ägypten und bleib dort, bis ich es dir sage; denn Herodes will nach dem Kind suchen, um es zu töten.
² Da stand er auf, nahm in der Nacht das Kind und dessen Mutter und floh nach Ägypten.
³ Dort blieb er bis zum Tod des Herodes. So sollte das Wort in Erfüllung gehen, das der Herr durch den Propheten gesprochen hatte: Aus Ägypten habe ich meinen Sohn gerufen.
⁴ Als Herodes sich nun von den Weisen hintergangen sah, geriet er in heftigen Zorn, sandte aus und ließ in Betlehem und der ganzen Umgebung alle Knaben im Alter von zwei Jahren und darunter töten, genau der Zeit entsprechend, nach der er die Magier ausgeforscht hatte.
⁵ Da erfüllte sich das Wort, das durch den Propheten Jeremia gesprochen worden war:
⁶ Eine Stimme hörte man in Rama, viel Weinen und Wehklagen: Rahel weinte um ihre Kinder und wollte sich nicht trösten lassen, weil sie nicht mehr sind.

12 Die Rückkehr aus Ägypten

Mt 1, 19–23 ¹ Als Herodes gestorben war, erschien dem Josef in Ägypten ein Engel des Herrn im Traum

² und sprach: Steh auf, nimm das Kind und seine Mutter und zieh in das Land Israel; denn die dem Kind nach dem Leben getrachtet haben, sind gestorben.
³ Da stand er auf, nahm das Kind und dessen Mutter und zog in das Land Israel.
⁴ Als er aber hörte, dass Archelaus anstelle seines Vaters über Judäa herrschte, fürchtete er sich, dorthin zu gehen. Nachdem er aber im Traum eine Weisung empfangen hatte, zog er in das Gebiet von Galiläa.
⁵ Er kam in eine Stadt namens Nazaret und nahm dort Wohnung. So sollte sich das Wort der Propheten erfüllen: Er wird Nazoräer genannt werden.

13 Der Knabe Jesus im Tempel

¹ Das Kind wuchs heran und erstarkte, erfüllt von Weisheit, und Gottes Gnade ruhte auf ihm. Lk 2,40-52
² Seine Eltern zogen jedes Jahr am Paschafest nach Jerusalem.
³ Als er zwölf Jahre alt war, gingen sie der Festsitte gemäß wieder hinauf.
⁴ Als die Tage vorüber waren und sie heimkehrten, blieb der Knabe Jesus in Jerusalem und seine Eltern wussten es nicht.
⁵ In der Meinung, er sei bei der Pilgergruppe, gingen sie eine Tagesstrecke weit und suchten ihn unter den Verwandten und Bekannten.
⁶ Als sie ihn nicht fanden, kehrten sie nach Jerusalem zurück und suchten ihn dort.
⁷ Nach drei Tagen fanden sie ihn im Tempel, wie er mitten unter den Lehrern saß, ihnen zuhörte und Fragen stellte.
⁸ Alle, die ihn hörten, staunten über seine Einsicht und über seine Antworten.
⁹ Als seine Eltern ihn sahen, waren sie fassungslos, und seine Mutter sagte zu ihm: Kind, warum hast du uns das angetan? Dein Vater und ich haben dich mit Schmerzen gesucht.
¹⁰ Da sagte er zu ihnen: Warum habt ihr mich gesucht? Wusstet ihr nicht, dass ich in dem sein muss, was meinem Vater gehört?
¹¹ Doch sie verstanden nicht, was er damit meinte.
¹² Dann ging er mit ihnen nach Nazaret zurück und war ihnen gehorsam. Seine Mutter bewahrte alles in ihrem Herzen.
¹³ Jesus aber nahm zu an Weisheit und Alter und Gefallen bei Gott und den Menschen.

14 Johannes predigt in der Wüste

Lk 3,1-3 ¹ Im fünfzehnten Jahr der Regierung des Kaisers Tiberius, als Pontius Pilatus Statthalter von Judäa war, Herodes Tetrarch von Galiläa, sein Bruder Philippus Tetrarch von Ituräa und Trachonitis und Lysanias Tetrarch von Abilene,
² unter den Hohepriestern Hannas und Kajaphas, erging in der Wüste das Wort Gottes an Johannes, den Sohn des Zacharias.⁽³⁾
³ Er kam in das Land am Jordan und predigte eine Taufe der Umkehr zur Vergebung der Sünden,

Mt 3,1-4 ⁴ In jenen Tagen (...) predigte *er* in der Wüste von Judäa:
⁵ Kehrt um! Denn das Himmelreich ist nahe.
⁶ Dieser nämlich ist es, von dem durch Jesaja gesagt worden war:
⁷ Eine Stimme ruft in der Wüste: Bereitet den Weg des Herrn! Macht seine Straßen eben!

Lk 3,5-6 ⁸ Jedes Tal soll aufgefüllt und jeder Berg und Hügel abgetragen werden.
Was krumm ist, soll gerade, und was rau ist, zu ebenen Wegen werden,
⁹ und alles Fleisch soll Gottes Heil schauen!⁽⁴⁾

Joh 1,7-18 ¹⁰ Er kam zum Zeugnis, um Zeugnis abzulegen für das Licht, damit alle durch ihn glauben.
¹¹ Er war nicht das Licht, sondern er sollte Zeugnis ablegen für das Licht.
¹² (...) Das wahre Licht, das jeden Menschen erleuchtet, kam in die Welt.⁽⁵⁾
¹³ Er war in der Welt, und die Welt ist durch ihn geworden, und die Welt hat ihn nicht erkannt.
¹⁴ Er kam in sein Eigentum, und die Seinigen nahmen ihn nicht auf.
¹⁵ Allen aber, die ihn aufnahmen, gab er Macht, Kinder Gottes zu werden, denen, die an seinen Namen glauben,
¹⁶ die nicht aus dem Blut, nicht aus dem Willen des Fleisches, nicht aus dem Willen des Mannes, sondern aus Gott geboren sind.
¹⁷ Und das Wort ist Fleisch geworden und hat unter uns gewohnt und wir haben seine Herrlichkeit geschaut, eine Herrlichkeit, wie sie der einzige Sohn vom Vater hat, voll Gnade und Wahrheit.

⁽³⁾ Bei Joh 1,6 heißt es: „Ein Mensch trat auf, von Gott gesandt, sein Name war Johannes."
⁽⁴⁾ Preuschen schreibt EE 8,8–9 Mt 3 zu.
⁽⁵⁾ Übersetzung dieses Verses nach EÜ.

¹⁸ Johannes legte Zeugnis für ihn ab und rief: Dieser war es, von dem ich gesagt habe: Er, der nach mir kommt, ist mir voraus, weil er vor mir war.
¹⁹ Aus seiner Fülle haben wir alle empfangen, Gnade um Gnade.
²⁰ Denn das Gesetz ist durch Mose gegeben worden, die Gnade und die Wahrheit sind durch Jesus Christus gekommen.
²¹ Niemand hat Gott jemals gesehen. Der Einzige, der Gott ist und an der Brust des Vaters ruht, er hat Kunde gebracht.

15 Das Zeugnis des Johannes

¹ Das ist das Zeugnis des Johannes, als die Juden aus Jerusalem Priester und Leviten zu ihm sandten mit der Frage: Wer bist du?   Joh 1,19–28
² Da bekannte er und leugnete nicht; er bekannte: Ich bin nicht der Messias.
³ Sie fragten ihn: Was denn? Bist du Elija? Er sagte: Ich bin es nicht. – Bist du der Prophet? Er antwortete: Nein.
⁴ Da fragten sie ihn: Wer bist du? Wir müssen denen, die uns gesandt haben, Antwort bringen. Was sagst du über dich selbst?
⁵ Er sagte: Ich bin die Stimme eines Rufenden in der Wüste: Bereitet den Weg des Herrn!, wie der Prophet Jesaja gesagt hat.
⁶ Es waren auch Abgesandte aus dem Kreis der Pharisäer anwesend.
⁷ Sie fragten ihn: Warum taufst du denn, wenn du weder der Messias noch Elija noch der Prophet bist?
⁸ Johannes antwortete ihnen: Ich taufe mit Wasser. Mitten unter euch steht der, den ihr nicht kennt,
⁹ der nach mir kommt, dessen Schuhriemen zu lösen ich nicht würdig bin.
¹⁰ Das geschah in Betanien jenseits des Jordan, wo Johannes taufte.
¹¹ Er aber, Johannes, trug ein Gewand aus Kamelhaar und einen   Mt 3,4–10
ledernen Gürtel um seine Hüften. Seine Nahrung waren Heuschrecken und wilder Honig.
¹² Damals zogen Jerusalem und ganz Judäa und die ganze Jordangegend zu ihm hinaus.
¹³ Sie ließen sich von ihm im Jordan taufen und bekannten dabei ihre Sünden.
¹⁴ Als er aber viele Pharisäer und Sadduzäer zur Taufe kommen sah, sagte er zu ihnen: Ihr Natternbrut! Wer hat euch gelehrt, ihr könntet dem kommenden Zorn entfliehen?

¹⁵ Bringt also Frucht, die der Umkehr entspricht,
¹⁶ und lasst euch nicht einfallen, zu denken: Wir haben Abraham zum Vater. Denn ich sage euch: Aus diesen Steinen da kann Gott dem Abraham Kinder erwecken.
¹⁷ Schon ist die Axt an die Wurzel der Bäume gelegt; jeder Baum, der keine gute Frucht bringt, wird umgehauen und ins Feuer geworfen.

Lk 3,10-18 ¹⁸ Da fragten ihn die Volksscharen: Was sollen wir also tun?
¹⁹ Er antwortete ihnen: Wer zwei Mäntel hat, gebe dem, der keinen hat, und wer zu essen hat, handle ebenso.
²⁰ Es kamen auch Zöllner, um sich taufen zu lassen, und sagten zu ihm: Meister, was sollen wir tun?
²¹ Er sagte zu ihnen: Fordert nicht mehr, als euch festgesetzt ist.
²² Es fragten ihn aber auch Soldaten: Was sollen denn wir tun? Und er sagte zu ihnen: Begeht gegen niemand Gewalttat und Erpressung, seid zufrieden mit euerem Sold!
²³ Da aber das Volk voller Erwartung war und sich alle über Johannes Gedanken machten, ob er selbst nicht vielleicht der Messias sei,
²⁴ gab Johannes *erneut* allen zur Antwort: Ich taufe euch mit Wasser; es kommt aber einer, der stärker ist als ich, und ich bin nicht wert, ihm die Riemen seiner Sandalen zu lösen. Er wird euch mit Heiligem Geist und mit Feuer taufen.
²⁵ Er hat die Wurfschaufel in seiner Hand, um seine Tenne zu fegen und den Weizen in seine Scheune zu sammeln; die Spreu aber wird er in unauslöschlichem Feuer verbrennen.
²⁶ Und noch mit vielen anderen Mahnungen predigte er dem Volk.

16 Die Taufe Jesu

Mt 3,13 ¹ Da kam Jesus von Galiläa zu Johannes an den Jordan, um sich von ihm taufen zu lassen.

Lk 3,23 ² Als Jesus auftrat, war er ungefähr dreißig Jahre alt und war, wie man annahm, ein Sohn Josefs.

Joh 1,29-32 ³ (...) *Johannes sah* Jesus auf sich zukommen und sagte: Seht, das Lamm Gottes, das die Sünde der Welt wegnimmt!
⁴ Er ist es, von dem ich gesagt habe: Nach mir kommt ein Mann, der mir voraus ist, weil er vor mir war.
⁵ Auch ich kannte ihn nicht. Aber um Israel mit ihm bekannt zu machen, deshalb bin ich gekommen und taufe mit Wasser.

⁶ Johannes aber wollte ihn (...) hindern und sagte: Ich habe es nötig, von dir getauft zu werden, und du kommst zu mir? ⁷ Doch Jesus antwortete ihm: Lass es jetzt zu; denn so gebührt es uns, alle Gerechtigkeit zu erfüllen. Da ließ Johannes es zu. ⁸ Als das ganze Volk getauft wurde und auch Jesus sich taufen ließ (...), ⁹ stieg er sogleich aus dem Wasser. Da öffnete sich ihm der Himmel (...) ¹⁰ und der Heilige Geist schwebte in leiblicher Gestalt wie eine Taube auf ihn herab (...) ¹¹ *und* eine Stimme aus dem Himmel sprach: Dies ist mein geliebter Sohn, an dem ich Wohlgefallen habe. ¹² Und Johannes bezeugte: Ich sah den Geist wie eine Taube vom Himmel herabkommen und er blieb auf ihm. ¹³ Auch ich kannte ihn nicht. Aber er, der mich gesandt hat, um mit Wasser zu taufen, hat zu mir gesagt: Auf wen du den Geist herabkommen und auf ihm bleiben siehst, der ist es, der mit Heiligem Geist tauft. ¹⁴ Ich habe es gesehen und bezeuge, dass er der Sohn Gottes ist.

Mt 3,14-15
Lk 3,21
Mt 3,16
Lk 3,22
Mt 3,17
Joh 1,32-34

17 Jesus in der Wüste

¹ Erfüllt vom heiligen Geist, kehrte Jesus vom Jordan zurück (...). ² Sofort trieb ihn der Geist hinaus in die Wüste. ³ Vierzig Tage lang war er in der Wüste und wurde vom Satan versucht. Er war mit den wilden Tieren zusammen und die Engel dienten ihm. ⁴ Nachdem er vierzig Tage und vierzig Nächte gefastet hatte, (...) ⁵ (...) *denn er* aß nichts in dieser Zeit, (...) ⁶ (...) hungerte ihn. ⁷ Da trat der Versucher an ihn heran und sagte: Wenn du Gottes Sohn bist, so befiehl, dass diese Steine Brot werden. ⁸ Er antwortete: Es steht geschrieben: Nicht vom Brot allein lebt der Mensch, sondern von jedem Wort, das aus dem Mund Gottes kommt. ⁹ Darauf nahm ihn der Teufel mit in die Heilige Stadt, stellte ihn auf die Zinne des Tempels ¹⁰ und sagte zu ihm: Wenn du Gottes Sohn bist, so stürze dich hinab. Denn es steht geschrieben: Seinen Engeln wird er deinetwegen Befehl geben und sie werden dich auf Händen tragen, damit dein Fuß nicht an einen Stein stößt. ¹¹ Jesus antwortete

Lk 4,1
Mk 1,12-13
Mt 4,2
Lk 4,2
Mt 4,2-7

ihm: Es steht auch geschrieben: Du sollst den Herrn, deinen Gott, nicht versuchen.

Lk 4,5-7 ¹² Dann führte ihn der Teufel hinauf und zeigte ihm in einem Augenblick alle Reiche der Erde,
¹³ und er sagte zu ihm: Dir will ich alle diese Macht und ihre Herrlichkeit geben; denn mir ist sie verliehen und ich gebe sie, wem ich will.
¹⁴ Wenn du mich anbetest, soll sie ganz dein sein.

Mt 4,10 ¹⁵ Da sagte Jesus zu ihm: Hinweg, Satan! Denn es steht geschrieben: Den Herrn, deinen Gott, sollst du anbeten und ihm allein dienen.

Lk 4,13 ¹⁶ Als der Teufel mit aller Versuchung am Ende war, ließ er von ihm eine Zeit lang ab.

Mt 4,11 ¹⁷ ₍…₎ Und Engel traten hinzu und dienten ihm.

18 Die ersten Jünger

Joh 1,35-51 ¹ Am folgenden Tag stand Johannes wieder da mit zwei von seinen Jüngern,
² richtete seinen Blick auf den vorübergehenden Jesus und sagte: Seht, das Lamm Gottes!
³ Die beiden Jünger hörten, was er sagte, und folgten Jesus.
⁴ Jesus wandte sich um, und als er sie nachkommen sah, fragte er sie: Was sucht ihr? Sie aber sagten zu ihm: Rabbi ₍…₎, wo wohnst du?
⁵ Er antwortete ihnen: Kommt und seht! Sie gingen also mit und sahen, wo er wohnte, und blieben jenen Tag bei ihm; es war ungefähr die zehnte Stunde.
⁶ Andreas, der Bruder des Simon Petrus, war einer der beiden, die das Wort des Johannes gehört hatten und Jesus gefolgt waren.
⁷ Dieser traf zuerst seinen Bruder Simon und sagte zu ihm: Wir haben den Messias gefunden – das heißt übersetzt: der Gesalbte.
⁸ Er führte ihn zu Jesus. Jesus blickte ihn an und sagte: Du bist Simon, der Sohn des Johannes; du sollst Kephas heißen. Kephas bedeutet: Fels (Petrus).
⁹ Am folgenden Tag wollte er nach Galiläa aufbrechen und traf Philippus. Und Jesus sagte zu ihm: Folge mir!
¹⁰ Philippus war aus Betsaida, der Heimatstadt des Andreas und Petrus.

¹¹ Philippus traf den Natanaël und sagte zu ihm: Der, von dem Mose im Gesetz geschrieben hat und die Propheten, den haben wir gefunden: Jesus, einen Sohn Josefs, aus Nazaret.
¹² Natanaël sagte zu ihm: Kann aus Nazaret etwas Gutes kommen? Philippus antwortete: Komm und sieh!
¹³ Jesus sah Natanaël auf sich zukommen und sagte über ihn: Wirklich, ein Israelit, in dem nichts Falsches ist!
¹⁴ Natanaël fragte ihn: Woher kennst du mich? Jesus antwortete ihm: Bevor Philippus dich rief, habe ich dich unter dem Feigenbaum gesehen.
¹⁵ Natanaël sagte zu ihm: Rabbi, du bist der Sohn Gottes, du bist der König von Israel!
¹⁶ Jesus antwortete ihm: Weil ich dir sagte, dass ich dich unter dem Feigenbaum sah, glaubst du? Größeres als das wirst du sehen.
¹⁷ Und er sagte zu ihm: Amen, amen, ich sage euch: Ihr werdet den Himmel offen und die Engel Gottes über dem Menschensohn auf- und niedersteigen sehen.

19 Die Hochzeit in Kana

¹ Erfüllt von der Kraft des Geistes, kehrte Jesus nach Galiläa zurück (...).   Lk 4,14

² Am dritten Tag fand in Kana in Galiläa eine Hochzeit statt und die Mutter Jesu war dabei.   Joh 2,1–11

³ Auch Jesus und seine Jünger waren zur Hochzeit eingeladen.
⁴ Als der Wein ausging, sagte die Mutter Jesu zu ihm: Sie haben keinen Wein mehr.
⁵ Jesus erwiderte ihr: Was hat das mit dir und mir zu tun, Frau? Meine Stunde ist noch nicht gekommen.
⁶ Da sagte seine Mutter zu den Dienern: Was er euch sagt, das tut!
⁷ Es standen dort sechs steinerne Wasserkrüge für die bei den Juden übliche Reinigung; sie fassten je zwei bis drei Metreten.
⁸ Jesus sagte zu ihnen: Füllt die Krüge mit Wasser! Und sie füllten sie bis zum Rand.
⁹ Er sagte zu ihnen: Schöpft jetzt und bringt es dem Tafelmeister! Sie brachten es ihm.
¹⁰ Als aber der Tafelmeister von dem zu Wein gewordenen Wasser gekostet hatte, ohne von seiner Herkunft zu wissen – die Diener aber, die das Wasser geschöpft hatten, wussten es –, rief der Tafelmeister den Bräutigam herbei

¹¹ und sagte zu ihm: Jedermann setzt zuerst den guten Wein vor, und wenn sie trunken sind, den geringeren. Du hast den guten Wein bis jetzt zurückgehalten.
¹² Damit begann Jesus seine Zeichen in Kana in Galiläa und offenbarte seine Herrlichkeit, und seine Jünger glaubten an ihn

Lk 4,14-22 ¹³ (...) und die Kunde von ihm verbreitete sich im ganzen Umkreis.
¹⁴ Von allen gepriesen, lehrte er in ihren Synagogen.
¹⁵ Er kam nach Nazaret, wo er aufgewachsen war. Nach seiner Gewohnheit ging er am Sabbat in die Synagoge und stand auf, um vorzulesen.
¹⁶ Es wurde ihm das Buch des Propheten Jesaja gereicht. Er öffnete das Buch und fand die Stelle, wo geschrieben stand:
¹⁷ Der Geist des Herrn ruht auf mir, weil er mich gesalbt hat. Er hat mich gesandt, den Armen frohe Botschaft zu bringen, den Gefangenen Befreiung zu verkünden und den Blinden das Augenlicht, die Zerschlagenen in Freiheit zu entlassen,
¹⁸ auszurufen ein Gnadenjahr des Herrn.
¹⁹ Nachdem er das Buch zusammengerollt hatte, gab er es dem Diener zurück und setzte sich. Die Augen aller in der Synagoge waren auf ihn gerichtet.
²⁰ Da begann er, zu ihnen zu sprechen: Heute ist dieses Schriftwort vor eueren Ohren erfüllt worden.
²¹ Alle stimmten ihm bei und staunten über die Worte voll Anmut, die aus seinem Mund kamen *und sagten: Ist das nicht der Sohn Josefs?*⁽⁶⁾

Mt 4,17 ²² Von da an begann Jesus zu verkünden: Kehrt um! Denn das Himmelreich ist nahe.

Mk 1,15 ²³ Die Zeit ist erfüllt und das Reich Gottes ist nahe. Kehrt um und glaubt an das Evangelium!

20 Die Berufung weiterer Jünger

Mt 4,18-22 ¹ Als er am See von Galiläa entlangwanderte, sah er *die* zwei Brüder *wieder*: Simon, der Petrus genannt wird, und seinen Bruder Andreas. Sie warfen ein Netz in den See, denn sie waren Fischer.
² Da sagte er zu ihnen: Kommt, folgt mir nach! Ich will euch zu Menschenfischern machen.
³ Sofort verließen sie ihre Netze und folgten ihm.

⁽⁶⁾ Kursiver Teil nicht bei Preuschen, hier aus Lk ergänzt.

⁴ Als er weiterging, sah er zwei andere Brüder: Jakobus, den Sohn des Zebedäus, und seinen Bruder Johannes. Sie waren mit ihrem Vater Zebedäus im Boot und besserten ihre Netze aus. Er rief sie ⁵ und sofort verließen sie das Boot und ihren Vater und folgten ihm.

21 Der große Fischfang

¹ Als das Volk sich an ihn herandrängte, um das Wort Gottes zu hören, stand er am See Gennesaret. Lk 5,1-7
² Da sah er zwei Boote am Ufer liegen; die Fischer waren ausgestiegen und wuschen die Netze.
³ Da stieg er in eines der Boote, das dem Simon gehörte, und bat ihn, ein wenig vom Land abzustoßen. Dann setzte er sich und lehrte die Volksscharen vom Boot aus.
⁴ Als er seine Rede beendet hatte, sagte er zu Simon: Fahr hinaus ins tiefe Wasser und werft euere Netze zum Fang aus!
⁵ Simon antwortete ihm: Meister, die ganze Nacht haben wir uns abgemüht und nichts gefangen. Doch auf dein Wort hin will ich die Netze auswerfen.
⁶ Sie taten es und fingen eine große Menge Fische. Ihre Netze drohten zu zerreißen.
⁷ Sie winkten ihren Gefährten im anderen Boot, sie sollten kommen und ihnen helfen. Sie kamen und füllten beide Boote, sodass sie fast sanken.
⁸ Als Simon Petrus dies sah, fiel er Jesus zu Füßen und sagte: Lk 5,8-11
Herr, geh weg von mir; denn ich bin ein sündiger Mensch!
⁹ Denn Bestürzung hatte ihn und alle, die mit ihm waren, ergriffen über den Fischfang, den sie gemacht hatten;
¹⁰ ebenso (ging es) auch Jakobus und Johannes, den Söhnen des Zebedäus, die Simons Gefährten waren. Da sagte Jesus zu Simon: Fürchte dich nicht; von nun an wirst du Menschen fangen.⁽⁷⁾
¹¹ Und sie zogen die Boote an Land, ließen alles zurück und folgten ihm nach.

22 Das Zeugnis des Täufers über Jesus

¹ Danach begab sich Jesus mit seinen Jüngern in die Landschaft Joh 3,22-36
Judäa. Dort hielt er sich mit ihnen auf und taufte.
² Aber auch Johannes taufte, nämlich in Änon bei Salim, weil es dort viel Wasser gab. Und die Leute kamen und ließen sich taufen.

⁽⁷⁾ Preuschens Tatianübersetzung ergänzt hier noch: „... zum Heil (Leben)."

³ Johannes war nämlich noch nicht ins Gefängnis geworfen worden.
⁴ Da kam es zwischen den Jüngern des Johannes und einem Juden zum Streit über die Reinigung.
⁵ Sie gingen zu Johannes und sagten zu ihm: Rabbi, der bei dir war jenseits des Jordan und für den du Zeugnis abgelegt hast, siehe, der tauft, und alle kommen zu ihm.
⁶ Johannes antwortete: Kein Mensch kann sich etwas nehmen, wenn es ihm nicht vom Himmel gegeben ist.
⁷ Ihr selbst seid meine Zeugen, dass ich gesagt habe: Ich bin nicht der Messias, sondern nur vor ihm hergesandt.
⁸ Wer die Braut hat, ist der Bräutigam. Der Freund des Bräutigams aber, der dabeisteht und ihn hört, freut sich herzlich über die Stimme des Bräutigams. Diese meine Freude ist jetzt in Erfüllung gegangen.
⁹ Jener muss wachsen, ich aber abnehmen.
¹⁰ Wer von oben kommt, steht über allen. Wer von der Erde stammt, ist von der Erde und spricht von Irdischem. Wer vom Himmel kommt, steht über allen;
¹¹ er bezeugt, was er gesehen und gehört hat, aber niemand nimmt sein Zeugnis an.
¹² Wer sein Zeugnis annimmt, bestätigt damit, dass Gott wahrhaftig ist.
¹³ Denn der, den Gott gesandt hat, verkündet die Worte Gottes; denn ohne Maß gibt er den Geist.
¹⁴ Der Vater liebt den Sohn und hat alles in seine Hand gegeben.
¹⁵ Wer an den Sohn glaubt, hat das ewige Leben. Wer aber dem Sohn den Gehorsam verweigert, wird das Leben nicht sehen, sondern Gottes Zorn bleibt auf ihm.

23 Die Festnahme Johannes' des Täufers

Joh 4,1–3 ¹ Als Jesus erfuhr, dass den Pharisäern zu Ohren gekommen war, er gewinne und taufe mehr Jünger als Johannes –
² doch taufte Jesus nicht selbst, sondern seine Jünger –,
³ verließ er Judäa (...).

Mt 14,3–4 ⁴ Herodes hatte nämlich Johannes festnehmen, fesseln und ins Gefängnis werfen lassen wegen Herodias, der Frau seines Bruders Philippus.
⁵ Denn Johannes hatte zu ihm gesagt: Es ist dir nicht erlaubt, sie zu haben.⁽⁸⁾

⁶ Als er hörte, dass man Johannes ins Gefängnis geworfen hatte,   Mt 4,12
zog er sich nach Galiläa zurück.

24 Die Heilung des Sohnes eines königlichen Beamten

¹ Er kam nun wiederum nach Kana in Galiläa, wo er das Wasser in   Joh 4,46–54
Wein verwandelt hatte.
In Kafarnaum lebte ein königlicher Beamter, dessen Sohn krank war.
² Als er hörte, dass Jesus von Judäa nach Galiläa gekommen war, begab er sich zu ihm und bat ihn, hinabzukommen und seinen Sohn zu heilen; denn er lag im Sterben.
³ Da sagte Jesus zu ihm: Wenn ihr nicht Zeichen und Wunder seht, glaubt ihr nicht.
⁴ Der königliche Beamte bat ihn: Herr, komm herab, bevor mein Kind stirbt!
⁵ Jesus sagte zu ihm: Geh, dein Sohn lebt! Der Mann glaubte dem Wort, das Jesus zu ihm gesagt hatte, und ging.
⁶ Während er noch unterwegs war, kamen ihm bereits seine Diener mit der Meldung entgegen, dass sein Sohn lebe.
⁷ Da erkundigte er sich bei ihnen nach der Stunde, in der die Besserung eingetreten war. Sie antworteten ihm: Gestern um die siebte Stunde verließ ihn das Fieber.
⁸ Da erkannte der Vater, dass es in eben dieser Stunde war, in der Jesus zu ihm gesagt hatte: Dein Sohn lebt! Und er wurde gläubig mit seinem ganzen Haus.
⁹ Das wiederum tat Jesus als zweites Zeichen, nachdem er von Judäa nach Galiläa gekommen war.
¹⁰ Von allen gepriesen, lehrte er in ihren Synagogen.   Lk 4,15

25 Jesus tut Wunder in Kafarnaum

¹ Er verließ Nazaret und kam nach Kafarnaum, das am See liegt,   Mt 4,13–16
im Gebiet von Sebulon und Naftali, und nahm dort Wohnung.
² So erfüllte sich das Wort des Propheten Jesaja: Das Land Sebulon und das Land Naftali,
³ das Land am Meer, das Land jenseits des Jordan, das heidnische Galiläa:

---

(8) Hinsichtlich dieser zwei Verse (EE 15,19–20) verweist die Übersetzung von Preuschen auf Joh 3,19–20

⁴ Das Volk, das im Finstern saß, sah ein großes Licht; über denen, die im Land und Schatten des Todes saßen, ist ein Licht aufgegangen.

Lk 4,31–38 ⁵ Er kam *also* hinunter nach Kafarnaum, einer Stadt in Galiläa, und lehrte sie am Sabbat.
⁶ Sie staunten über seine Lehre, denn sein Reden geschah in Vollmacht.
⁷ Da war in der Synagoge ein Mann, der von einem Geist, einem unreinen Dämon, besessen war.
⁸ Und er schrie mit lauter Stimme: Ha, was haben wir mit dir zu schaffen, Jesus von Nazaret? Bist du gekommen, uns zu vernichten? Ich weiß, wer du bist: der Heilige Gottes!
⁹ Da fuhr ihn Jesus an: Schweig und fahr aus von ihm! Da riss ihn der Dämon in die Mitte und fuhr von ihm aus, ohne ihm Schaden zu tun.
¹⁰ Staunen überkam alle und sie redeten untereinander und sprachen: Was ist das für ein Wort? In Vollmacht und Kraft gebietet er den unreinen Geistern und sie fahren aus!
¹¹ Und die Kunde von ihm verbreitete sich in allen Orten der Umgegend.
¹² Er machte sich auf *und* verließ die Synagoge (...).

Mt 9,9 ¹³ Als Jesus weiterging, sah er einen Mann namens Matthäus am Zoll sitzen und sagte zu ihm: Folge mir! Da stand er auf und folgte ihm nach.

Mk 1,29 ¹⁴ (...) *Sie gingen* zusammen mit Jakobus und Johannes in das Haus des Simon und Andreas.

Lk 4,38–39 ¹⁵ (...) Die Schwiegermutter Simons war von einem heftigen Fieber befallen und sie baten ihn für sie.
¹⁶ Er beugte sich über sie, drohte dem Fieber, und es verließ sie. Sogleich stand sie auf und bediente sie.

Mt 8,16 ¹⁷ Als es Abend geworden war, brachte man viele Besessene zu ihm. Er trieb die Geister durch sein Wort aus und heilte alle Kranken.

Lk 4,40 ¹⁸ Als die Sonne unterging, brachten alle ihre Kranken, die mancherlei Leiden hatten, zu ihm. Er legte einem jeden von ihnen die Hände auf und heilte sie.

Mt 8,17 ¹⁹ So sollte sich das Wort des Propheten Jesaja erfüllen: Er hat unsere Leiden weggenommen und unsere Krankheiten getragen.

Mk 1,33 ²⁰ Die ganze Stadt war vor der Tür versammelt.

²¹ Von vielen fuhren ₍...₎ Dämonen aus und schrien: Du bist der   Lk 4,41
Sohn Gottes! Da fuhr er sie an und ließ sie nicht zu Wort kommen;
denn sie wussten, dass er der Christus war.

26 Jesus lehrt und heilt
¹ In der Frühe, als es noch dunkel war, erhob er sich, ging weg,   MK 1,35-38
begab sich an einen einsamen Ort und betete dort.
² Simon und seine Gefährten eilten ihm nach,
³ fanden ihn und sagten zu ihm: Alle suchen dich.
⁴ Er antwortete ihnen: Lasst uns anderswohin gehen, in die
umliegenden Ortschaften, damit ich auch dort predige; denn dazu
bin ich gekommen.
⁵ ₍...₎ Die Scharen suchten ihn und kamen zu ihm; sie wollten ihn   Lk 4,42-43
daran hindern, sie zu verlassen.
⁶ Er sagte zu ihnen: Auch den anderen Städten muss ich das
Evangelium vom Reich Gottes verkünden; denn dazu bin ich
gesandt.
⁷ Jesus zog durch alle Städte und Dörfer, lehrte in ihren Synago-   Mt 9,35
gen, verkündete das Evangelium vom Reich und heilte alle
Krankheiten und Gebrechen
⁸ ₍...₎ und trieb die Dämonen aus   Mk 1,39
⁹ ₍...₎ und die Kunde von ihm verbreitete sich im ganzen Umkreis.   Lk 4,14-15
¹⁰ Von allen gepriesen, lehrte er in ihren Synagogen.⁽⁹⁾
¹¹ Und sein Ruf verbreitete sich in ganz Syrien. Sie brachten alle   Mt 4,24
Leidenden zu ihm, alle, die von den verschiedensten Krankheiten
und Schmerzen geplagt waren, Besessene, Fallsüchtige und
Gelähmte, und er heilte sie.
¹² Als er nach einigen Tagen wieder nach Kafarnaum kam, wurde   Mk 2,1-2
bekannt, dass er zu Hause war.
¹³ Und es strömten so viele zusammen, dass nicht einmal vor der
Tür Platz war; und er verkündete ihnen das Wort.

27 Die Heilung eines Gelähmten
¹ Eines Tages, als er lehrte, saßen auch Pharisäer und Gesetzes-   Lk 5,17-21
lehrer da, die aus allen Orten von Galiläa und Judäa und aus
Jerusalem gekommen waren. Und die Kraft des Herrn drängte
ihn zum Heilen.

⁽⁹⁾ In Preuschens Tatianübersetzung folgt hier Mk 2,14. Diese Passage taucht
jedoch wortgleich später unter EE 16,30 auf. An dieser Stelle wurde sie daher
weggelassen.

² Da brachten Männer auf einem Bett einen Menschen, der gelähmt war; sie versuchten, ihn hineinzubringen und vor ihn hinzulegen.
³ Da sie aber wegen der Menge keinen Weg fanden, ihn hineinzubringen, stiegen sie auf das Haus und ließen ihn samt dem Bett durch das Ziegeldach hinunter, gerade vor Jesus hin.
⁴ Als er ihren Glauben sah, sagte er: Mensch, deine Sünden sind dir vergeben!
⁵ Da begannen die Schriftgelehrten und Pharisäer sich Gedanken zu machen und sagten: Wer ist das, der solche Lästerungen wagt? Wer kann Sünden vergeben als Gott allein?

Mk 2, 8-12 ⁶ Doch Jesus erkannte sogleich in seinem Geist ihre Gedanken und sagte zu ihnen: Warum denkt ihr so?
⁷ Was ist leichter, zu dem Gelähmten zu sagen: Deine Sünden sind dir vergeben!, oder zu sagen: Steh auf, nimm dein Bett und geh umher?
⁸ Damit ihr aber wisst, dass der Menschensohn Macht hat, auf der Erde Sünden zu vergeben – sagte er zu dem Gelähmten:
⁹ Ich sage dir, steh auf, nimm dein Bett und geh heim!
¹⁰ Und er stand auf, nahm sein Bett und ging sofort vor aller Augen hinaus, sodass alle außer sich gerieten (...).

Lk 5, 16 ¹¹ *Jesus* aber zog sich in die Einsamkeit zurück und betete.
Mt 9, 8 ¹² Als das die Volksscharen sahen, (...)
Lk 5, 26 ¹³ (...) gerieten alle vor Staunen außer sich (...)
Mt 9, 8 ¹⁴ (...) und priesen Gott, der den Menschen solche Vollmacht gegeben hat
Lk 5, 26 ¹⁵ (...) *und* wurden von Furcht erfüllt und sagten: Unfassbares haben wir heute gesehen.
Mk 2, 12 ¹⁶ (...) So etwas haben wir noch nie gesehen.

28 Die Berufung des Levi

Lk 5, 27-36 ¹ Darauf ging er hinaus und sah einen Zöllner namens Levi am Zoll sitzen und sagte zu ihm: Folge mir nach!
² Da verließ er alles, stand auf und folgte ihm.
³ Und Levi gab für ihn ein großes Gastmahl in seinem Haus; eine große Schar von Zöllnern und anderen lag mit ihnen zu Tisch.
⁴ Da murrten die Pharisäer und ihre Schriftgelehrten und sagten zu seinen Jüngern: Warum esst und trinkt ihr mit Zöllnern und Sündern?

⁵ Jesus antwortete ihnen: Nicht die Gesunden brauchen den Arzt, sondern die Kranken.
⁶ Ich bin nicht gekommen, Gerechte zu rufen, sondern Sünder zur Umkehr.
⁷ Sie sagten zu ihm: Die Jünger des Johannes fasten häufig und verrichten Gebete, ebenso auch die der Pharisäer; die deinen dagegen essen und trinken.
⁸ Jesus erwiderte: Könnt ihr denn die Hochzeitsgäste fasten lassen, solange der Bräutigam bei ihnen ist?
⁹ Es werden aber Tage kommen, da wird ihnen der Bräutigam genommen sein; in jenen Tagen werden sie fasten.
¹⁰ Er erzählte ihnen aber auch ein Gleichnis: (...)
¹¹ Niemand näht ein Stück neues Tuch auf ein altes Kleid. Sonst reißt das Stück davon ab, das Neue vom Alten, und der Riss wird noch schlimmer.   Mk 2,21-22
¹² Auch füllt niemand neuen Wein in alte Schläuche. Sonst wird der Wein die Schläuche zerreißen und der Wein ist verloren samt den Schläuchen. Neuen Wein füllt man in neue Schläuche,
¹³ (...) dann bleibt beides erhalten.[10]   Mt 9,17
¹⁴ Und niemand, der alten getrunken hat, will neuen; denn er sagt: Der alte ist gut.   Lk 5,39

29 Über den Sinn des Sabbat

¹ In jener Zeit ging Jesus am Sabbat durch die Kornfelder. Seine Jünger aber hatten Hunger und machten sich daran, Ähren abzurupfen und zu essen.   Mt 12,1-2
² Als die Pharisäer das sahen, sagten sie zu ihm: Schau, deine Jünger tun, was am Sabbat zu tun nicht erlaubt ist.
³ Er antwortete ihnen: Habt ihr noch nie gelesen, was David tat, als er Not litt und er und seine Gefährten hungrig waren?   Mk 2,25-27
⁴ Wie er in das Haus Gottes ging, zur Zeit des Hohepriesters Abjatar, und die Schaubrote aß, die außer den Priestern niemand essen darf, und auch seinen Gefährten davon gab?
⁵ Und er sagte zu ihnen: Der Sabbat ist um des Menschen willen gemacht und nicht der Mensch um des Sabbats willen.
⁶ Oder habt ihr nicht im Gesetz gelesen, dass am Sabbat die Priester im Tempel den Sabbat entweihen, ohne sich schuldig zu machen?   Mt 12,5-8
⁷ Ich sage euch: Hier ist mehr als der Tempel.

[10] Preuschen verortet diese Passage bei Lk 5

⁸ Hättet ihr erkannt, was das heißt: Erbarmen will ich und nicht Opfer, dann hättet ihr nicht Unschuldige verurteilt.
⁹ Denn der Menschensohn ist Herr über den Sabbat.

Mk 3,21 ¹⁰ Als die Seinen davon hörten, machten sie sich auf, um sich seiner zu bemächtigen, denn sie sagten: Er ist von Sinnen.

30 Jesus heilt am Sabbat

Lk 6,6-9 ¹ An einem anderen Sabbat ging er in die Synagoge und lehrte. Dort war ein Mann, dessen rechte Hand verdorrt war.
² Die Schriftgelehrten und Pharisäer beobachteten ihn genau, ob er am Sabbat heilen würde, damit sie eine Anklage gegen ihn finden könnten.
³ Er aber kannte ihre Gedanken und sagte zu dem Mann mit der verdorrten Hand: Steh auf und stelle dich in die Mitte! Er stand auf und stellte sich hin.
⁴ Da sagte Jesus zu ihnen: Ich frage euch: Ist es erlaubt, am Sabbat Gutes oder Böses zu tun, ein Leben zu retten oder zu verderben?

Mk 3,4-5 ⁵ (...) Sie aber schwiegen.
⁶ Und er blickte sie ringsherum zornig an, betrübt über die Verhärtung ihres Herzens, und sagte zu dem Mann: Streck die Hand aus! Er streckte sie aus und seine Hand wurde wieder gesund.

Mt 12,11-12 ⁷ Er antwortete: Ist einer unter euch, der sein einziges Schaf, wenn es am Sabbat in eine Grube fällt, nicht ergreifen und herausziehen würde?
⁸ Wie viel mehr ist ein Mensch wert als ein Schaf! Also ist es erlaubt, am Sabbat Gutes zu tun.

Mt 12,14-21 ⁹ Die Pharisäer aber gingen hinaus und fassten den Beschluss, ihn umzubringen.
¹⁰ Als Jesus davon erfuhr, zog er sich zurück. Viele folgten ihm und er heilte sie alle.
¹¹ Doch schärfte er ihnen ein, ihn nicht bekannt zu machen.
¹² So sollte sich das Wort des Propheten Jesaja erfüllen:
¹³ Seht meinen Knecht, den ich erwählt habe, mein Geliebter, an dem meine Seele Wohlgefallen hat.
Ich werde meinen Geist auf ihn legen und er wird den Völkern das Recht verkünden.
¹⁴ Er wird nicht streiten und nicht schreien und auf den Straßen wird man seine Stimme nicht hören.

¹⁵ Ein geknicktes Rohr wird er nicht zerbrechen und einen glimmenden Docht wird er nicht auslöschen, bis er das Recht zum Sieg hinausführt.
¹⁶ Und auf seinen Namen werden die Völker hoffen.

31 Die Berufung der Zwölf

¹ In diesen Tagen ging er auf den Berg, um zu beten, und er verbrachte die ganze Nacht im Gebet zu Gott.   Lk 6,12-13
² Als es Tag geworden war, rief er seine Jünger herbei (...).
³ *Er* zog sich mit *ihnen* an den See zurück. Eine große Volksschar aus Galiläa folgte ihm. (...)   Mk 3,7-10
⁴ Aus Jerusalem, aus Idumäa und von jenseits des Jordan sowie aus der Gegend von Tyrus und Sidon kam eine große Menge zu ihm, als sie von seinen Taten gehört hatten.
⁵ Da bat er seine Jünger, ein Boot für ihn bereitzuhalten, damit die Menge ihn nicht erdrücke.
⁶ Denn er heilte viele, sodass alle, die von Leiden gequält waren, sich auf ihn stürzten, um ihn zu berühren. (...)
⁷ Auch die unreinen Geister fielen vor ihm nieder, sobald sie ihn erblickten, und schrien: Du bist der Sohn Gottes!
⁸ Er aber fuhr sie hart an, dass sie ihn nicht bekannt machten.
⁹ (...) Auch die von unreinen Geistern Geplagten wurden geheilt.   Lk 6,18
¹⁰ Als er aber die Volksscharen sah, stieg er auf den Berg (...)   Mt 5,1
¹¹ (...) und rief (...) seine Jünger herbei und wählte zwölf aus ihnen   Lk 6,13-17
aus, die er auch Apostel nannte:
¹² Simon, den er auch Petrus nannte, und dessen Bruder Andreas, Jakobus und Johannes, Philippus und Bartholomäus,
¹³ Matthäus und Thomas, Jakobus, den Sohn des Alphäus, und Simon mit dem Beinamen Zelot
¹⁴ und Judas, den Sohn des Jakobus, und Judas Iskariot, der zum Verräter wurde.
¹⁵ Er stieg mit ihnen hinunter und blieb auf einem ebenen Platz stehen und eine große Schar seiner Jünger und eine große Volksmenge aus ganz Judäa, aus Jerusalem und von der Meeresküste von Tyrus und Sidon,⁽¹¹⁾
¹⁶ Und er bestimmte zwölf, die mit ihm zusammen sein sollten und   Mk 3,14-15
die er aussenden wollte zur Verkündigung
¹⁷ mit der Vollmacht, Dämonen auszutreiben.

⁽¹¹⁾ Diese Ortsangaben nicht in Preuschens Tatianübersetzung, hier ergänzt aus Lukas.

32 Die Bergpredigt

LK 6,20 ¹ Er richtete seine Augen auf seine Jünger (...).
Mt 5,2-10 ² Und er öffnete seinen Mund und lehrte sie.
³ Er sagte:
Selig die Armen im Geist; denn ihnen gehört das Himmelreich.
⁴ Selig die Trauernden; denn sie werden getröstet werden.
⁵ Selig die Sanftmütigen; denn sie werden das Land erben.
⁶ Selig, die hungern und dürsten nach Gerechtigkeit; denn sie werden satt werden.
⁷ Selig die Barmherzigen; denn sie werden Barmherzigkeit erlangen.
⁸ Selig, die ein reines Herz haben; denn sie werden Gott schauen.
⁹ Selig die Friedensstifter; denn sie werden Söhne Gottes heißen.
¹⁰ Selig, die verfolgt werden um der Gerechtigkeit willen; denn ihnen gehört das Himmelreich.

Lk 6,22 ¹¹ Selig seid ihr, wenn euch die Menschen hassen, wenn sie euch ausstoßen, schmähen und euch verleumden um des Menschensohnes willen.

Mt 5,11-12 ¹² Selig seid ihr, wenn sie euch um meinetwillen schmähen und verfolgen und euch alles Lügnerische nachsagen.
¹³ Freut euch und jubelt, denn euer Lohn ist groß im Himmel. Denn ebenso haben sie auch die Propheten vor euch verfolgt.

Lk 6,24-27 ¹⁴ Doch weh euch, ihr Reichen; denn ihr habt eueren Trost empfangen.
¹⁵ Weh euch, ihr Satten; denn ihr werdet hungern. Weh euch, die ihr jetzt lacht; denn ihr werdet klagen und weinen.
¹⁶ Weh, wenn euch alle Leute schmeicheln; denn ebenso haben es ihre Väter mit den falschen Propheten gemacht.
¹⁷ Euch, die ihr zuhört, sage ich: (...)

Mt 5,13-16 ¹⁸ Ihr seid das Salz der Erde. Wenn aber das Salz fade geworden ist, womit soll man es salzen? Es taugt zu nichts mehr, als dass es hinausgeworfen und von den Leuten zertreten wird.
¹⁹ Ihr seid das Licht der Welt. Eine Stadt, die auf dem Berg liegt, kann nicht verborgen bleiben.
²⁰ Auch zündet man nicht ein Licht an und stellt es unter den Scheffel, sondern auf den Leuchter; dann leuchtet es allen, die im Haus sind.
²¹ So soll euer Licht vor den Menschen leuchten, damit sie euere guten Werke sehen und eueren Vater im Himmel preisen.

²² Denn nichts ist verborgen, was nicht offenbar wird, und nichts ist geheim, was nicht an den Tag kommt. Mk 4,22-23
²³ Wer Ohren hat zu hören, der höre!
²⁴ Denkt nicht, ich sei gekommen, um das Gesetz oder die Propheten aufzuheben. Ich bin nicht gekommen, um aufzuheben, sondern um zu erfüllen. Mt 5,17-25
²⁵ Amen, ich sage euch: Bis Himmel und Erde vergehen, wird nicht ein Jota oder Häkchen vom Gesetz vergehen, bevor nicht alles geschehen ist.
²⁶ Wer also eines dieser geringsten Gebote aufhebt und die Menschen entsprechend lehrt, der wird der Geringste im Himmelreich sein. Wer sie aber hält und lehrt, der wird groß sein im Himmelreich.
²⁷ Denn ich sage euch: Wenn euere Gerechtigkeit nicht weit größer ist als die der Schriftgelehrten und Pharisäer, so werdet ihr nicht ins Himmelreich kommen.
²⁸ Ihr habt gehört, dass zu den Alten gesagt worden ist: Du sollst nicht töten. Wer aber tötet, soll dem Gericht verfallen sein.
²⁹ Ich aber sage euch: Jeder, der seinem Bruder zürnt, soll dem Gericht verfallen sein. Wer aber zu seinem Bruder sagt: Du Dummkopf!, soll dem Hohen Rat verfallen sein. Und wer sagt: Du Narr!, soll der Feuerhölle verfallen sein.
³⁰ Wenn du nun deine Gabe zum Altar bringst und dich dort erinnerst, dass dein Bruder etwas gegen dich hat,
³¹ dann lass deine Gabe dort vor dem Altar und geh erst hin und versöhne dich mit deinem Bruder. Dann komm und bringe deine Gabe dar.
³² Vertrage dich ohne Zögern mit deinem Widersacher (...).
³³ Wenn du noch mit deinem Widersacher zur Obrigkeit unterwegs bist, bemüh dich noch auf dem Weg, dich mit ihm zu einigen, (...) Lk 12,58
³⁴ (...) damit der Widersacher dich nicht etwa dem Richter übergibt und der Richter dem Gerichtsdiener und du ins Gefängnis geworfen wirst. Mt 5,25-42
³⁵ Amen, ich sage dir: Du kommst von dort sicherlich nicht heraus, bis du den letzten Quadrans bezahlt hast.
³⁶ Ihr habt gehört, dass gesagt worden ist: Du sollst nicht ehebrechen.
³⁷ Ich aber sage euch: Jeder, der eine Frau begehrlich anblickt, hat in seinem Herzen schon die Ehe mit ihr gebrochen.

³⁸ Wenn dich daher dein rechtes Auge zur Sünde reizt, so reiß es aus und wirf es von dir. Es ist besser für dich, dass eines deiner Glieder verloren geht, als dass dein ganzer Leib in die Hölle geworfen wird.
³⁹ Und wenn dich deine rechte Hand zur Sünde reizt, so haue sie ab und wirf sie von dir. Denn es ist besser für dich, dass eines deiner Glieder verloren geht, als dass dein ganzer Leib in die Hölle fährt.
⁴⁰ Es ist auch gesagt worden: Wer seine Frau entlässt, soll ihr einen Scheidebrief geben.
⁴¹ Ich aber sage euch: Jeder, der seine Frau entlässt, außer wegen Unzucht, der macht sie zur Ehebrecherin, und wer eine Entlassene heiratet, begeht Ehebruch.

Mt 5,33-42 ⁴² Ferner habt ihr gehört, dass zu den Alten gesagt worden ist: Du sollst keinen Meineid schwören, sondern du sollst dem Herrn deine Schwüre halten.
⁴³ Ich aber sage euch: Ihr sollt überhaupt nicht schwören, weder beim Himmel, denn er ist der Thron Gottes,
⁴⁴ noch bei der Erde, denn sie ist der Schemel seiner Füße, noch bei Jerusalem, denn sie ist die Stadt des großen Königs.
⁴⁵ Auch bei deinem Haupt sollst du nicht schwören; denn du vermagst nicht, ein einziges Haar weiß oder schwarz zu machen.
⁴⁶ So sei euer Wort: Euer Ja sei ein Ja, euer Nein ein Nein. Was darüber hinausgeht, ist vom Bösen.
⁴⁷ Ihr habt gehört, dass gesagt worden ist: Auge um Auge und Zahn um Zahn.
⁴⁸ Ich aber sage euch: Widersteht dem, der euch Böses tut, nicht, sondern wer dich auf die rechte Wange schlägt, dem halt auch die andere hin.
⁴⁹ Und dem, der dich vor Gericht bringen und deinen Rock nehmen will, dem lass auch den Mantel.
⁵⁰ Und wer dich nötigt, eine Meile mitzugehen, mit dem geh zwei.
⁵¹ Dem, der dich bittet, gib, und wer von dir borgen will, den weise nicht ab.

Lk 6,30-31 ⁵² (...) *Und von dem, der dir das Deine nimmt, fordere es nicht zurück.*
⁵³ Wie ihr wollt, dass euch die Leute tun, ebenso sollt auch ihr ihnen tun.

Mt 5,43-46 ⁵⁴ Ihr habt gehört, dass gesagt worden ist: Du sollst deinen Nächsten lieben und deinen Feind hassen.

⁵⁵ Ich aber sage euch: Liebt euere Feinde und betet für die, die euch verfolgen,
⁵⁶ damit ihr Söhne eueres Vaters im Himmel werdet; denn er lässt seine Sonne aufgehen über Böse und Gute und er lässt regnen über Gerechte und Ungerechte.
⁵⁷ Wenn ihr nämlich nur die liebt, die euch lieben, welchen Lohn habt ihr dafür? ₍...₎
⁵⁸ ₍...₎ Denn auch die Sünder lieben die, von denen sie geliebt werden. Lk 6,32–36
⁵⁹ Wenn ihr denen Gutes tut, die euch Gutes tun, welchen Dank habt ihr da? Denn auch die Sünder tun das.
⁶⁰ Wenn ihr denen leiht, von denen ihr es zurückzuerhalten hofft, welchen Dank habt ihr da? Denn auch Sünder leihen Sündern, um das Gleiche zurückzuerhalten.
⁶¹ Vielmehr liebt euere Feinde, tut Gutes und leiht, ohne etwas zurückzuerwarten. Dann wird euer Lohn groß sein und ihr werdet Söhne des Höchsten sein; denn er ist gütig gegen die Undankbaren und Bösen.
⁶² Seid barmherzig, wie euer Vater barmherzig ist!
⁶³ Und wenn ihr nur euere Brüder grüßt, was tut ihr da Besonderes? Tun das nicht auch die Heiden? Mt 5,47–48
⁶⁴ Seid also vollkommen, wie euer himmlischer Vater vollkommen ist.
⁶⁵ Achtet darauf, dass ihr euere Gerechtigkeit nicht vor den Menschen übt, um von ihnen gesehen zu werden; sonst habt ihr keinen Lohn bei euerem Vater, der im Himmel ist. Mt 6,1–8
⁶⁶ Wenn du also Almosen gibst, so lass nicht vor dir her trompeten, wie es die Heuchler in den Synagogen und in den Gassen machen, um von den Menschen gelobt zu werden. Amen, ich sage euch: Sie haben ihren Lohn schon erhalten.
⁶⁷ Du aber, wenn du Almosen gibst, dann soll deine Linke nicht wissen, was deine Rechte tut,
⁶⁸ damit dein Almosen im Verborgenen bleibt. Dein Vater, der ins Verborgene sieht, wird dir vergelten.
⁶⁹ Wenn ihr betet, so seid nicht wie die Heuchler; denn sie beten gern, wenn sie in den Synagogen und an den Straßenecken stehen, um sich vor den Leuten zu zeigen. Amen, ich sage euch: Sie haben ihren Lohn schon erhalten.

⁷⁰ Du aber, wenn du betest, geh in deine Kammer und schließe deine Tür zu und bete zu deinem Vater, der im Verborgenen ist. Dein Vater, der ins Verborgene sieht, wird dir vergelten.
⁷¹ Wenn ihr betet, plappert nicht wie die Heiden. Denn sie meinen, erhört zu werden, wenn sie viele Worte machen.
⁷² Macht es also nicht wie sie. Euer Vater weiß ja, was ihr braucht, noch bevor ihr ihn bittet.

Lk 11,1-2 ⁷³ (...) *Da sagte einer seiner Jünger zu ihm: Herr, lehre uns beten, wie auch Johannes seine Jünger gelehrt hat.*
⁷⁴ Da sagte er zu ihnen: Wenn ihr betet, so sprecht: (...)

Mt 6,9-18 ⁷⁵ (...) Unser Vater im Himmel, geheiligt werde dein Name,
⁷⁶ dein Reich komme, dein Wille geschehe wie im Himmel, so auch auf Erden.
⁷⁷ Das Brot, das wir brauchen, gib uns heute,
⁷⁸ und erlass uns unsere Schulden, wie auch wir sie unsern Schuldnern erlassen haben.
⁷⁹ Und führe uns nicht in Versuchung, sondern errette uns vor dem Bösen.⁽¹²⁾
⁸⁰ Wenn ihr nämlich den Menschen ihre Verfehlungen vergebt, wird euer himmlischer Vater auch euch vergeben.
⁸¹ Wenn ihr aber den Menschen nicht vergebt, dann wird euer Vater auch euere Verfehlungen nicht vergeben.
⁸² Wenn ihr fastet, so schaut nicht finster drein wie die Heuchler; denn sie verstellen ihr Gesicht, damit die Leute merken, dass sie fasten. Amen, ich sage euch: Sie haben ihren Lohn schon erhalten.
⁸³ Du aber, wenn du fastest, salbe dein Haar und wasche dein Gesicht,
⁸⁴ damit die Leute nicht merken, dass du fastest, sondern nur dein Vater, der im Verborgenen ist; und dein Vater, der ins Verborgene sieht, wird dir vergelten.

Lk 12,32-33 ⁸⁵ Fürchte dich nicht, du kleine Herde; denn es hat euerem Vater gefallen, euch das Reich zu geben.
⁸⁶ Verkauft eueren Besitz und gebt ihn als Almosen! Macht euch Geldbeutel, die nicht veralten. (...)

Mt 6,19-23 ⁸⁷ Sammelt euch nicht Schätze auf der Erde, wo Motte und Wurm sie zerstören und wo Diebe einbrechen und stehlen.

⁽¹²⁾ Der Lobpreis „Denn dein ist das Reich und die Kraft und die Herrlichkeit in Ewigkeit. Amen" ist in neueren Bibelfassungen nicht mehr vorhanden. Er wird späteren *Text*zeugen zugeschrieben.

⁸⁸ Sammelt euch vielmehr Schätze im Himmel, wo weder Motte noch Wurm sie zerstören und wo Diebe nicht einbrechen und stehlen.
⁸⁹ Denn wo dein Schatz ist, da wird auch dein Herz sein.
⁹⁰ Das Licht des Leibes ist das Auge. Wenn nun dein Auge gesund ist, wird dein ganzer Leib licht sein.
⁹¹ Wenn aber dein Auge krank ist, wird dein ganzer Leib finster sein. Wenn also das Licht in dir Finsternis ist, wie groß wird dann die Finsternis sein!
⁹² Sieh also zu, dass das Licht in dir nicht etwa Finsternis ist.   Lk 11,35-36
⁹³ Wenn nun dein Leib ganz licht ist und gar keinen finsteren Teil an sich hat, wird er so erleuchtet sein, wie wenn dich das Licht mit seinem Glanz erhellt.
⁹⁴ Niemand kann zwei Herren dienen. Denn entweder wird er den   Mt 6,24-27 einen hassen und den andern lieben oder an dem einen hängen und den anderen verachten. Ihr könnt nicht Gott dienen und dem Mammon.
⁹⁵ Darum sage ich euch: Sorgt euch nicht um euer Leben, was ihr essen werdet, noch um eueren Leib, was ihr anziehen werdet. Ist nicht das Leben wichtiger als die Nahrung und der Leib wichtiger als das Kleid?
⁹⁶ Schaut auf die Vögel des Himmels: Sie säen nicht, sie ernten nicht und sammeln nicht in Scheunen und euer himmlischer Vater ernährt sie. Seid ihr nicht viel mehr wert als sie?
⁹⁷ Wer aber von euch kann mit seinen Sorgen seiner Lebenslänge eine einzige Elle hinzufügen?
⁹⁸ Wenn ihr nun nicht einmal das Geringste vermögt, was sorgt ihr   Lk 12,26 euch um das Übrige?
⁹⁹ (...) Betrachtet die Lilien des Feldes, wie sie wachsen: Sie arbei-   Mt 6,28-31 ten nicht und spinnen nicht.
¹⁰⁰ Ich sage euch aber: Selbst Salomo in all seiner Pracht war nicht gekleidet wie eine von ihnen.
¹⁰¹ Wenn aber Gott das Gras des Feldes, das heute steht und morgen in den Ofen geworfen wird, so kleidet, wie viel mehr euch, ihr Kleingläubigen!
¹⁰² Sorgt euch also nicht und sagt nicht: Was werden wir essen?, oder: Was werden wir trinken?, oder: Was werden wir anziehen?
¹⁰³ (...) *Und seid nicht in ängstlicher Unruhe!*   Lk 12,29
¹⁰⁴ Denn nach alldem trachten die Heiden. Euer himmlischer   Mt 6,32-34 Vater weiß ja, dass ihr das alles braucht.

¹⁰⁵ Sucht vielmehr zuerst das Reich Gottes und seine Gerechtigkeit: dann wird euch all das dazugegeben.
¹⁰⁶ Sorgt euch also nicht um den morgigen Tag; denn der morgige Tag wird für sich selber sorgen. Jeder Tag hat genug eigene Plage.

Mt 7,1 ¹⁰⁷ Richtet nicht, damit ihr nicht gerichtet werdet!
Lk 6,37–38 ¹⁰⁸ (...) Verurteilt nicht und ihr werdet nicht verurteilt werden; vergebt und euch wird vergeben werden.
¹⁰⁹ Gebt, so wird euch gegeben werden: Ein gutes, zusammengedrücktes, gerütteltes, überfließendes Maß wird man euch in den Schoß geben; denn mit dem Maße, womit ihr messt, wird auch euch gemessen werden.

Mk 4,24–25 ¹¹⁰ (...) Beachtet genau, was ihr hört! Mit dem Maß, mit dem ihr messt, wird euch gemessen werden; ja, man wird euch noch dazugeben.
¹¹¹ Denn wer hat, dem wird gegeben. Wer aber nicht hat, dem wird auch das genommen, was er hat.

Lk 6,39–42 ¹¹² Er brachte auch einen Vergleich: Kann ein Blinder einen Blinden führen? Werden nicht beide in eine Grube fallen?
¹¹³ Der Jünger steht nicht über dem Meister; ist er ganz vollendet, so wird er wie sein Meister sein.
¹¹⁴ Was siehst du den Splitter im Auge deines Bruders, doch den Balken in deinem Auge nimmst du nicht wahr?
¹¹⁵ Wie kannst du zu deinem Bruder sagen: Bruder, lass mich den Splitter aus deinem Auge herausziehen, während du den Balken in deinem eigenen Auge nicht siehst? Du Heuchler, zieh zuerst den Balken aus deinem Auge! Dann magst du sehen, wie du den Splitter aus dem Auge deines Bruders wegnimmst.

Mt 7,6 ¹¹⁶ Gebt das Heilige nicht den Hunden und werft euere Perlen nicht vor die Schweine. Sonst zertreten sie sie mit ihren Füßen und machen dann kehrt und zerreißen euch.

Lk 11,5–10 ¹¹⁷ Dann sagte er zu ihnen: Wer von euch hat wohl einen Freund und geht mitten in der Nacht zu ihm und sagt: Freund, leihe mir drei Brote;
¹¹⁸ denn einer meiner Freunde ist auf der Reise zu mir gekommen und ich habe ihm nichts vorzusetzen –
¹¹⁹ würde jener von drinnen antworten: Belästige mich nicht! Die Tür ist bereits geschlossen und meine Kinder und ich sind zu Bett; ich kann nicht aufstehen und dir geben?

¹²⁰ Ich sage euch: Wenn er auch nicht deswegen aufsteht und ihm gibt, weil er sein Freund ist, so wird er doch wegen seiner Zudringlichkeit aufstehen und ihm geben, was er braucht.
¹²¹ Darum sage ich euch: Bittet und es wird euch gegeben; sucht und ihr werdet finden; klopft an und es wird euch aufgetan.
¹²² Denn jeder, der bittet, empfängt, und wer sucht, findet, und wer anklopft, dem wird aufgetan.
¹²³ Oder wer von euch wird, wenn ihn sein Sohn um Brot bittet, ihm einen Stein geben?   Mt 7,9–10
¹²⁴ Oder wenn er ihn um einen Fisch bittet, eine Schlange?
¹²⁵ Oder wenn er um ein Ei bittet, (...) einen Skorpion (...)?   Lk 11,12–13
¹²⁶ Wenn nun ihr, die ihr böse seid, eueren Kindern gute Gaben zu geben wisst, wie viel mehr wird euer Vater im Himmel heiligen Geist denen geben, die ihn bitten.
¹²⁷ Alles, was ihr wollt, dass euch die Leute tun, das sollt auch ihr ihnen tun! Denn darin besteht das Gesetz und die Propheten.   Mt 7,12–16
¹²⁸ Tretet ein durch das enge Tor! Denn weit ist das Tor und breit der Weg, der ins Verderben führt, und viele sind es, die auf ihm hineingehen.
¹²⁹ Aber eng ist das Tor und schmal der Weg, der ins Leben führt, und wenige sind es, die ihn finden.
¹³⁰ Hütet euch vor den falschen Propheten, die in Schafskleidern zu euch kommen, inwendig aber reißende Wölfe sind.
¹³¹ An ihren Früchten werdet ihr sie erkennen. (...)
¹³² Ein jeder Baum wird nämlich an seiner Frucht erkannt; von Disteln sammelt man ja keine Feigen und vom Dornstrauch liest man keine Trauben.   Lk 6,44
¹³³ So bringt jeder gute Baum gute Früchte, der schlechte Baum aber bringt schlechte Früchte.   Mt 7,17–18
¹³⁴ Ein guter Baum kann keine schlechten Früchte bringen und ein schlechter Baum kann keine guten Früchte bringen.
¹³⁵ Der gute Mensch bringt aus dem guten Schatz seines Herzens Gutes hervor und der böse Mensch bringt aus dem bösen Böses hervor. Denn wovon das Herz voll ist, davon redet der Mund.   Lk 6,45
¹³⁶ Jeder Baum, der keine gute Frucht bringt, wird umgehauen und ins Feuer geworfen.   Mt 7,19–23
¹³⁷ An ihren Früchten also werdet ihr sie erkennen.
¹³⁸ Nicht jeder, der zu mir sagt: Herr, Herr!, wird in das Himmelreich kommen, sondern wer den Willen meines Vaters tut, der im Himmel ist.

¹³⁹ Viele werden an jenem Tag zu mir sagen: Herr, Herr, haben wir nicht geweissagt in deinem Namen, in deinem Namen Dämonen ausgetrieben und in deinem Namen viele Wunder gewirkt? ¹⁴⁰ Dann werde ich ihnen bekennen: Ich habe euch nie gekannt. Hinweg von mir, ihr Übeltäter!

Lk 6,47-48 ¹⁴¹ Jeder, der zu mir kommt und meine Worte hört und sie befolgt – ich will euch zeigen, wem er gleich ist. ¹⁴² Er gleicht einem Mann, der beim Hausbau in die Tiefe grub und das Fundament auf dem Felsen errichtete. (...)

Mt 7,25-27 ¹⁴³ Als ein Platzregen herabstürzte, die Wasserfluten kamen, die Winde tobten und über jenes Haus herfielen, stürzte es nicht ein; denn es war auf Fels gegründet. ¹⁴⁴ Aber wer diese meine Worte hört und sie nicht befolgt, gleicht einem törichten Mann, der sein Haus auf Sand gebaut hat. ¹⁴⁵ Als nun ein Platzregen herabstürzte, die Wasserfluten kamen, die Winde tobten und über jenes Haus herfielen, da stürzte es ein und sein Fall war groß.

Mt 7,28-29 ¹⁴⁶ Als Jesus diese Worte beendet hatte, waren die Volksscharen überwältigt von seiner Lehre. ¹⁴⁷ Denn er lehrte sie wie einer, der Vollmacht hat, und nicht wie ihre Schriftgelehrten.

Mt 8,1 ¹⁴⁸ Als er aber vom Berg herabstieg, folgten ihm große Volksscharen.

33 Der Hauptmann von Karfarnaum

Mt 8,5 ¹ Als er nach Kafarnaum kam, trat ein Hauptmann an ihn heran (...)

Lk 7,2-3 ² Der Knecht *des* Hauptmanns war krank und lag im Sterben; er war ihm lieb und wert. ³ Als er von Jesus hörte, schickte er jüdische Älteste zu ihm (...).

Mt 8,6 ⁴ Herr, mein Knecht liegt gelähmt zu Hause und leidet große Qual.

Lk 7,4-7 ⁵ Sie kamen zu Jesus und baten ihn inständig und sagten: Er verdient es, dass du ihm dies gewährst; ⁶ denn er liebt unser Volk und er hat uns die Synagoge erbaut. ⁷ Jesus ging mit ihnen. Als er nicht mehr weit von dem Haus entfernt war, schickte der Hauptmann Freunde zu ihm und ließ ihm sagen: Herr, bemüh dich nicht; denn ich bin es nicht wert, dass du unter mein Dach kommst.

⁸ Deswegen habe ich mich auch nicht für würdig gehalten, selbst zu dir zu kommen. Aber sprich nur ein Wort, so ist mein Knecht geheilt.[13]

⁹ Denn auch ich bin ein Mann, der unter Befehlsgewalt steht, und habe Soldaten unter mir. Sage ich nun zu einem: Geh!, so geht er, und zu einem anderen: Komm!, so kommt er, und zu meinem Knecht: Tu das!, so tut er es.   Lk 7,8-9

¹⁰ Als Jesus das hörte, staunte er über ihn und wandte sich zu den Scharen, die ihm folgten, und sagte: (...)

¹¹ (...) Amen, ich sage euch: Bei niemand in Israel habe ich solchen Glauben gefunden.   Mt 8,10-13

¹² Ich sage euch: Viele werden von Osten und Westen kommen und mit Abraham, Isaak und Jakob im Himmelreich zu Tisch liegen.

¹³ Die Söhne des Reiches aber werden hinausgestoßen in die Finsternis draußen. Dort wird Heulen und Zähneknirschen sein.

¹⁴ Und Jesus sagte zum Hauptmann: Geh, dir soll geschehen, wie du geglaubt hast. Und in derselben Stunde war der Knecht geheilt.

¹⁵ Als dann die Abgesandten in das Haus zurückkamen, fanden sie den Knecht gesund.   Lk 7,10-17

¹⁶ Hierauf ging er zu einer Stadt namens Naïn; seine Jünger und viel Volk gingen mit ihm.

¹⁷ Als er sich dem Stadttor näherte, trug man einen Toten heraus, den einzigen Sohn seiner Mutter, die Witwe war, und viele Leute aus der Stadt begleiteten sie.

¹⁸ Als der Herr sie sah, hatte er Mitleid mit ihr und sagte zu ihr: Weine nicht!

¹⁹ Dann trat er hinzu und berührte die Bahre; die Träger aber standen still. Er sagte: Junger Mann, ich sage dir: Steh auf!

²⁰ Da richtete sich der Tote auf und begann zu reden und er gab ihn seiner Mutter zurück.

²¹ Furcht ergriff alle; sie lobten Gott und sagten: Ein großer Prophet ist unter uns aufgetreten und Gott hat sich seines Volkes angenommen.

²² Und die Kunde davon verbreitete sich in ganz Judäa und in der ganzen Gegend.

---

[13] EE 20,10-11 weicht insoweit von der Übersetzung bei Preuschen ab, als hier der Wortlaut von Lk 7,6-7 statt der von Mt 8,7-8 verwendet wird; inhaltlich sind beide Texte gleich.

Mt 8,18 ²³ Als Jesus die große Volksschar um sich sah, befahl er, an das andere Ufer zu fahren.

34 Bedingungen der Nachfolge Jesu

Lk 9,57 ¹ Als sie auf ihrem Weg weiterzogen, (...)
Mt 8,19-20 ² *da* trat ein Schriftgelehrter an ihn heran und sagte zu ihm: Meister, ich will dir folgen, wohin du auch gehst.
³ Jesus antwortete ihm: Die Füchse haben Höhlen und die Vögel des Himmels Nester. Der Menschensohn aber hat nichts, wohin er sein Haupt legen kann.
Lk 9,59-62 ⁴ Zu einem anderen sagte er: Folge mir nach! Der erwiderte: Erlaube mir, zuerst meinen Vater zu begraben.
⁵ Er aber antwortete ihm: Lass die Toten ihre Toten begraben; du aber geh und verkünde das Reich Gottes!
⁶ Noch ein anderer sagte: Ich will dir nachfolgen, Herr; doch erlaube mir zuvor, von meinen Hausgenossen Abschied zu nehmen.
⁷ Jesus aber sagte zu ihm: Niemand, der seine Hand an den Pflug legt und zurückblickt, ist tauglich für das Reich Gottes.

35 Der Sturm auf dem See

Mk 4,35 ¹ Am Abend dieses Tages sagte er zu ihnen: (...)
Lk 8,22 ² (...) Wir wollen an das andere Ufer des Sees hinüberfahren. (...)
Mk 4,36 ³ Sie entließen das Volk (...).
Lk 8,22 ⁴ (...) *Er* stieg (...) mit seinen Jüngern in ein Boot (...).
Mk 4,36 ⁵ (...) Auch andere Boote begleiteten ihn.
Mt 8,24 ⁶ Da erhob sich ein gewaltiger Sturm auf dem See, (...)
Lk 8,23 ⁷ (...) sie wurden überflutet und kamen in Gefahr.
Mk 4,38 ⁸ Er aber schlief im Heck des Bootes auf dem Kissen. (...)
Mt 8,25 ⁹ Sie traten zu ihm, weckten ihn und riefen: Herr, hilf! Wir gehen zugrunde!
Lk 8,24 ¹⁰ (...) Er aber erhob sich, schalt den Wind und die Wogen (...)
Mk 4,39-41 ¹¹ (...) und sagte zur See: Schweig, sei still! Da legte sich der Wind und es trat große Stille ein.
¹² Er sagte zu ihnen: Was seid ihr so furchtsam? Habt ihr noch keinen Glauben?
¹³ Da gerieten sie in große Furcht (...)
Lk 8,25 ¹⁴ (...) und sagten zueinander: Wer ist denn dieser, dass er selbst den Winden und dem Wasser gebietet und sie ihm gehorchen?

36 Der Besessene von Gerasa

¹ Sie fuhren ins Gebiet der Gerasener, das Galiläa gegenüberliegt. Lk 8, 26–27
² Als er an Land stieg, (...)
³ (...) kam ihm sogleich einer aus den Grabhöhlen entgegen⁽¹⁴⁾, (...) Mk 5, 2
⁴ (...) der von Dämonen besessen war und seit langer Zeit keine Lk 8, 27
Kleider mehr trug und in keinem Haus wohnte, sondern in den
Grabhöhlen.
⁵ (...) Nicht einmal mit Ketten vermochte man ihn zu fesseln; Mk 5, 3–4
⁶ denn er war schon oft in Fußfesseln und Ketten geschlossen
worden. Aber er hatte die Ketten gesprengt und die Fußfesseln
zerrieben (...)
⁷ (...) und wurde vom Dämon in die Wüste getrieben. Lk 8, 29
⁸ (...) Niemand war imstande, ihn zu bändigen. Mk 5, 5–7
⁹ Immerfort, bei Nacht und bei Tag, war er in den Grabhöhlen und
auf den Bergen, stieß Schreie aus und zerschlug sich mit Steinen
¹⁰ (...) *und war* sehr gefährlich, sodass niemand diesen Weg be- Mt 8, 28
nutzen konnte.⁽¹⁵⁾
¹¹ Als er Jesus von Weitem sah, lief er zu ihm hin, warf sich vor ihm Mk 5, 6–7
nieder
¹² und schrie mit lauter Stimme: (...)
¹³ (...) Was habe ich mit dir zu tun, Jesus, Sohn des höchsten Lk 8, 28
Gottes? (...)
¹⁴ (...) Ich beschwöre dich bei Gott, quäle mich nicht! Mk 5, 7
¹⁵ *Jesus* hatte nämlich dem unreinen Geist befohlen, den Mann zu Lk 8, 29–33
verlassen; denn er hatte sich schon oft seiner bemächtigt; dann
wurde er mit Ketten und Fußfesseln gebunden und verwahrt. (...)
¹⁶ Jesus fragte ihn: Wie heißt du? Er antwortete: Legion; denn
viele Dämonen waren in ihn gefahren.
¹⁷ Und sie baten ihn, sie nicht in die Unterwelt zu schicken.
¹⁸ Nun weidete dort am Berg eine Herde von vielen Schweinen.
Da baten sie ihn, ihnen zu erlauben, in die Schweine zu fahren.
Er erlaubte es ihnen.
¹⁹ Da fuhren die Dämonen aus dem Menschen aus und fuhren in
die Schweine (...)
²⁰ (...) und die Herde stürmte den Abhang hinab in den See, an die Mk 5, 13
zweitausend Stück, und sie ertranken im See.

⁽¹⁴⁾ Hier wählte Tatian jedenfalls nach Preuschens Tatianübersetzung die Version von Mk und Lk und nicht die von Mt aus, der von zwei Besessenen spricht.
⁽¹⁵⁾ Obwohl Tatian bei dieser Erzählung der Version von Mk und Lk folgte, versuchte er dennoch Texte des Mt zu integrieren.

Lk 8,34–35	²¹ Als die Hirten sahen, was geschah, flohen sie und berichteten es in der Stadt und auf den Höfen.
²² Da kamen sie herbei, um zu sehen, was geschehen war. Sie kamen zu Jesus und fanden den Menschen, von dem die Dämonen ausgefahren waren, bekleidet und vernünftig zu den Füßen Jesu sitzen; und sie fürchteten sich.
Mk 5,16	²³ Die Augenzeugen erzählten (...) nun, wie es mit dem Besessenen zugegangen war und auch das von den Schweinen.
Lk 8,37	²⁴ Da bat ihn die ganze Bevölkerung aus dem Gebiet der Geresener, sie zu verlassen; denn große Furcht hatte sie ergriffen. (...)
Mt 9,1	²⁵ Er stieg in das Boot, fuhr hinüber und kam in seine Stadt.
Lk 8,38–39	²⁶ Der Mann aber, von dem die Dämonen ausgefahren waren, bat ihn, bei ihm bleiben zu dürfen. Doch er entließ ihn und sagte: ²⁷ Kehre zurück in dein Haus und erzähle, was Gott dir Großes getan hat. (...)
Mk 5,20	²⁸ Da ging der Mann weg und fing an, in der Dekapolis zu verkünden, was Jesus Großes an ihm getan hatte; und alle gerieten in Staunen.

37 Auferweckung der Tochter des Synagogenvorstehers

Mk 5,21	¹ Als Jesus im Boot wieder ans andere Ufer hinübergefahren war, versammelte sich eine große Volksmenge bei ihm am See;
Lk 8,40–41	² (...) denn alle erwarteten ihn.
³ Da kam ein Mann mit Namen Jaïrus, der Vorsteher der Synagoge war, warf sich Jesus zu Füßen (...)
Mk 5,23	⁴ und bat ihn flehentlich: Meine Tochter liegt im Sterben. (...)
Mt 9,18–19	⁵ (...) Aber komm und leg ihr deine Hand auf, dann wird sie leben.
⁶ Jesus stand auf und folgte ihm mit seinen Jüngern.
Mk 5,24–30	⁷ (...) Eine große Menge folgte und umdrängte ihn.
⁸ Da war eine Frau, die seit zwölf Jahren an Blutungen litt
⁹ und von vielen Ärzten viel ausgestanden und ihr ganzes Vermögen darauf verwendet hatte, ohne dass es etwas genützt hätte; es war vielmehr immer schlimmer mit ihr geworden.
¹⁰ Sie hatte von Jesus gehört und trat nun unter der Menge von hinten hinzu und berührte sein Gewand.
¹¹ Denn sie dachte: Wenn ich auch nur seine Kleider berühre, werde ich geheilt.
¹² Sofort versiegte die Quelle ihres Blutes und sie spürte, dass sie von ihrem Leiden geheilt war.

¹³ Im selben Augenblick fühlte Jesus, dass eine Kraft von ihm ausgegangen war, und er wandte sich in der Volksmenge um und sagte: Wer hat meine Kleider berührt?
¹⁴ (...) Es hat mich jemand berührt; denn ich fühlte, dass eine Kraft von mir ausging.   Lk 8,46-47
¹⁵ Als die Frau sah, dass sie nicht verborgen bleiben konnte, (...)
¹⁶ (...) kam *sie*, zitternd vor Furcht, (...)   Mk 5,33
¹⁷ (...) fiel vor ihm nieder und bekannte vor allem Volk, weshalb sie ihn berührt hatte und wie sie sofort geheilt worden war.   Lk 8,47-48
¹⁸ Er aber sagte zu ihr: Tochter, dein Glaube hat dir Heilung gebracht. Geh hin in Frieden!
¹⁹ (...) *Und sei geheilt von deinem Leiden!*   Mk 5,34
²⁰ Noch während er sprach, kam jemand von den Leuten des Synagogenvorstehers und sagte: Deine Tochter ist gestorben, bemühe den Meister nicht weiter.   Lk 8,49-50
²¹ Jesus aber hörte das und antwortete ihm: Fürchte dich nicht, glaube nur, und sie wird gerettet.
²² Und er ließ niemand mit sich gehen außer Petrus[16], Jakobus und Johannes, den Bruder des Jakobus.   Mk 5,37-39
²³ So kamen sie zum Haus des Synagogenvorstehers und er nahm den Lärm wahr und wie sie weinten und laut wehklagten.
²⁴ Nachdem er eingetreten war, sagte er zu ihnen: Was lärmt und weint ihr? Das Kind ist nicht tot, sondern es schläft. Da verlachten sie ihn,
²⁵ (...) weil sie wussten, dass sie gestorben war.   Lk 8,53
²⁶ Er aber wies alle hinaus, nahm des Kindes Vater und Mutter sowie seine Begleiter mit sich und ging in die Kammer, in der das Kind lag.   Mk 5,40-41
²⁷ Er ergriff die Hand des Kindes und sagte zu ihm: (...) Mädchen, ich sage dir, steh auf!
²⁸ Da kehrte ihr Geist zurück und sie stand sogleich auf. (...)   Lk 8,55
²⁹ (...) *Sie* war zwölf Jahre alt. (...)   Mk 5,42
³⁰ (...) Und er befahl, ihr zu essen zu geben.   Lk 8,55-56
³¹ Ihre Eltern waren außer sich; er aber gebot ihnen, niemand zu erzählen, was geschehen war.
³² Die Nachricht davon verbreitete sich in der ganzen Gegend.   Mt 9,26

---

[16] Hier ergänzte Tatian nach Preuschens Tatianübersetzung: „..., den Felsen..."

38 Die Heilung zweier Blinder

Mt 9,27-31 ¹Als Jesus weiterging, folgten ihm zwei Blinde und schrien: Erbarme dich unser, Sohn Davids!
²Als er das Haus betrat, kamen die Blinden zu ihm. Jesus fragte sie: Glaubt ihr, dass ich dies tun kann? Sie antworteten ihm: Ja, Herr.
³Da berührte er ihre Augen und sagte: Euch geschehe nach euerem Glauben.
⁴Da öffneten sich ihre Augen. Jesus aber schärfte ihnen aufs Strengste ein: Nehmt euch in Acht, niemand darf es erfahren!
⁵Sie aber gingen hinaus und erzählten von ihm in der ganzen Gegend.

39 Die Heilung eines stummen Besessenen

Mt 9,32-33 ¹Als sie hinausgegangen waren, brachten sie einen Stummen zu ihm, der besessen war.
²Sobald der Dämon ausgetrieben war, sprach der Stumme. Da gerieten die Volksscharen in Staunen und sagten: Noch nie ist so etwas in Israel vorgekommen.
Mt 9,35 ³Jesus zog durch alle Städte und Dörfer, lehrte in ihren Synagogen, verkündete das Evangelium vom Reich und heilte alle Krankheiten und Gebrechen.

40 Die Aussendung der Zwölf

Mt 9,36 ¹Als er die Volksscharen sah, wurde er von Mitleid ergriffen; denn sie waren geschunden und preisgegeben wie Schafe, die keinen Hirten haben.
Mt 10,1 ²Dann rief er seine zwölf Jünger zu sich (...)
Lk 9,1-2 ³(...) und gab ihnen Kraft und Vollmacht über alle Dämonen und zur Heilung von Krankheiten.
⁴Und er sandte sie aus, das Reich Gottes zu verkünden und zu heilen.
Mk 6,7 ⁵Er rief die Zwölf zu sich und begann, sie paarweise auszusenden. Er gab ihnen Vollmacht über die unreinen Geister
Mt 10,5-10 ⁶(...) und gebot ihnen: Geht nicht den Weg zu den Heiden und betretet auch keine Stadt der Samariter.
⁷Geht vielmehr zu den verlorenen Schafen des Hauses Israel.
⁸Geht und verkündet: Das Himmelreich ist nahe.

⁹ Heilt Kranke, erweckt Tote, macht Aussätzige rein, treibt Dämonen aus! Umsonst habt ihr empfangen, umsonst sollt ihr geben.
¹⁰ Verschafft euch weder Gold, Silber noch Kupfermünzen für euere Gürtel,
¹¹ auch keine Reisetasche, (...)
¹² *Und er* gebot ihnen, außer einem *Stecken*⁽¹⁷⁾ nichts auf den Weg mitzunehmen, kein Brot, (...)   Mk 6,8
¹³ (...) nicht zwei Hemden,   Lk 9,3
¹⁴ (...) weder *Schuhe*⁽¹⁸⁾ noch Stab. (...)   Mt 10,10
¹⁵ Nur Sandalen sollten sie tragen, (...)   Mk 6,9
¹⁶ (...) denn der Arbeiter ist seiner Nahrung wert.   Mt 10,10-14
¹⁷ Kommt ihr in eine Stadt oder ein Dorf, so fragt, wer es wert ist. Dort bleibt, bis ihr weiterwandert.   Mt 10,11-14
¹⁸ Wenn ihr in ein Haus eintretet, so bietet ihm den Gruß.
¹⁹ Und wenn das Haus es wert ist, so soll euer Friede in ihm einkehren; ist es aber nicht wert, so soll euer Friede zu euch zurückkehren.
²⁰ Wenn man euch nicht aufnimmt und euere Worte nicht hören will, so verlasst jenes Haus oder jene Stadt (...),
²¹ (...) schüttelt den Staub von eueren Füßen, zum Zeugnis.   Mk 6,11
²² Amen, ich sage euch: Dem Gebiet von Sodom und Gomorra wird es am Tag des Gerichts erträglicher ergehen als jener Stadt.   Mt 10,15-27
²³ Seht, ich sende euch wie Schafe mitten unter die Wölfe. Seid also klug wie die Schlangen und ohne Falsch wie die Tauben.
²⁴ Nehmt euch in Acht vor den Menschen; denn sie werden euch den Gerichten überliefern und in ihren Synagogen geißeln.
²⁵ Auch vor Statthalter und Könige werdet ihr geführt um meinetwillen, ihnen und den Heiden zum Zeugnis.
²⁶ Wenn sie euch aber ausliefern, dann macht euch keine Sorgen, wie oder was ihr reden sollt. Denn in jener Stunde wird euch eingegeben werden, was ihr reden sollt.
²⁷ Denn nicht ihr seid es, die dann reden, sondern der Geist eueres Vaters ist es, der in euch redet.

⁽¹⁷⁾ Entgegen des Wortlauts der HÜ von Mk haben wir hier „Stab" durch „Stecken" ersetzt, um eine Unterscheidung zu Mt 10,10 herauszuarbeiten.
⁽¹⁸⁾ Entgegen des Wortlauts der HÜ von Mt haben wir hier „Sandalen" durch „Schuhe" ersetzt, um eine Unterscheidung zu Mk 6,9 herauszuarbeiten; so auch Lk 10,4: „(...) noch Schuhe (...)".

²⁸ Es wird aber ein Bruder den Bruder dem Tod ausliefern und ein Vater den Sohn und Kinder werden gegen ihre Eltern auftreten und sie in den Tod schicken.
²⁹ Und ihr werdet von allen gehasst um meines Namens willen. Wer aber ausharrt bis zum Ende, der wird gerettet.
³⁰ Wenn sie euch in der einen Stadt verfolgen, so flieht in die nächste. Amen, ich sage euch: Ihr werdet mit den Städten Israels nicht zu Ende kommen, bis der Menschensohn kommt.
³¹ Der Jünger steht nicht über dem Meister und der Knecht nicht über seinem Herrn.
³² Es ist genug für den Jünger, wenn er wie sein Meister, und für den Knecht, wenn er wie sein Herr wird. Haben sie den Hausherrn Beelzebul genannt, um wie viel mehr seine Hausgenossen.
³³ Fürchtet euch also nicht vor ihnen. Denn nichts ist verhüllt, was nicht enthüllt, und nichts verborgen, was nicht bekannt wird.
³⁴ Was ich euch im Dunkeln sage, das sprecht im Licht aus, (...)
³⁵ (...) und was ihr in den Kammern einander ins Ohr geflüstert habt, wird man auf den Dächern verkünden.
³⁶ Ich sage aber euch, meinen Freunden: Fürchtet euch nicht vor denen, die den Leib töten (...)
³⁷ (...) die Seele aber nicht töten können.(...)
³⁸ Ich will euch zeigen, wen ihr fürchten sollt: (...)
³⁹ (...) den, der Seele und Leib in der Hölle verderben kann.
⁴⁰ (...) Ja, ich sage euch: Vor ihm sollt ihr euch fürchten!
⁴¹ Verkauft man nicht zwei Sperlinge für ein As? Und doch fällt nicht einer von ihnen zur Erde ohne eueren Vater.
⁴² Bei euch aber sind sogar die Haare auf dem Kopf alle gezählt.
⁴³ Fürchtet euch also nicht! Ihr seid mehr wert als viele Sperlinge.
⁴⁴ Jeder nun, der sich vor den Menschen zu mir bekennt, zu dem werde auch ich mich vor meinem Vater im Himmel bekennen.
⁴⁵ Wer mich aber vor den Menschen verleugnet, den werde auch ich vor meinem Vater im Himmel verleugnen.
⁴⁶ Meint ihr, ich sei gekommen, um Frieden auf die Erde zu bringen? Nein, sage ich euch, sondern Entzweiung.
⁴⁷ Denn von nun an werden fünf in einem Haus entzweit sein, drei gegen zwei und zwei gegen drei,
⁴⁸ der Vater gegen den Sohn und der Sohn gegen den Vater, die Mutter gegen die Tochter und die Tochter gegen die Mutter, die Schwiegermutter gegen die Schwiegertochter und die Schwiegertochter gegen die Schwiegermutter.

⁴⁹ Und die Feinde des Menschen werden seine eigenen Hausgenossen sein. Mt 10,36–42
⁵⁰ Wer Vater oder Mutter mehr liebt als mich, ist meiner nicht wert, und wer Sohn oder Tochter mehr liebt als mich, ist meiner nicht wert.
⁵¹ Und wer nicht sein Kreuz auf sich nimmt und mir nachfolgt, ist meiner nicht wert.
⁵² Wer sein Leben gefunden hat, der wird es verlieren, und wer sein Leben verliert um meinetwillen, der wird es finden.
⁵³ Wer euch aufnimmt, der nimmt mich auf, und wer mich aufnimmt, nimmt den auf, der mich gesandt hat.
⁵⁴ Wer einen Propheten aufnimmt, weil es ein Prophet ist, wird Prophetenlohn erhalten, und wer einen Gerechten aufnimmt, weil es ein Gerechter ist, wird den Lohn eines Gerechten erhalten.
⁵⁵ Und wer einem von diesen Kleinen auch nur einen Becher frisches Wasser zu trinken reicht, weil es ein Jünger ist (...)
⁵⁶ (...) amen, ich sage euch: Er wird nicht um seinen Lohn kommen. Mk 9,41
⁵⁷ Als Jesus mit der Unterweisung seiner zwölf Jünger zu Ende war, zog er weiter, um in den Städten zu lehren und zu predigen. Mt 11,1

41 Marta und Maria

¹ Als sie weiterwanderten, kam er in ein Dorf. Eine Frau namens Marta nahm ihn in ihr Haus auf. Sie hatte eine Schwester namens Maria. Lk 10,38–42
² Die setzte sich zu Füßen des Herrn und lauschte seinem Wort.
³ Marta aber war durch vielerlei Dienste beansprucht; sie trat hinzu und sagte: Herr, kümmert es dich nicht, dass meine Schwester die Bedienung mir allein überlässt? Sag ihr doch, dass sie mir helfen soll!
⁴ Doch der Herr antwortete ihr: Marta, Marta, du machst dir Sorge und Unruhe um viele Dinge.
⁵ Aber nur eines ist notwendig. Maria hat den guten Teil erwählt, der wird ihr nicht genommen werden.

42 Die Anfrage des Täufers und die Antwort Jesu

¹ Darauf zogen sie aus und predigten Umkehr. Mk 6,12–13
² Sie trieben viele Dämonen aus und salbten viele Kranke mit Öl und heilten sie.
³ Alles dies wurde Johannes von seinen Jüngern berichtet. Lk 7,18

Mt 11,2 **⁴** Als Johannes im Gefängnis von den Taten Christi hörte, (...)
Lk 7,19-27 **⁵** (...) rief *er* zwei seiner Jünger zu sich und sandte sie zum Herrn mit der Frage: Bist du es, der kommen soll, oder müssen wir auf einen anderen warten?
⁶ Als die Männer bei Jesus eintrafen, sagten sie: Johannes der Täufer hat uns zu dir gesandt und lässt fragen: Bist du der Kommende oder müssen wir auf einen anderen warten?
⁷ Damals heilte er viele von Krankheiten, Qualen und bösen Geistern und vielen Blinden schenkte er das Augenlicht.
⁸ Er antwortete ihnen: Geht hin und berichtet Johannes, was ihr gesehen und gehört habt: Blinde sehen, Lahme gehen, Aussätzige werden rein und Taube hören, Tote werden auferweckt, Armen wird das Evangelium verkündet.
⁹ Und wohl dem, der an mir keinen Anstoß nimmt.
¹⁰ Als die Boten des Johannes weggegangen waren, begann er, zu den Volksscharen über Johannes zu sprechen: Wozu seid ihr in die Wüste hinausgegangen? Ein Schilfrohr zu sehen, das im Wind schwankt?
¹¹ Oder wozu seid ihr hinausgegangen? Einen Menschen zu sehen, mit feinen Kleidern angetan? Leute, die prächtig gekleidet sind und in Üppigkeit leben, sind in den Palästen der Könige.
¹² Oder wozu seid ihr hinausgegangen? Einen Propheten zu sehen? Ja, ich sage euch: Viel mehr als einen Propheten.
¹³ Er ist es, von dem geschrieben steht: Ich sende meinen Boten vor dir her, damit er den Weg vor dir bereitet.
Mt 11,11 **¹⁴** Amen, ich sage euch: Unter den von einer Frau Geborenen hat es keinen Größeren gegeben als Johannes den Täufer. Aber der Kleinste im Himmelreich ist größer als er.
Lk 7,29-30 **¹⁵** Das ganze Volk, das Johannes hörte, auch die Zöllner, gaben Gott Recht und ließen sich mit der Johannestaufe taufen.
¹⁶ Die Pharisäer aber und die Gesetzeslehrer haben den Ratschluss Gottes für sich selbst verworfen und sich nicht von ihm taufen lassen.
Mt 11,12 **¹⁷** Von den Tagen Johannes' des Täufers bis heute wird dem Himmelreich Gewalt angetan; und Gewalttätige reißen es an sich.

43 Von der Geltung des Gesetzes

Lk 16,16 **¹** Das Gesetz und die Propheten galten bis zu Johannes. Von da an wird das Evangelium vom Reich Gottes verkündet und jeder drängt sich (...) hinein.

² Denn alle Propheten und das Gesetz haben bis zu Johannes hin Mt 11,13-15
geweissagt.
³ Und wenn ihr es annehmen wollt: Er ist Elija, der kommen soll.
⁴ Wer Ohren hat, der höre!
⁵ Leichter ist es, dass Himmel und Erde vergehen, als dass vom Lk 16,17
Gesetz auch nur ein einziges Häkchen wegfällt.
⁶ Mit wem soll ich also die Menschen dieses Geschlechts ver- Lk 7,31-35
gleichen? Wem sind sie ähnlich?
⁷ Kindern gleichen sie, die auf dem Markt sitzen und einander
zurufen: Wir haben euch mit Flöten aufgespielt und ihr habt nicht
getanzt; wir haben Klagelieder gesungen und ihr habt nicht
geweint.
⁸ Denn Johannes der Täufer ist gekommen. Er aß kein Brot und
trank keinen Wein. Da sagt ihr: Er hat einen Dämon.
⁹ Der Menschensohn ist gekommen. Er isst und trinkt. Da sagt
ihr: Seht den Schlemmer und Trinker, den Freund von Zöllnern
und Sündern!
¹⁰ Und doch empfing die Weisheit ihre Rechtfertigung durch alle
ihre Kinder.

44 Über den heiligen Geist und über Dämonen

¹ *Jesus* ging in ein Haus und wiederum lief das Volk zusammen, Mk 3,20
sodass sie nicht einmal essen konnten.
² Er trieb einen Dämon aus, der stumm war. Als der Dämon aus- Lk 11,14
getrieben war, konnte der Stumme reden. Die Volksscharen
staunten.
³ Als das die Pharisäer hörten, sagten sie: Der treibt die Dämonen Mt 12,24
nur durch Beelzebul, den Obersten der Dämonen, aus.
⁴ Andere aber forderten ein Zeichen vom Himmel, um ihn auf die Lk 11,16
Probe zu stellen.
⁵ Er aber kannte ihre Gedanken und sagte zu ihnen: Jedes Reich, Mt 12,25-26
das in sich selbst entzweit ist, wird verwüstet, und keine Stadt
und kein Haus, das in sich selbst entzweit ist, kann Bestand
haben.
⁶ Wenn also der Satan den Satan austreibt, dann ist er mit sich
selbst entzweit. (...)
⁷ Wenn nun Satan gegen sich selbst aufsteht und mit sich entzweit Mk 3,26
ist, so kann er keinen Bestand haben, sondern es ist aus mit ihm.
⁸ (...) Wie soll dann sein Reich Bestand haben? Mt 12,26

Das eine Evangelium 44

Lk 11,18   ⁹ ₍…₎ Denn ihr sagt, dass ich die Dämonen durch Beelzebul austreibe.

Mt 12,27-29   ¹⁰ Und wenn ich durch Beelzebul die Dämonen austreibe, durch wen treiben sie dann euere Söhne aus? Deshalb werden sie euere Richter sein.
¹¹ Wenn ich aber durch den Geist Gottes die Dämonen austreibe, so ist das Reich Gottes schon zu euch gekommen.
¹² Oder wie kann jemand in das Haus eines starken Mannes eindringen und seine Habe rauben, wenn er nicht zuvor den Starken gefesselt hat? Dann erst wird er sein Haus ausplündern.

Lk 11,21-23   ¹³ Wenn der Starke bewaffnet seinen Hof bewacht, dann ist sein Besitz sicher.
¹⁴ Wenn aber ein Stärkerer über ihn kommt und ihn überwindet, dann nimmt er ihm seine Rüstung, auf die er sich verlassen hatte, und verteilt seine Beute.
¹⁵ Wer nicht mit mir ist, der ist gegen mich, und wer nicht mit mir sammelt, der zerstreut.

Mk 3,28-30   ¹⁶ Amen, ich sage euch: Alle Sünden und Lästerungen werden den Menschen vergeben werden, so viel sie auch lästern mögen.
¹⁷ Wer aber gegen den heiligen Geist lästert, findet in Ewigkeit keine Vergebung, sondern ist ewiger Sünde schuldig.
¹⁸ Sie sagten nämlich: Er hat einen unreinen Geist.

Mt 12,32-34   ¹⁹ Auch dem, der ein Wort gegen den Menschensohn sagt, wird vergeben werden; wer aber etwas gegen den heiligen Geist sagt, dem wird nicht vergeben, weder in dieser noch in der zukünftigen Welt.
²⁰ Entweder nehmt an: Der Baum ist gut, dann ist auch seine Frucht gut. Oder nehmt an: Der Baum ist schlecht, dann ist auch seine Frucht schlecht; denn an der Frucht erkennt man den Baum.
²¹ Ihr Natternbrut, wie könnt ihr Gutes reden, wenn ihr böse seid? Denn wovon das Herz voll ist, davon redet der Mund.

Lk 6,45   ²² Der gute Mensch bringt aus dem guten Schatz seines Herzens Gutes hervor und der böse Mensch bringt aus dem bösen Böses hervor. ₍…₎

Mt 12,36-37   ²³ Ich sage euch: Über jedes unnütze Wort, das die Menschen reden, werden sie Rechenschaft ablegen müssen am Tag des Gerichts.
²⁴ Denn nach deinen Worten wirst du gerecht gesprochen und nach deinen Worten wirst du verurteilt werden.

²⁵ Außerdem sagte er zu den Volksscharen: Seht ihr im Westen eine Wolke aufsteigen, so sagt ihr gleich: Es kommt Regen!, und so kommt es.   Lk 12,54-55
²⁶ Und wenn ihr den Südwind wehen seht, sagt ihr: Es wird heiß!, und so kommt es.
²⁷ (...) Am Abend sagt ihr: Es wird schön, denn der Himmel ist feuerrot,   Mt 16,2-3
²⁸ und am Morgen: Heute gibt es Regen, denn der Himmel ist trübrot. Das Aussehen des Himmels wisst ihr zu deuten, nicht aber die Zeichen der Zeit!

45 Die Heilung eines blinden und stummen Besessenen

¹ Da brachte man ihm einen Besessenen, der blind und stumm war. Und er heilte ihn, sodass der Stumme reden und sehen konnte.   Mt 12,22-23
² Da gerieten die Volksscharen außer sich und sagten: Ist das etwa der Sohn Davids?
³ Die Apostel kamen wieder bei Jesus zusammen und berichteten ihm alles, was sie getan und was sie gelehrt hatten.   Mk 6,30-31
⁴ Da sagte er zu ihnen: Kommt mit, ihr allein, an einen einsamen Ort und ruht ein wenig aus. Denn es waren viele, die da kamen und gingen, dass sie nicht einmal Zeit zum Essen hatten.

46 Jesus und die Sünderin

¹ Ein Pharisäer lud Jesus zum Essen ein. Er ging in das Haus des Pharisäers und legte sich zu Tisch.   Lk 7,36-50
² Da erfuhr eine Frau in der Stadt, eine Sünderin, dass er im Haus des Pharisäers zu Tisch lag. Sie brachte ein Alabastergefäß mit Salböl,
³ trat weinend von hinten an ihn heran und begann seine Füße mit ihren Tränen zu benetzen. Sie trocknete seine Füße mit ihrem Haar, küsste sie und salbte sie mit dem Öl.
⁴ Als der Pharisäer, der ihn eingeladen hatte, das sah, dachte er: Wenn er ein Prophet wäre, so würde er doch wissen, wer und was das für eine Frau ist, die ihn berührt; sie ist ja eine Sünderin.
⁵ Da wandte sich Jesus an ihn und sagte: Simon, ich habe dir etwas zu sagen. Er erwiderte: Meister, sprich!
⁶ Ein Gläubiger hatte zwei Schuldner, der eine schuldete ihm fünfhundert Denare, der andere fünfzig.

⁷ Da sie aber nicht bezahlen konnten, schenkte er es beiden. Welcher von ihnen wird ihn nun mehr lieben?
⁸ Simon antwortete: Ich denke der, dem er mehr geschenkt hat. Er sagte zu ihm: Du hast richtig geurteilt.
⁹ Und sich zu der Frau hinwendend, sagte er zu Simon: Siehst du diese Frau? Ich kam in dein Haus: Wasser für die Füße hast du mir nicht gegeben; sie aber hat meine Füße mit ihren Tränen benetzt und mit ihren Haaren getrocknet.
¹⁰ Einen Kuss hast du mir nicht gegeben; sie aber hat, seitdem sie eingetreten ist, nicht aufgehört, meine Füße zu küssen.
¹¹ Du hast mir nicht das Haupt mit Öl gesalbt; sie aber hat meine Füße mit Öl gesalbt.
¹² Deshalb sage ich dir: Ihre vielen Sünden sind ihr vergeben, weil sie viel geliebt hat; wem aber nur wenig vergeben wird, der liebt auch wenig.
¹³ Zu ihr aber sagte er: Deine Sünden sind dir vergeben.
¹⁴ Da dachten die Tischgenossen: Wer ist das, der sogar Sünden vergibt?
¹⁵ Er aber sagte zu der Frau: Dein Glaube hat dich gerettet. Geh hin in Frieden!

Joh 2,23-25 ¹⁶ Während er zum Paschafest in Jerusalem war, glaubten viele an seinen Namen, da sie die Zeichen sahen, die er wirkte.
¹⁷ Jesus selbst aber vertraute sich ihnen nicht an, weil er alle kannte
¹⁸ und nicht nötig hatte, dass ihm jemand über den Menschen Zeugnis ablegt; denn er wusste, was im Menschen ist.

47 Die Aussendung der 72 Jünger

Lk 10,1-12 ¹ Danach bezeichnete der Herr noch zweiundsiebzig andere und sandte sie zu zweien vor sich her in jede Stadt und Ortschaft, in die er selbst kommen wollte.
² Er sagte zu ihnen: Die Ernte ist groß, aber es gibt nur wenig Arbeiter; bittet daher den Herrn der Ernte, dass er Arbeiter in seine Ernte sendet.
³ Geht! Ich sende euch wie Lämmer mitten unter die Wölfe.
⁴ Nehmt weder Geldbeutel noch Tasche noch Schuhe mit. Grüßt niemand unterwegs!
⁵ Wenn ihr in ein Haus eintretet, so sprecht zuerst: Friede diesem Haus!

⁶ Ist dort ein Sohn des Friedens, so wird euer Friede auf ihm ruhen. Wenn aber nicht, wird er zu euch zurückkehren.
⁷ Bleibt in diesem Haus, esst und trinkt, was euch vorgesetzt wird; denn der Arbeiter ist seines Lohnes wert. Wechselt nicht von Haus zu Haus!
⁸ Wenn ihr in eine Stadt kommt und man euch aufnimmt, so esst, was euch angeboten wird.
⁹ Heilt die Kranken, die dort sind, und sagt ihnen: Das Reich Gottes hat sich euch genaht!
¹⁰ Wenn ihr aber in eine Stadt kommt und man euch nicht aufnimmt, so geht hinaus auf ihre Straßen und ruft:
¹¹ Selbst den Staub, der von euerer Stadt an unseren Füßen haftet, lassen wir euch zurück; doch das sollt ihr wissen: Das Reich Gottes ist nahe!
¹² Ich sage euch: Sodom wird es an jenem Tag erträglicher ergehen als dieser Stadt.

48 Die Drohung gegen die Städte

¹ Darauf begann er, den Städten, in denen die meisten seiner Machttaten geschehen waren, zu drohen, weil sie nicht umgekehrt waren: Mt 11,20-24
² Wehe dir, Chorazin! Wehe dir, Betsaida! Wenn in Tyrus und Sidon die Machttaten geschehen wären, die bei euch geschehen sind, längst schon hätten sie sich in Sack und Asche bekehrt.
³ Ich sage euch: Tyrus und Sidon wird es am Tag des Gerichts erträglicher ergehen als euch.
⁴ Und du, Kafarnaum: Wirst du wohl bis zum Himmel erhoben werden? Bis zur Unterwelt wirst du hinabfahren! Wenn in Sodom die Machttaten geschehen wären, die bei dir geschahen, es stünde noch bis auf den heutigen Tag.
⁵ Ich sage euch: Dem Gebiet von Sodom wird es am Tag des Gerichts erträglicher ergehen als dir.

49 Die Vollmacht und die Freude der Jünger

¹ Wer euch hört, der hört mich, und wer euch verachtet, verachtet mich; wer aber mich verachtet, verachtet den, der mich gesandt hat.   Lk 10,16-20
² Die Zweiundsiebzig kehrten voll Freude zurück und sagten: Herr, selbst die Dämonen sind uns untertan in deinem Namen.

³ Da sagte er zu ihnen: Ich sah den Satan wie einen Blitz vom Himmel fallen.
⁴ Seht, ich habe euch die Vollmacht gegeben, auf Schlangen und Skorpione zu treten, und über alle Gewalt des Feindes; nichts wird euch schaden können.
⁵ Doch freut euch nicht darüber, dass euch die Geister unterworfen sind; freut euch vielmehr, dass euere Namen im Himmel eingeschrieben sind.

50 Der Jubelruf Jesu

Lk 10, 21-22 ¹ In derselben Stunde rief er voll Freude, vom heiligen Geist erfüllt: Ich preise dich, Vater, Herr des Himmels und der Erde, dass du dies vor Weisen und Klugen verborgen, Unmündigen aber offenbart hast. Ja, Vater, so hat es dir gefallen.
² Alles ist mir von meinem Vater übergeben. Niemand weiß, wer der Sohn ist, als nur der Vater, und niemand, wer der Vater ist, als nur der Sohn und wem es der Sohn offenbaren will.

Mt 11, 28-30 ³ Kommt alle zu mir, die ihr mühselig und beladen seid; ich will euch Ruhe verschaffen.
⁴ Nehmt mein Joch auf euch und lernt von mir; denn ich bin sanftmütig und demütig von Herzen und ihr werdet Ruhe finden für euere Seelen.
⁵ Denn mein Joch ist sanft und meine Last leicht.

51 Die Entschlossenheit zur Nachfolge

Lk 14, 25-33 ¹ Eine große Volksmenge begleitete Jesus. Er wandte sich an sie und sagte:
² Wenn jemand zu mir kommt und nicht Vater und Mutter, Frau und Kinder, Brüder und Schwestern und dazu auch noch sein eigenes Leben hasst, kann er nicht mein Jünger sein.
³ Wer nicht sein Kreuz trägt und mir nachfolgt, kann nicht mein Jünger sein.
⁴ Denn wer von euch, der einen Turm bauen will, setzt sich nicht zuerst hin und berechnet die Kosten, ob er genug hat, um fertig zu bauen,
⁵ damit nicht etwa, nachdem er den Grund gelegt hat und nicht fertig bauen kann, alle, die es sehen, über ihn zu spotten beginnen und sagen:
⁶ Dieser Mann hat angefangen zu bauen und konnte es nicht fertig bekommen.

⁷ Oder welcher König, der ausziehen will, um mit einem anderen König Krieg zu führen, wird sich nicht zuvor hinsetzen und Rat halten, ob er mit zehntausend Mann dem entgegentreten kann, der mit zwanzigtausend gegen ihn anrückt?
⁸ Andernfalls schickt er, solange jener noch fern ist, eine Gesandtschaft und bittet um Friedensbedingungen.
⁹ So kann auch keiner von euch, der sich nicht von allem, was er hat, lossagt, mein Jünger sein.

52 Die Zeichenforderung der Pharisäer

¹ Da entgegneten ihm einige der Schriftgelehrten und Pharisäer: Meister, wir wollen von dir ein Zeichen sehen.   Mt 12, 38–39
² Er aber erwiderte ihnen: Ein böses und ehebrecherisches Geschlecht fordert ein Zeichen, aber es wird ihm kein Zeichen gegeben werden als nur das Zeichen des Propheten Jona.
³ Denn wie Jona den Bewohnern von Ninive ein Zeichen war, so wird es auch der Menschensohn für dieses Geschlecht sein.   Lk 11, 30
⁴ Denn wie Jona drei Tage und drei Nächte im Bauch des Seeungeheuers war, so wird der Menschensohn drei Tage und drei Nächte im Herzen der Erde sein.   Mt 12, 40
⁵ Die Königin des Südens wird beim Gericht gegen die Männer dieses Geschlechts auftreten und sie verurteilen; denn sie kam von den Enden der Erde, um die Weisheit Salomos zu hören. Doch hier ist mehr als Salomo.   Lk 11, 31
⁶ Die Männer von Ninive werden beim Gericht gegen dieses Geschlecht auftreten und es verurteilen. Denn sie haben sich auf die Predigt Jonas hin bekehrt. Hier aber ist mehr als Jona.   Mt 12, 41
⁷ Wenn der unreine Geist von dem Menschen ausgefahren ist, schweift er durch wasserlose Gegenden und sucht einen Ruheplatz. Und wenn er keinen findet, sagt er: Ich will in mein Haus zurückkehren, das ich verlassen habe.   Lk 11, 24–26
⁸ Und kommt er und findet es ausgefegt und geschmückt,
⁹ dann geht er hin und nimmt sieben andere Geister mit, die noch schlimmer sind als er, und sie ziehen ein und wohnen darin. Und so wird das Ende jenes Menschen schlimmer sein als sein Anfang.
¹⁰ (…) So wird es auch diesem bösen Geschlecht ergehen.   Mt 12, 45
¹¹ Als er das sagte, erhob eine Frau aus der Menge die Stimme und sagte zu ihm: Selig der Leib, der dich getragen hat, und die Brüste, an denen du dich genährt hast!   Lk 11, 27–28

¹² Er aber erwiderte: Selig sind vielmehr die, die das Wort Gottes hören und befolgen!

Mt 12,46 ¹³ Während er noch zu den Volksscharen redete, ₍...₎
Lk 8,19 ¹⁴ *kamen* seine Mutter und seine Brüder ₍...₎ zu ihm ₍...₎
Mt 12,46 ¹⁵ ₍...₎ und wollten mit ihm sprechen.
Lk 8,19 ¹⁶ ₍...₎ *Sie* konnten aber wegen der Volksmenge nicht zu ihm gelangen.
Mk 3,31 ¹⁷ ₍...₎ *Sie* blieben draußen stehen und ließen ihn rufen.
Mt 12,47-50 ¹⁸ Da sagte jemand zu ihm: Deine Mutter und deine Brüder ₍...₎ stehen draußen und wollen mit dir sprechen.
¹⁹ Er aber antwortete dem, der es ihm mitteilte: Wer ist meine Mutter und wer sind meine Brüder?
²⁰ Und er streckte die Hand über seine Jünger aus und sagte: Das sind meine Mutter und meine Brüder.
²¹ Denn jeder, der den Willen meines Vaters im Himmel tut, der ist mir Bruder und Schwester und Mutter.

53 Die Jüngerinnen Jesu

Lk 8,1-3 ¹ Bald darauf wanderte er durch Städte und Dörfer, predigte und verkündete das Evangelium vom Reich Gottes. Die Zwölf begleiteten ihn,
² außerdem einige Frauen, die von bösen Geistern und Krankheiten geheilt worden waren: Maria, die Magdalenerin genannt, aus der sieben Dämonen ausgefahren waren,
³ Johanna, die Frau des Chuzas, eines Verwalters des Herodes, Susanna und viele andere, die mit ihrem Vermögen für sie sorgten.

54 Das Gleichnis vom Sämann und über den Sinn von Gleichnissen

Mt 13,1-4 ¹ An jenem Tag verließ Jesus das Haus und setzte sich an den See.
² Große Volksscharen sammelten sich um ihn; deshalb stieg er in ein Boot und setzte sich, während das ganze Volk am Ufer stand.
³ Und er sprach lange zu ihnen in Gleichnissen.
Ein Sämann ging aus, um zu säen.
⁴ Als er säte, fiel einiges an den Weg ₍...₎,
Lk 8,5 ⁵ ₍...₎ wurde zertreten, und die Vögel des Himmels fraßen es auf.
Mt 13,5-6 ⁶ Wieder anderes fiel auf steinigen Grund, wo es nicht viel Erdreich hatte. Und es schoss rasch auf, weil es kein tiefes Erdreich fand.

⁷ Als aber die Sonne aufging, wurde es versengt, und weil es keine Wurzeln hatte, verdorrte es.
⁸ Anderes fiel mitten unter die Dornen, die Dornen wuchsen mit auf und erstickten es. — Lk 8,7
⁹ ₍₎ *E*s brachte keine Frucht. — Mk 4,7
¹⁰ Anderes fiel schließlich auf gutes Erdreich, ₍₎ — Lk 8,8
¹¹ ₍₎ es ging auf und wuchs und brachte Frucht; es trug dreißigfach und sechzigfach und hundertfach. — Mk 4,8
¹² ₍₎ Als er dies gesagt hatte, rief er: Wer Ohren hat zu hören, der höre! — Lk 8,8
¹³ Als er allein war, fragten ihn die, die mit den Zwölf um ihn waren, nach dem Sinn der Gleichnisse. — Mk 4,10-11
¹⁴ Da sagte er zu ihnen: Euch ist das Geheimnis des Reiches Gottes gegeben. Jenen draußen aber wird alles in Gleichnissen zuteil.
¹⁵ Denn dem, der hat, wird gegeben, und er wird Überfluss haben. Wer aber nicht hat, dem wird auch das genommen, was er hat. — Mt 13,12-16
¹⁶ Deshalb rede ich zu ihnen in Gleichnissen, weil sie sehen und doch nicht sehen und hören und doch nicht hören und nichts verstehen.
¹⁷ An ihnen erfüllt sich die Weissagung Jesajas:
Hören werdet ihr mit den Ohren und nichts verstehen. Sehend werdet ihr sehen und nichts erkennen.
¹⁸ Denn verstockt ist das Herz dieses Volkes.
Schwer hören sie mit ihren Ohren und ihre Augen haben sie geschlossen,
damit sie nicht etwa sehen mit ihren Augen und mit den Ohren hören
und mit dem Herzen verstehen und sich bekehren und ich sie heile.
¹⁹ Selig aber sind euere Augen, weil sie sehen, und euere Ohren, weil sie hören.
²⁰ ₍₎ Selig die Augen, die sehen, was ihr seht. — Lk 10,23
²¹ Amen, ich sage euch: Viele Propheten und Gerechte haben sich danach gesehnt zu sehen, was ihr seht, und haben es nicht gesehen, und zu hören, was ihr hört, und haben es nicht gehört. — Mt 13,17
²² ₍₎ Versteht ihr dieses Gleichnis nicht? Wie wollt ihr da alle anderen Gleichnisse verstehen? — Mk 4,13
²³ Hört nun, was das Gleichnis vom Sämann bedeutet. — Mt 13,18
²⁴ Der Sämann sät das Wort. — Mk 4,14

Mt 13,19-21 ²⁵ Bei jedem, der das Wort vom Reich hört und es nicht versteht, kommt der Böse und raubt das, was in sein Herz gesät war. Dies ist der an den Weg Gesäte.
²⁶ Der aber auf steinigen Grund Gesäte, das ist jener, der das Wort hört und es sofort mit Freuden aufnimmt.
²⁷ Er hat jedoch keine Wurzeln; denn er ist ein Mensch des Augenblicks,

Lk 8,13 ²⁸ (...) nur für eine Zeit (...).
Mt 13,21-22 ²⁹ (...) Sobald aber Drangsal oder Verfolgung um des Wortes willen kommen, kommt er sofort zu Fall.
³⁰ Der in die Dornen Gesäte, das ist jener, der das Wort hört, aber die Sorgen der Welt und der Trug des Reichtums (...)

Mk 4,19 ³¹ (...) und die Begierden nach anderen Dingen dringen ein und ersticken das Wort, und es bringt keine Frucht.

Lk 8,15 ³² Das in dem guten Erdreich aber, das sind die, die das Wort, das sie gehört haben, in einem edlen und guten Herzen bewahren und Frucht bringen in Beharrlichkeit,

Mt 13,23 ³³ (...) teils hundertfach, teils sechzigfach, teils dreißigfach.
Mk 4,26-29 ³⁴ Er sagte: Mit dem Reich Gottes ist es so, wie wenn ein Mann Samen auf den Acker sät
³⁵ und dann schlafen geht und wieder aufsteht, Nacht und Tag, und der Samen geht auf und wächst empor und er weiß nicht wie.
³⁶ Von selbst bringt die Erde Frucht, erst den Halm, dann die Ähre und endlich das volle Korn in der Ähre.
³⁷ Sobald aber die Frucht es zulässt, legt er die Sichel an; denn die Ernte ist da.

55 Die Gleichnisse vom Himmelreich

Mt 13,24-31 ¹ Er legte ihnen ein anderes Gleichnis vor: Mit dem Himmelreich ist es wie mit einem Mann, der guten Samen auf seinen Acker gesät hatte.
² Während aber die Leute schliefen, kam sein Feind, säte Unkraut mitten unter den Weizen und ging davon.
³ Als aber die Saat aufging und Frucht ansetzte, kam auch das Unkraut zum Vorschein.
⁴ Da gingen die Knechte zum Hausherrn und sagten: Herr, hast du nicht guten Samen auf deinen Acker gesät? Woher hat er nur das Unkraut?
⁵ Er antwortete ihnen: Das hat ein Feind getan. Da fragten ihn die Knechte: Sollen wir gehen und es ausreißen?

⁶ Er erwiderte: Nein, ihr könntet beim Einsammeln des Unkrauts zugleich auch den Weizen ausreißen.
⁷ Lasst beides miteinander wachsen bis zur Ernte. Wenn dann die Ernte da ist, will ich den Schnittern sagen: Sammelt zuerst das Unkraut und bindet es in Bündel, um es zu verbrennen. Den Weizen aber bringt in meine Scheune.
⁸ Er legte ihnen ein weiteres Gleichnis vor: (...)
⁹ (...) Wem ist das Reich Gottes gleich und womit soll ich es vergleichen?   Lk 13,18
¹⁰ (...) *Mit* welchem Gleichnis sollen wir es darstellen?   Mk 4,30
¹¹ Es ist gleich einem Senfkorn, (...)   Lk 13,19
¹² (...) das einer nahm und auf seinen Acker säte,   Mt 13,31
¹³ (...) das kleinste von allen Samenkörnern auf der Erde (...).   Mk 4,31
¹⁴ (...) Wenn es aber ausgewachsen ist, ist es größer als die Gartengewächse (...)   Mt 13,32
¹⁵ (...) und treibt große Zweige, sodass in seinem Schatten die Vögel des Himmels nisten können.   Mk 4,32-33
¹⁶ In vielen solchen Gleichnissen verkündete er ihnen das Wort, wie sie es aufnehmen konnten.
¹⁷ Außerdem sagte er: Womit soll ich das Reich Gottes vergleichen?   Lk 13,20
¹⁸ (...) Das Himmelreich gleicht einem Sauerteig, den eine Frau nahm und unter drei Sea Mehl mischte, bis das Ganze durchsäuert war.   Mt 13,33-34
¹⁹ Das alles sagte Jesus den Volksscharen in Gleichnissen (...),
²⁰ (...), wie sie es aufnehmen konnten.   Mk 4,33
²¹ (...) Ohne Gleichnis redete er nicht zu ihnen.   Mt 13,34-36
²² So sollte sich das Wort des Propheten erfüllen: Ich will meinen Mund in Gleichnissen auftun, will verkünden, was seit Grundlegung verborgen war.
²³ Darauf entließ er die Volksscharen und ging nach Hause (...).
²⁴ (...) *Als* sie allein waren, legte er seinen Jüngern alles aus.   Mk 4,34
²⁵ (...) Und die Jünger traten an ihn heran und sagten: Erkläre uns das Gleichnis vom Unkraut auf dem Acker.   Mt 13,36-53
²⁶ Er antwortete: Der Mann, der den guten Samen sät, ist der Menschensohn.
²⁷ Der Acker aber ist die Welt. Der gute Same, das sind die Söhne des Reiches, und das Unkraut sind die Söhne des Bösen.
²⁸ Der Feind, der es gesät hat, ist der Teufel. Die Ernte ist das Ende der Welt, die Schnitter sind die Engel.

²⁹ Wie nun das Unkraut gesammelt und im Feuer verbrannt wird, so wird es auch am Ende der Welt sein:
³⁰ Der Menschensohn wird seine Engel aussenden und sie werden aus seinem Reich alle Ärgernisse und Übeltäter sammeln
³¹ und sie in den Feuerofen werfen. Dort wird Heulen und Zähneknirschen sein.
³² Dann werden die Gerechten leuchten wie die Sonne im Reich ihres Vaters. Wer Ohren hat, der höre!
³³ Das Himmelreich gleicht einem im Acker verborgenen Schatz. Ein Mann fand ihn und deckte ihn wieder zu. Voll Freude ging er hin, verkaufte alles, was er besaß, und kaufte jenen Acker.
³⁴ Auch gleicht das Himmelreich einem Kaufmann, der schöne Perlen suchte.
³⁵ Als er aber eine kostbare Perle fand, ging er hin, verkaufte alles, was er besaß, und kaufte sie.
³⁶ Auch gleicht das Himmelreich einem Netz, das ins Meer geworfen wurde und aller Art zusammenbrachte.
³⁷ Als es voll war, zogen es die Fischer auf den Strand, setzten sich und lasen die guten in Gefäße, die schlechten aber warfen sie weg.
³⁸ So wird es am Ende der Welt sein: Die Engel werden kommen und die Bösen von den Gerechten trennen
³⁹ und in den Feuerofen werfen. Dort wird Heulen und Zähneknirschen sein.
⁴⁰ Habt ihr dies alles verstanden? Sie antworteten ihm: Ja.
⁴¹ Da sagte er zu ihnen: Deshalb gleicht jeder Schriftgelehrte, der ein Jünger des Himmelreiches geworden ist, einem Hausherrn, der Neues und Altes aus seinem Schatz hervorholt.
⁴² Als Jesus diese Gleichnisse beendet hatte, zog er weiter.

56 Der Prophet in seiner Vaterstadt

Mt 13,54 ¹ Er kam in seine Vaterstadt und lehrte sie in ihrer Synagoge (...).
Mk 6,2 ² *Auch a*m Sabbat begann er, in der Synagoge zu lehren, und die Menge, die ihm zuhörte, staunte und sagte: Woher hat er das? Was ist das für eine Weisheit, die ihm gegeben ist? Und solche Machttaten geschehen durch seine Hände?
Mt 13,55–56 ³ Ist das nicht der Sohn des Bauhandwerkers? Heißen nicht seine Mutter Maria und seine Brüder Jakobus, Josef, Simon und Judas?
⁴ Und sind nicht alle seine Schwestern bei uns? Woher hat er denn das alles? Und sie nahmen Anstoß an ihm.

⁵ Er erwiderte ihnen: Ihr werdet mir sicher dieses Sprichwort entgegenhalten: Arzt, heile dich selbst! Was wir in Kafarnaum geschehen hörten, tu auch hier in deiner Vaterstadt!   Lk 4,23–24
⁶ Und er fügte hinzu: Amen, ich sage euch: Kein Prophet ist in seiner Vaterstadt willkommen.⁽¹⁹⁾
⁷ (...) Nirgends gilt ein Prophet weniger als in seiner Vaterstadt, bei seinen Verwandten und in seinem Haus.   Mk 6,4
⁸ Wahrhaftig, ich sage euch: Viele Witwen gab es in den Tagen des Elija in Israel, als der Himmel drei Jahre und sechs Monate verschlossen war und große Hungersnot über das ganze Land kam.   Lk 4,25–27
⁹ Doch zu keiner von ihnen wurde Elija gesandt, sondern nur zu einer Witwe in Sarepta im Gebiet von Sidon.
¹⁰ Ebenso gab es viele Aussätzige in Israel zur Zeit des Propheten Elischa, aber keiner von ihnen wurde rein, sondern nur der Syrer Naaman.
¹¹ Er konnte dort *aber* keine Machttat vollbringen (...)   Mk 6,5
¹² (...) *wegen ihres Unglaubens;*⁽²⁰⁾   Mt 13,58
¹³ (...) nur einigen Kranken legte er die Hände auf und heilte sie.   Mk 6,5–6
¹⁴ Und er wunderte sich über ihren Unglauben.
¹⁵ Als sie das hörten, gerieten alle in der Synagoge in Zorn,   Lk 4,28–30
¹⁶ standen auf, stießen ihn zur Stadt hinaus und führten ihn bis zum Abhang des Berges, auf dem ihre Stadt erbaut war, um ihn hinunterzustürzen.
¹⁷ Er aber schritt mitten durch sie hindurch und ging weg.
¹⁸ (...) Er durchzog die umliegenden Dörfer und lehrte.   Mk 6,6

57 Der Tod Johannes' des Täufers

¹ Zu jener Zeit kam dem Tetrarchen Herodes zu Ohren, was man über Jesus redete.   Mt 14,1
² (...) *Er war ratlos,* (...)   Lk 9,7
³ (...) denn der Name Jesu war bekannt geworden, (...)   Mk 6,14
⁴ (...) weil von einigen gesagt wurde,   Lk 9,7–8
⁵ Johannes sei von den Toten auferweckt worden, von anderen aber, Elija sei erschienen, (...)
⁶ (...) andere (...) Jeremia (...),   Mt 16,14

---

[19] Hier ergänzte Tatian jedenfalls nach Preuschens Tatianübersetzung: „ (...) zwischen seinen Brüdern."
[20] Hier redaktionell aus Mt ergänzt. In der Übersetzung Preuschens wurde diese Passage noch Mk 6 zugeordnet, in HÜ taucht diese Passage jedoch dort nicht auf.

Lk 9,8 ⁷ ₍...₎ wieder ₍...₎ andere einer von den alten Propheten sei auferstanden.
Mk 6,15–16 ⁸ Andere ₍...₎ sagten: ₍...₎ Er ist ein Prophet wie einer der Propheten.
⁹ Als aber Herodes das hörte, sagte er[21]: Johannes, den ich enthaupten ließ, ist auferweckt worden.
Mt 14 ¹⁰ ₍...₎ Deshalb wirken die Wunderkräfte in ihm.
Mk 6,17–20 ¹¹ Herodes hatte nämlich Johannes festnehmen und ins Gefängnis werfen lassen wegen der Herodias, der Frau seines Bruders Philippus. Weil er sie geheiratet hatte,
¹² hatte Johannes zu Herodes gesagt: Es ist dir nicht erlaubt, die Frau deines Bruders zu haben.
¹³ Das trug ihm Herodias nach und hätte ihn gern umbringen lassen, vermochte es aber nicht;
¹⁴ denn Herodes fürchtete Johannes, weil er wusste, dass er ein gerechter und heiliger Mann war, und ließ ihn bewachen. Jedes Mal wenn er ihn hörte, wurde er sehr verlegen, doch hörte er ihn gern.
Mt 14,5 ¹⁵ *Herodes* hätte ihn gerne töten lassen, fürchtete aber das Volk, weil man ihn für einen Propheten hielt.
Mk 6,21–29 ¹⁶ Es kam ein günstiger Tag: Herodes gab an seinem Geburtstag ein Festessen für seine Würdenträger und Offiziere und die Vornehmen Galiläas.
¹⁷ Da kam ihre, der Herodias, Tochter und tanzte und sie gefiel dem Herodes und seinen Gästen. Der König sagte zu dem Mädchen: Wünsche dir von mir, was du willst; ich werde es dir geben.
¹⁸ Er schwor ihr: Was du auch von mir verlangst, ich werde es dir geben, bis zur Hälfte meines Reiches.
¹⁹ Da ging sie hinaus und sagte zu ihrer Mutter: Was soll ich mir wünschen? Sie aber sagte: Den Kopf Johannes' des Täufers.
²⁰ Sofort eilte sie zum König hinein und bat: Ich will, dass du mir sofort in einer Schüssel den Kopf Johannes' des Täufers gibst.
²¹ Da wurde der König sehr betrübt, doch wegen seiner Schwüre und wegen der Gäste wollte er sie nicht abweisen.
²² Also schickte der König sogleich einen Scharfrichter los mit dem Befehl, den Kopf zu bringen. Der ging hin, enthauptete ihn im Gefängnis,
²³ brachte seinen Kopf in einer Schüssel und gab ihn dem Mädchen und das Mädchen gab ihn seiner Mutter.

[21] Hier ergänzte Tatian jedenfalls nach Preuschens Tatianübersetzung entsprechend Mt 14,2: „... zu seinen Höflingen"

²⁴ Als seine Jünger das hörten, kamen sie, holten seinen Leichnam und legten ihn in ein Grab.
²⁵ ₍…₎ Dann gingen sie zu Jesus und berichteten ihm davon.   Mt 14,12
²⁶ Herodes aber sagte: Johannes habe ich enthaupten lassen; wer ist aber dieser Mann, von dem ich solche Dinge höre? Und er suchte ihn zu sehen.   Lk 9,9

58 Die Speisung der Fünftausend

¹ Als Jesus alles das hörte, zog er sich mit einem Boot an einen einsamen Ort zurück ₍…₎,   Mt 14,13
² ₍…₎ an das gegenüberliegende Ufer des Sees von Galiläa, des Sees von Tiberias.   Joh 6,1
³ Aber man sah sie abfahren und viele merkten es und sie liefen zu Fuß aus allen Städten dorthin zusammen und kamen noch vor ihnen an,   Mk 6,33
⁴ ₍…₎ weil sie die Zeichen sahen, die er an den Kranken tat.   Joh 6,2-5
⁵ Jesus stieg auf den Berg hinauf und setzte sich dort mit seinen Jüngern nieder.
⁶ Das Pascha, das Fest der Juden, war nahe.
⁷ Als Jesus aufblickte ₍…₎
⁸ ₍…₎, sah er eine große Volksmenge und wurde von Mitleid mit ihnen ergriffen; denn sie waren wie Schafe, die keinen Hirten haben. ₍…₎   Mk 6,34
⁹ ₍…₎ Er nahm sie auf und sprach zu ihnen vom Reich Gottes und die der Heilung bedurften, machte er gesund.   Lk 9,11
¹⁰ Als es Abend geworden war, kamen die Jünger zu ihm und sagten: Die Gegend ist einsam und es ist schon spät geworden. ₍…₎   Mt 14,15
¹¹ Entlass sie, damit sie in die umliegenden Höfe und Dörfer gehen und sich etwas zu essen kaufen.   Mk 6,36
¹² Doch Jesus sagte zu ihnen: Sie brauchen nicht fortzugehen. Gebt ihr ihnen zu essen!   Mt 14,16-17
¹³ Sie antworteten: Wir haben nichts hier als fünf Brote und zwei Fische.
¹⁴ Als Jesus aufblickte und sah, dass eine große Volksmenge zu ihm hinströmte, sagte er zu Philippus: Wo sollen wir Brot kaufen, damit diese Leute zu essen bekommen?   Joh 6,5-9
¹⁵ Das sagte er aber, um ihn auf die Probe zu stellen. Denn er selbst wusste, was er tun wollte.

¹⁶ Philippus antwortete ihm: Brot für zweihundert Denare reicht für sie nicht aus, wenn jeder auch nur ein kleines Stück bekommen soll.
¹⁷ Einer von seinen Jüngern, Andreas, der Bruder des Simon Petrus, sagte zu ihm:
¹⁸ Es ist ein Junge da, der fünf Gerstenbrote hat und zwei Fische. Aber was ist das für so viele?

Lk 9,13 ¹⁹ (...) *Es* sei denn, dass wir hingingen und für diese ganze Menge Nahrung kauften.

Joh 6,10 ²⁰ Jesus sagte: Lasst die Leute sich lagern! Es gab nämlich viel Gras an dem Ort. Sie lagerten sich also; es waren etwa fünftausend Männer.

Mk 6,40 ²¹ Und sie lagerten sich in Gruppen zu je hundert und zu fünfzig.

Mt 14,18 ²² Er aber sprach: Bringt sie mir her.

Mk 6,41 ²³ Da nahm er die fünf Brote und die zwei Fische, blickte zum Himmel auf, sprach das Segensgebet, brach die Brote und gab sie den Jüngern, damit sie sie ihnen vorlegten (...).

Mt 14,19-20 ²⁴ (...) *Die* Jünger aber reichten sie den Volksscharen;
²⁵ und alle aßen und wurden satt. (...)

Joh 6,12-13 ²⁶ Als sie satt waren, sagte er zu seinen Jüngern: Sammelt die übrig gebliebenen Brocken, damit nichts verloren geht!
²⁷ Da sammelten sie und füllten zwölf Körbe mit Resten von den fünf Gerstenbroten, die beim Essen übrig geblieben waren.⁽²²⁾

Mt 14,21 ²⁸ Die gegessen hatten, waren etwa fünftausend Männer, ohne Frauen und Kinder.

Mk 6,45 ²⁹ Gleich darauf nötigte er seine Jünger, ins Boot zu steigen und ans andere Ufer nach Betsaida vorauszufahren, während er selbst das Volk entlassen wollte.

Joh 6,14-15 ³⁰ Als die Leute das Zeichen sahen, das er getan hatte, sagten sie: Das ist wahrhaftig der Prophet, der in die Welt kommen soll!
³¹ Da merkte Jesus, dass sie kommen und ihn ergreifen würden, um ihn zum König zu machen. Daher zog er sich wieder auf den Berg zurück, er allein.

⁽²²⁾ Nach Preuschens Tatianübersetzung ergänzt Tatian hier: „... und zwei Fische". Dies beruhte eventuell auf Mk 6, 43, der schrieb: „(...) und Reste von den Fischen".

59 Jesus wandelt auf dem Wasser

¹ Als es Abend geworden war, gingen seine Jünger an den See hinab, ² bestiegen ein Boot und fuhren auf die gegenüberliegende Seite des Sees nach Kafarnaum. Die Dunkelheit war schon eingetreten und Jesus war noch nicht zu ihnen gekommen. ³ Der See aber wurde unruhig, weil ein starker Wind blies. ⁴ Das Boot aber war schon viele Stadien vom Land entfernt und wurde von den Wellen bedrängt; denn es hatte Gegenwind. ⁵ Um die vierte Nachtwache kam er auf sie zu; er ging auf dem See. ⁶ Als sie etwa fünfundzwanzig oder dreißig Stadien gefahren waren, sahen sie Jesus über den See kommen und dem Boot sich nähern; und sie fürchteten sich. ⁷ Als ihn die Jünger über den See kommen sahen, entsetzten sie sich, weil sie meinten, es sei ein Gespenst, und sie schrien vor Angst auf. ⁸ Er aber redete sie sogleich an und sagte: Habt Vertrauen, ich bin es. Fürchtet euch nicht! ⁹ Da antwortete ihm Petrus: Herr, wenn du es bist, so befiehl, dass ich auf dem Wasser zu dir komme. ¹⁰ Er sagte: Komm! Da stieg Petrus aus dem Boot und ging über dem Wasser auf Jesus zu. ¹¹ Als er aber den Wind bemerkte, fürchtete er sich und begann zu sinken. Er schrie: Herr, rette mich! ¹² Sogleich streckte Jesus die Hand aus, ergriff ihn und sagte zu ihm: Kleingläubiger, warum hast du gezweifelt? ¹³ Und als sie ins Boot gestiegen waren, legte sich der Wind. ¹⁴ Die Jünger im Boot aber fielen vor ihm nieder und sagten: Wahrhaftig, du bist Gottes Sohn. ¹⁵ Sie wollen ihn ins Boot aufnehmen, aber schon war das Boot am Ufer, auf das sie zugehalten hatten. ¹⁶ Als sie aus dem Boot stiegen, (...) ¹⁷ (...) waren *sie* bestürzt und außer sich; ¹⁸ denn sie waren bei den Broten nicht zur Einsicht gekommen; ihr Herz war verhärtet.

60 Die Rede in der Synagoge von Kafarnaum

Mk 6,54-56

¹ Als sie aus dem Boot stiegen, erkannte man ihn sofort;
² die Menschen liefen in der ganzen Gegend umher und begannen, die Kranken auf Tragen dorthin zu schaffen, wo man hörte, dass er war.
³ Und wenn er in ein Dorf oder eine Stadt oder ein Gehöft kam, legten sie die Kranken auf die Plätze nieder und baten ihn, wenigstens die Quaste seines Gewandes berühren zu dürfen. Und alle, die ihn berührten, wurden geheilt.

Joh 6,22-59

⁴ Am nächsten Tag sah die Menge, die jenseits des Sees stand, dass dort kein anderes Boot gewesen war außer dem einen und dass Jesus nicht mit seinen Jüngern ins Boot gestiegen war, sondern dass seine Jünger allein weggefahren waren.
⁵ Aus Tiberias kamen andere Boote in die Nähe des Ortes, wo sie nach dem Dankgebet des Herrn das Brot gegessen hatten.
⁶ Als die Menge sah, dass weder Jesus noch seine Jünger da waren, stiegen sie selbst in die Boote und fuhren nach Kafarnaum, um Jesus zu suchen.
⁷ Als sie ihn am anderen Ufer des Sees gefunden hatten, fragten sie ihn: Rabbi, wann bist du hierhergekommen?
⁸ Jesus antwortete ihnen: Amen, amen, ich sage euch: Ihr sucht mich nicht, weil ihr Zeichen gesehen habt, sondern weil ihr von den Broten gegessen habt und satt geworden seid.
⁹ Müht euch nicht um die Speise, die vergänglich ist, sondern um die Speise, die für das ewige Leben bleibt und die der Menschensohn euch geben wird. Denn ihn hat Gott, der Vater, mit seinem Siegel beglaubigt.
¹⁰ Da fragten sie ihn: Was sollen wir tun, um die Werke Gottes zu vollbringen?
¹¹ Jesus antwortete ihnen: Das ist das Werk Gottes, dass ihr an den glaubt, den er gesandt hat.
¹² Da sagten sie zu ihm: Was für ein Zeichen tust denn du, dass wir es sehen und dir glauben? Was tust du?
¹³ Unsere Väter haben das Manna in der Wüste gegessen, wie geschrieben steht: Brot vom Himmel gab er ihnen zu essen.
¹⁴ Da sagte Jesus zu ihnen: Amen, amen, ich sage euch: Nicht Mose hat euch das Brot vom Himmel gegeben, sondern mein Vater gibt euch das wahre Brot vom Himmel.
¹⁵ Denn das Brot Gottes ist der, der vom Himmel herabkommt und der Welt Leben gibt.

¹⁶ Da sagten sie zu ihm: Herr, gib uns immer dieses Brot!
¹⁷ Jesus antwortete ihnen: Ich bin das Brot des Lebens. Wer zu mir kommt, wird nie mehr hungern, und wer an mich glaubt, wird nie mehr Durst haben.
¹⁸ Aber ich habe euch ja gesagt, dass ihr mich zwar gesehen habt, aber doch nicht glaubt.
¹⁹ Alles, was mir der Vater gibt, wird zu mir kommen, und den, der zu mir kommt, werde ich gewiss nicht verstoßen.
²⁰ Denn ich bin vom Himmel herabgekommen, nicht um meinen Willen zu tun, sondern den Willen dessen, der mich gesandt hat.
²¹ Das aber ist der Wille dessen, der mich gesandt hat, dass ich keinen von denen, die er mir gegeben hat, verliere, sondern dass ich sie auferstehen lasse am Jüngsten Tag.
²² Denn das ist der Wille meines Vaters, dass jeder, der den Sohn sieht und an ihn glaubt, das ewige Leben hat und dass ich ihn auferstehen lasse am Jüngsten Tag.
²³ Da murrten die Juden über ihn, weil er gesagt hatte: Ich bin das Brot, das vom Himmel herabgekommen ist,
²⁴ und sie sagten: Ist das nicht Jesus, der Sohn Josefs, dessen Vater und Mutter wir kennen? Wie kann er jetzt behaupten: Ich bin vom Himmel herabgekommen?
²⁵ Jesus antwortete ihnen: Murrt nicht untereinander!
²⁶ Niemand kann zu mir kommen, wenn ihn der Vater, der mich gesandt hat, nicht zieht, und ich werde ihn auferstehen lassen am Jüngsten Tag.
²⁷ Bei den Propheten steht geschrieben: Und sie werden alle von Gott unterwiesen sein. Jeder, der vom Vater gehört und gelernt hat, kommt zu mir.
²⁸ Nicht als ob jemand den Vater gesehen hätte; nur der von Gott ist, der hat den Vater gesehen.
²⁹ Amen, amen, ich sage euch: Wer glaubt, hat das ewige Leben.
³⁰ Ich bin das Brot des Lebens.
³¹ Euere Väter haben in der Wüste das Manna gegessen und sind gestorben.
³² Brot, das vom Himmel herabkommt, ist das, nach dessen Genuss man nicht mehr stirbt.
³³ Ich bin das lebendige Brot, das vom Himmel herabgekommen ist. Wer von diesem Brot isst, wird in Ewigkeit leben. Das Brot, das ich geben werde, ist mein Fleisch, (das ich hingebe) für das Leben der Welt.

³⁴ Da stritten die Juden untereinander und sagten: Wie kann er uns sein Fleisch zu essen geben?
³⁵ Da sagte Jesus zu ihnen: Amen, amen, ich sage euch: Wenn ihr das Fleisch des Menschensohnes nicht esst und sein Blut nicht trinkt, habt ihr das Leben nicht in euch.
³⁶ Wer mein Fleisch isst und mein Blut trinkt, hat das ewige Leben, und ich werde ihn auferstehen lassen am Jüngsten Tag.
³⁷ Denn mein Fleisch ist wahrhaft eine Speise und mein Blut ist wahrhaft ein Trank.
³⁸ Wer mein Fleisch isst und mein Blut trinkt, bleibt in mir und ich in ihm.
³⁹ Wie mich der lebendige Vater gesandt hat und wie ich durch den Vater lebe, so wird jeder, der mich isst, durch mich leben.
⁴⁰ Dies ist das Brot, das vom Himmel herabgekommen ist; (es ist) nicht wie jenes, das euere Väter gegessen haben und (doch) gestorben sind. Wer dieses Brot isst, wird in Ewigkeit leben.
⁴¹ Das sagte er, als er in der Synagoge zu Kafarnaum lehrte.

61 Die Spaltung unter den Jüngern

Joh 6, 60-71

¹ Viele von seinen Jüngern, die das hörten, sagten: Diese Rede ist hart. Wer kann sie anhören?
² Jesus aber, der selbst wusste, dass seine Jünger darüber murrten, sagte zu ihnen: Daran nehmt ihr Anstoß?
³ Wenn ihr nun den Menschensohn dorthin hinaufsteigen seht, wo er zuvor war?
⁴ Der Geist ist es, der Leben schafft; das Fleisch nützt nichts. Die Worte, die ich zu euch gesprochen habe, sind Geist und sind Leben.
⁵ Aber es gibt unter euch einige, die nicht glauben. Jesus wusste nämlich von Anfang an, welche es waren, die nicht glaubten, und wer ihn verraten würde.
⁶ Und er sagte: Deshalb habe ich euch gesagt, dass keiner zu mir kommen kann, wenn es ihm nicht vom Vater gegeben ist.
⁷ Von da an zogen sich viele von seinen Jüngern zurück und wanderten nicht mehr mit ihm umher.
⁸ Da fragte Jesus die Zwölf: Wollt auch ihr weggehen?
⁹ Simon Petrus antwortete ihm: Herr, zu wem sollen wir gehen? Du hast Worte des ewigen Lebens,
¹⁰ und wir haben geglaubt und erkannt, dass du der Heilige Gottes bist.

¹¹ Jesus erwiderte ihnen: Habe ich nicht euch, die Zwölf, erwählt? Und doch ist einer von euch ein Teufel.
¹² Er meinte damit Judas, den Sohn des Simon Iskariot. Dieser sollte ihn nämlich verraten – einer der Zwölf.

62 Das Mahl bei einem Pharisäer

¹ Während er redete, lud ihn ein Pharisäer zum Essen ein. Er ging hin und legte sich zu Tisch.   Lk 11,37–41
² Als der Pharisäer sah, dass er sich vor der Mahlzeit nicht (die Hände) wusch, wunderte er sich.
³ Da sagte der Herr zu ihm: Ja, ihr Pharisäer, das Äußere von Becher und Schüssel reinigt ihr; euer Inneres aber ist voll Raub und Bosheit.
⁴ Ihr Toren! Hat nicht der, der das Äußere schuf, auch das Innere geschaffen?
⁵ Gebt lieber, was in den Schüsseln ist, als Almosen, dann ist alles für euch rein.

63 Über Reinheit und Unreinheit

¹ Bei ihm versammelten sich die Pharisäer und einige Schrift-   Mk 7,1–5
gelehrte, die aus Jerusalem gekommen waren.
² Als sie einige seiner Jünger mit unreinen, das heißt ungewaschenen Händen essen sahen –
³ die Pharisäer und alle Juden essen nämlich, getreu der Überlieferung der Alten, nur, wenn sie sich mit einer Hand voll Wasser die Hände abgespült haben;
⁴ auch wenn sie vom Markt kommen, essen sie nicht, ohne sich gewaschen zu haben, und noch vieles andere gibt es, was sie der Überlieferung gemäß einhalten: das Abspülen von Bechern, Krügen und Kupfergeschirr –,⁽²³⁾
⁵ da fragten ihn die Pharisäer und Schriftgelehrten: Warum halten sich deine Jünger nicht an die Überlieferung der Alten, sondern nehmen ihre Mahlzeit mit unreinen Händen ein?
⁶ Er antwortete ihnen: Warum übertretet ihr selbst das Gebot   Mt 15,3–4
Gottes um euerer Überlieferung willen?
⁷ Denn Gott hat gesagt: Ehre deinen Vater und deine Mutter!,   Mk 7,11–13
und: Wer Vater oder Mutter verflucht, soll des Todes sterben.

⁽²³⁾ Hier ergänzte Tatian: „(...) und der Ruhebetten".

Das eine Evangelium 63

⁸ Ihr aber sagt: Wenn jemand zu seinem Vater oder zu seiner Mutter sagt: Korbān, das heißt: Opfergabe sei, was dir von mir zugutekommen soll,
⁹ dann lasst ihr ihn für seinen Vater oder für seine Mutter nichts mehr tun
¹⁰ und schafft damit das Wort Gottes durch euere eigene Überlieferung ab⁽²⁴⁾. Und ähnlich handelt ihr noch oft.

Mk 7,8-9   ¹¹ Gottes Gebot lasst ihr außer Acht und haltet die Menschenüberlieferung fest.
¹² ₍...₎ Fein hebt ihr Gottes Gebot auf, um an euerer Überlieferung festzuhalten.

Mt 15,7-9   ¹³ Ihr Heuchler! Treffend hat Jesaja von euch geweissagt:
¹⁴ Dieses Volk ehrt mich mit den Lippen, doch ihr Herz ist fern von mir.
¹⁵ Vergebens ehren sie mich, indem sie Menschensatzungen als Lehre vortragen.

Mk 7,14-16   ¹⁶ Dann rief er das Volk wieder herbei und sagte zu ihnen: Hört mich alle und begreift:
¹⁷ Nichts, was von außen in den Menschen hineinkommt, kann ihn unrein machen, sondern das, was aus dem Menschen herauskommt, das ist es, was den Menschen unrein macht.⁽²⁵⁾
¹⁸ Wer Ohren hat zu hören, der höre!

Mt 15,12-14   ¹⁹ Da kamen die Jünger zu ihm und sagten: Weißt du, dass die Pharisäer Anstoß genommen haben, als sie das hörten?
²⁰ Er antwortete: Jede Pflanze, die nicht mein himmlischer Vater gepflanzt hat, wird ausgerissen werden.
²¹ Lasst sie, sie sind blinde Führer von Blinden. Wenn aber ein Blinder einen Blinden führt, werden beide in die Grube fallen.

Mk 7,17-19   ²² Als er von der Menge weg in ein Haus gegangen war, fragten ihn seine Jünger nach dem Gleichnis.
²³ Da sagte er zu ihnen: Seid auch ihr ohne Verständnis? Begreift ihr nicht, dass alles, was von außen in den Menschen hineinkommt, ihn nicht unrein machen kann,

---

(24) Hier ergänzt Tatian: „(...) und besitzt Vorschriften über das Abspülen der Becher und Krüge."
(25) In der revidierten Fassung der EÜ ist dieser Passus weggefallen mit der Begründung, dass nicht Mk, sondern spätere Textzeugen die Passage eingefügt hätten. Doch auch Tatian hatte gem. der Preuschens Tatianübersetzung an dieser Stelle den Satz eingefügt. Ob damit diese Begründung gehalten werden kann, bleibt zu klären. Vgl. aber auch Mk 4,23.

²⁴ weil es nicht in sein Herz gelangt, sondern in den Bauch und dann in den Abort hinausgeht? Damit erklärte er alle Speisen für rein.
²⁵ Aber was aus dem Mund herauskommt, das kommt aus dem Herzen und das verunreinigt den Menschen.   Mt 15, 18
²⁶ Denn von innen, aus dem Herzen der Menschen, kommen die bösen Gedanken: Unzucht, Diebstahl, Mord,   Mk 7, 21-23
²⁷ Ehebruch, Habsucht, Bosheit, Arglist, Ausschweifung, Neid, Lästerung, Hochmut, Unbesonnenheit.
²⁸ Alles dieses Böse kommt von innen heraus und macht den Menschen unrein.
²⁹ (...) Aber mit ungewaschenen Händen essen macht den Menschen nicht unrein.

64 Die kanaanäische Frau

¹ Jesus ging von dort weg (...)   Mt 15, 21
² (...) in das Gebiet von Tyrus. Er ging in ein Haus und wollte nicht, dass es jemand erfuhr. Doch er konnte nicht verborgen bleiben.   Mk 7, 24-26
³ Da kam eine kanaanäische Frau aus jener Gegend herbei und (...)   Mt 15, 22
⁴ (...) hörte (...) von ihm, (...) warf sich ihm zu Füßen.   Mk 7, 25
⁵ (...) und rief: Erbarme dich meiner, Herr, Sohn Davids! Meine Tochter wird von einem Dämon furchtbar geplagt.   Mt 15, 22
⁶ Die Frau war aber eine Griechin, von Geburt Syrophönizierin.[26]   Mk 7, 26
(...)
⁷ Er aber antwortete ihr mit keinem Wort. Da traten seine Jünger zu ihm und baten ihn: Erlöse sie, denn sie schreit hinter uns her.   Mt 15, 23-28
⁸ Doch er antwortete: Ich bin nur zu den verlorenen Schafen des Hauses Israel gesandt.
⁹ Da kam sie, warf sich vor ihm nieder und sagte: Herr, hilf mir!
¹⁰ Er aber antwortete: Es ist nicht recht, das Brot den Kindern wegzunehmen und es den Hündchen hinzuwerfen.
¹¹ Sie aber sagte: Ja, Herr, aber auch die Hündchen fressen von den Brocken, die vom Tisch ihrer Herren fallen.
¹² Da antwortete ihr Jesus: Frau, dein Glaube ist groß. Dir geschehe, wie du willst. (...)
¹³ (...) Um dieses Wortes willen geh heim, der Dämon ist aus deiner Tochter ausgefahren.   Mk 7, 29
¹⁴ (...) Und von jener Stunde an war ihre Tochter geheilt.   Mt 15, 28

[26] Bei Preuschen heißt es hier noch: „Und jene Frau war eine Gläubige aus Homs in Syrien", in der EÜ sogar völlig entgegengesetzt „eine Heidin".

Mk 7,30 — ¹⁵ Da ging sie in ihr Haus und fand das Kind auf dem Bett liegen und den Dämon ausgefahren.

65 Die Heilung eines Taubstummen

Mk 7,31-37 — ¹ Nachdem er das Gebiet von Tyrus wieder verlassen hatte, kam er über Sidon an den See von Galiläa mitten in das Gebiet der Dekapolis.
² Da brachten sie einen Taubstummen zu ihm und baten ihn, ihm die Hand aufzulegen.
³ Und er nahm ihn aus der Menge beiseite, legte ihm seine Finger in die Ohren und berührte seine Zunge mit Speichel,
⁴ blickte zum Himmel auf, seufzte und sagte zu ihm: Effata!, das heißt: Öffne dich!
⁵ Da öffneten sich seine Ohren und das Band seiner Zunge löste sich und er konnte richtig reden.
⁶ Er befahl ihnen, niemand davon zu erzählen. Je mehr er es ihnen aber befahl, desto mehr verkündeten sie es.
⁷ Sie waren außer sich vor Staunen und sagten: Gut hat er alles gemacht. Die Tauben macht er hören und die Stummen reden.

66 Die Samariterin am Jakobsbrunnen

Joh 4,4-45 — ¹ Er musste aber durch Samarien reisen.
² So kam er zu einer Stadt in Samarien namens Sychar in der Nähe des Grundstücks, das Jakob seinem Sohn Josef geschenkt hatte.
³ Dort war der Jakobsbrunnen. Jesus, müde von der Wanderung, ließ sich am Brunnen nieder. Es war ungefähr die sechste Stunde.
⁴ Da kam eine samaritische Frau, um Wasser zu schöpfen. Jesus sagte zu ihr: Gib mir zu trinken!
⁵ Seine Jünger waren nämlich in die Stadt gegangen, um Lebensmittel einzukaufen.
⁶ Da sagte die Samariterin zu ihm: Wie kannst du, ein Jude, von mir, einer Samariterin, zu trinken verlangen? Juden verkehren nämlich nicht mit den Samaritern.
⁷ Jesus antwortete ihr: Wenn du die Gabe Gottes kennen würdest und wer es ist, der zu dir sagt: Gib mir zu trinken!, dann hättest du ihn gebeten, und er hätte dir lebendiges Wasser gegeben.
⁸ Sie sagte zu ihm: Herr, du hast kein Schöpfgefäß, und der Brunnen ist tief. Woher hast du also das lebendige Wasser?

⁹ Du bist doch nicht etwa größer als unser Vater Jakob, der uns den Brunnen geschenkt und selbst daraus getrunken hat samt seinen Kindern und seinen Herden?
¹⁰ Jesus antwortete ihr: Jeder, der von diesem Wasser trinkt, wird wieder Durst bekommen.
¹¹ Wer aber von dem Wasser trinkt, das ich ihm geben werde, wird in Ewigkeit nicht mehr Durst haben; vielmehr wird das Wasser, das ich ihm gebe, in ihm zu einer Quelle werden, deren Wasser in das ewige Leben sprudelt.
¹² Da sagte die Frau zu ihm: Herr, gib mir dieses Wasser, damit ich keinen Durst mehr habe und nicht mehr hierherzukommen brauche, um zu schöpfen.
¹³ Er sagte zu ihr: Geh, ruf deinen Mann und komm wieder her!
¹⁴ Die Frau antwortete: Ich habe keinen Mann. Jesus sagte zu ihr: Du hast richtig gesagt: Ich habe keinen Mann.
¹⁵ Denn fünf Männer hast du gehabt, und der, den du jetzt hast, ist nicht dein Mann. Da hast du die Wahrheit gesagt.
¹⁶ Die Frau sagte zu ihm: Herr, ich sehe, dass du ein Prophet bist.
¹⁷ Unsere Väter haben auf diesem Berg angebetet, aber ihr sagt, in Jerusalem sei die Stätte, wo man anbeten muss.
¹⁸ Jesus sagte zu ihr: Glaub mir, Frau, es kommt die Stunde, wo ihr weder auf diesem Berg noch in Jerusalem den Vater anbeten werdct.
¹⁹ Ihr betet an, was ihr nicht kennt; wir beten an, was wir kennen, denn das Heil kommt aus den Juden.
²⁰ Aber es kommt die Stunde und sie ist schon da, wo die wahren Anbeter den Vater im Geist und in der Wahrheit anbeten werden. Denn solche Anbeter sucht der Vater.
²¹ Gott ist Geist und alle, die ihn anbeten, müssen im Geist und in der Wahrheit anbeten.
²² Die Frau sagte zu ihm: Ich weiß, dass der Messias kommt, der Christus genannt wird. Wenn er kommt, wird er uns alles verkünden.
²³ Jesus sagte zu ihr: Ich bin es, der mit dir redet.
²⁴ Inzwischen waren seine Jünger zurückgekommen. Sie wunderten sich, dass er mit einer Frau sprach. Keiner jedoch sagte: Was willst du?, oder: Was redest du mit ihr?
²⁵ Da ließ die Frau ihren Krug stehen, ging in die Stadt und sagte zu den Leuten:

²⁶ Kommt, seht, da ist ein Mann, der mir alles gesagt hat, was ich getan habe. Ob er vielleicht der Messias ist?
²⁷ Da liefen sie aus der Stadt hinaus und kamen zu ihm.
²⁸ Unterdessen baten ihn die Jünger: Rabbi, iss!
²⁹ Er aber sagte zu ihnen: Ich habe eine Speise zu essen, die ihr nicht kennt.
³⁰ Da sagten die Jünger untereinander: Es hat ihm doch niemand etwas zu essen gebracht?
³¹ Jesus sagte zu ihnen: Meine Speise ist es, den Willen dessen zu tun, der mich gesandt hat, und sein Werk zu Ende zu führen.
³² Sagt ihr nicht: Noch vier Monate dauert es, dann kommt die Ernte? Ich sage euch: Blickt umher und seht, die Felder sind weiß, reif zur Ernte.
³³ Schon empfängt der Schnitter Lohn und sammelt Frucht ein für das ewige Leben; so freuen sich gemeinsam der Sämann und der Schnitter.
³⁴ Denn hier bewahrheitet sich das Sprichwort: Einer sät, ein anderer erntet.
³⁵ Ich habe euch ausgesandt zu ernten, wofür ihr nicht gearbeitet habt. Andere haben gearbeitet und ihr seid in ihre Arbeit eingetreten.
³⁶ Viele Samariter aus jener Stadt kamen zum Glauben an ihn auf das Wort der Frau hin, die bezeugt hatte: Er hat mir alles gesagt, was ich getan habe.
³⁷ Als die Samariter zu ihm kamen, baten sie ihn, bei ihnen zu bleiben; und er blieb zwei Tage dort.
³⁸ Da kamen noch viel mehr auf sein Wort hin zum Glauben.
³⁹ Zu der Frau aber sagten sie: Nicht mehr auf dein Reden hin glauben wir. Denn nun haben wir ihn selbst gehört und wissen, dass er wirklich der Retter der Welt ist.
⁴⁰ Nach den zwei Tagen zog er von dort nach Galiläa.
⁴¹ Jesus hatte nämlich selbst bezeugt, dass ein Prophet in seiner eigenen Heimat kein Ansehen genießt.
⁴² Als er nun nach Galiläa kam, nahmen ihn die Galiläer auf (...).

67 Die Heilung eines Aussätzigen

Lk 5,12 ¹ Als er sich in einer der Städte aufhielt, war da ein Mann voller Aussatz. Als er Jesus sah, fiel er vor ihm auf das Angesicht nieder und bat ihn: Herr, wenn du willst, kannst du mich rein machen.

² Da streckte er, von Mitleid ergriffen, seine Hand aus, berührte ihn und sagte zu ihm: Ich will; sei rein! ⟶ Mk 1,41–45
³ Und sofort wich der Aussatz von ihm und er wurde rein.
⁴ Jesus wies ihn streng an, schickte ihn gleich fort
⁵ und sagte zu ihm: Hüte dich, jemand etwas davon zu sagen, sondern geh, zeig dich dem Priester und bring für deine Reinigung dar, was Mose vorgeschrieben hat, zum Zeugnis für sie.
⁶ Er aber ging weg und fing an, die Geschichte mit Eifer bekannt zu machen und herumzuerzählen. So konnte er nicht mehr öffentlich in eine Stadt gehen, sondern hielt sich draußen an einsamen Orten auf. (...)
⁷ Aber die Kunde von ihm verbreitete sich immer mehr und große ⟶ Lk 5,15–16
Volksscharen kamen, um ihn zu hören und von ihren Krankheiten geheilt zu werden.
⁸ Er aber zog sich in die Einsamkeit zurück und betete.

68 Die Heilung eines Gelähmten am Teich Betesda

¹ Danach war ein Fest der Juden und Jesus zog nach Jerusalem hinauf. ⟶ Joh 5,1–47
² In Jerusalem befindet sich am Schaftor ein Teich, hebräisch Betesda genannt, mit fünf Säulenhallen.
³ Dort lagen viele Kranke, Blinde, Lahme, an Auszehrung Leidende, die auf die Bewegung des Wassers warteten.
⁴ Ein Engel des Herrn stieg nämlich von Zeit zu Zeit in den Teich hinab und ließ das Wasser aufwallen. Wer dann zuerst nach dem Aufwallen des Wassers hineinstieg, wurde gesund, von was für einer Krankheit er auch befallen war.
⁵ Dort lag ein Mann, der schon achtunddreißig Jahre an seiner Krankheit litt.
⁶ Als Jesus ihn dort liegen sah und erkannte, dass er schon lange krank war, fragte er ihn: Willst du gesund werden?
⁷ Der Kranke antwortete ihm: Herr, ich habe keinen Menschen, der mich, sobald das Wasser in Wallung gerät, in den Teich bringt. Während ich auf dem Weg bin, steigt schon ein anderer vor mir hinab.
⁸ Jesus sagte zu ihm: Steh auf, nimm deine Bahre und geh umher!
⁹ Sofort wurde der Mann gesund, nahm seine Bahre und ging umher. Es war aber Sabbat an jenem Tag.

¹⁰ Da sagten die Juden zu dem Geheilten: Es ist Sabbat; da darfst du deine Bahre nicht tragen.
¹¹ Er antwortete ihnen: Der mich gesund gemacht hat, hat zu mir gesagt: Nimm deine Bahre und geh umher!
¹² Sie fragten ihn: Wer ist der Mann, der zu dir gesagt hat: Nimm dein Bett und geh umher?
¹³ Der Geheilte wusste aber nicht, wer es war. Denn Jesus hatte sich aus dem Gedränge am Ort entfernt.
¹⁴ Später traf ihn Jesus im Tempel und sagte zu ihm: Nun bist du gesund; sündige nicht mehr, damit dir nicht Schlimmeres widerfährt.
¹⁵ Da ging der Mann fort und sagte den Juden, dass es Jesus war, der ihn gesund gemacht hatte.
¹⁶ Daraufhin verfolgten die Juden Jesus, weil er das an einem Sabbat getan hatte.
¹⁷ Jesus aber hielt ihnen entgegen: Mein Vater wirkt bis jetzt und auch ich wirke.
¹⁸ Deshalb trachteten die Juden noch mehr danach, ihn zu töten, weil er nicht nur den Sabbat brach, sondern auch Gott seinen Vater nannte und sich damit Gott gleichstellte.
¹⁹ Da antwortete ihnen Jesus: Amen, amen, ich sage euch: Der Sohn kann von sich aus nichts tun, was er nicht den Vater tun sieht. Denn was jener tut, das tut der Sohn in gleicher Weise.
²⁰ Denn der Vater liebt den Sohn und zeigt ihm alles, was er selbst tut. Und er wird ihm noch größere Werke als diese zeigen, sodass ihr euch wundern werdet.
²¹ Denn wie der Vater die Toten erweckt und lebendig macht, so macht auch der Sohn lebendig, wen er will.
²² Der Vater richtet ja auch niemand, sondern er hat alles Gericht dem Sohn übergeben,
²³ damit alle den Sohn ehren, wie sie den Vater ehren. Wer den Sohn nicht ehrt, ehrt auch den Vater nicht, der ihn gesandt hat.
²⁴ Amen, amen, ich sage euch: Wer mein Wort hört und dem glaubt, der mich gesandt hat, der hat ewiges Leben und kommt nicht ins Gericht, sondern ist aus dem Tod ins Leben hinübergeschritten.
²⁵ Amen, amen, ich sage euch: Es kommt die Stunde und sie ist schon da, in der die Toten die Stimme des Sohnes Gottes hören werden; und die sie hören, werden leben.

²⁶ Denn wie der Vater Leben in sich selbst hat, so hat er auch dem Sohn gegeben, Leben in sich selbst zu haben.
²⁷ Und er gab ihm Vollmacht, Gericht zu halten, weil er der Menschensohn ist.
²⁸ Wundert euch nicht darüber. Denn es kommt die Stunde, in der alle in den Gräbern seine Stimme hören und herauskommen werden:
²⁹ die das Gute getan haben, zur Auferstehung zum Leben, die aber das Böse getan haben, zur Auferstehung zum Gericht.
³⁰ Ich kann nichts aus mir selbst tun. Wie ich höre, richte ich, und mein Gericht ist gerecht. Denn ich suche nicht meinen Willen, sondern den Willen dessen, der mich gesandt hat.
³¹ Wenn ich für mich selbst Zeugnis ablege, so ist mein Zeugnis nicht glaubwürdig.
³² Ein anderer ist es, der Zeugnis für mich ablegt, und ich weiß, dass das Zeugnis, das er von mir gibt, glaubwürdig ist.
³³ Ihr habt zu Johannes geschickt und er hat für die Wahrheit Zeugnis abgelegt.
³⁴ Ich aber nehme von einem Menschen kein Zeugnis an, sondern ich sage dies nur, damit ihr gerettet werdet.
³⁵ Jener war die Lampe, die brennt und leuchtet. Ihr aber wolltet euch für den Augenblick an ihrem Licht erfreuen.
³⁶ Ich aber habe ein größeres Zeugnis als das des Johannes; denn die Werke, die mir der Vater zu vollbringen übertragen hat, eben diese Werke, die ich tue, legen Zeugnis für mich ab, dass mich der Vater gesandt hat.
³⁷ Auch der Vater, der mich gesandt hat, hat Zeugnis für mich abgelegt. Ihr habt weder seine Stimme gehört noch seine Gestalt gesehen
³⁸ und auch sein Wort wohnt nicht in euch, weil ihr dem nicht glaubt, den er gesandt hat.
³⁹ Ihr durchforscht die Schriften, weil ihr meint, in ihnen ewiges Leben zu haben. Gerade sie sind es, die Zeugnis von mir geben.
⁴⁰ Und doch wollt ihr nicht zu mir kommen, um Leben zu haben.
⁴¹ Ehre von Menschen nehme ich nicht an.
⁴² Aber ich habe euch erkannt: Ihr habt die Liebe zu Gott nicht in euch!
⁴³ Ich bin im Namen meines Vaters gekommen, aber ihr nehmt mich nicht an. Wenn ein anderer in seinem eigenen Namen kommt, werdet ihr ihn anerkennen.

⁴⁴ Wie könnt ihr glauben, die ihr Ehre voneinander annehmt, die Ehre jedoch, die vom alleinigen Gott kommt, nicht sucht?
⁴⁵ Denkt nicht, ich werde euch beim Vater anklagen. Euer Ankläger ist da: Mose, auf den ihr euere Hoffnung gesetzt habt.
⁴⁶ Denn wenn ihr Mose glauben würdet, würdet ihr auch mir glauben. Denn von mir hat er geschrieben.
⁴⁷ Wenn ihr aber seinen Schriften nicht glaubt, wie könnt ihr dann meinen Worten glauben?

69 Die Speisung der Viertausend

Mt 15, 29-30 ¹ Jesus zog weiter und kam an den See von Galiläa, stieg auf den Berg und setzte sich dort.
² Da kamen große Volksscharen zu ihm, die Lahme, Krüppel, Blinde, Stumme und viele andere bei sich hatten; sie legten sie ihm zu Füßen, (...)
Joh 4, 45 ³ (...) weil sie alles gesehen hatten, was er in Jerusalem während des Festes getan hatte; denn auch sie waren zu dem Fest gekommen.
Mt 15, 30-32 ⁴ (...) *Und er heilte sie.*
⁵ Das Volk staunte, als es sah, dass Stumme redeten, Verkrüppelte gesund wurden, Lahme gehen und Blinde sehen konnten; und sie priesen den Gott Israels.
⁶ Jesus aber rief seine Jünger zu sich und sagte: Ich habe Mitleid mit dem Volk; denn schon drei Tage harren sie bei mir aus und haben nichts zu essen. Ich will sie nicht hungrig weggehen lassen, sie könnten sonst auf dem Weg zusammenbrechen.
Mk 8, 3 ⁷ (...) *Denn manche von ihnen sind von weit her gekommen.*
Mt 15, 33-39 ⁸ Da entgegneten ihm die Jünger: Woher sollen wir in der Wüste so viel Brot nehmen, um eine so große Volksmenge satt zu bekommen?
⁹ Jesus sagte zu ihnen: Wie viele Brote habt ihr? Sie antworteten: Sieben und ein paar kleine Fische.
¹⁰ Da ließ er das Volk sich auf der Erde lagern,
¹¹ nahm die sieben Brote und die Fische, sprach das Dankgebet, brach sie und gab sie den Jüngern; die Jünger aber reichten sie den Volksscharen,
¹² und alle aßen und wurden satt. Man sammelte die übrig gebliebenen Brocken auf, sieben Körbe voll.
¹³ Die aber gegessen hatten, waren viertausend Männer, ohne Frauen und Kinder.

¹⁴ Danach entließ er das Volk, stieg in das Boot und kam in die Gegend von Magadan.

70 Die Zeichenforderung der Pharisäer und Sadduzäer

¹ Da kamen die Pharisäer und Sadduzäer zu ihm, (...) Mt 16,1
² (...) und fingen an, mit ihm zu streiten. Sie forderten von ihm ein Mk 8,11–12
Zeichen vom Himmel, um ihn auf die Probe zu stellen.
³ Da seufzte er tief auf und sagte: Was fordert dieses Geschlecht ein Zeichen? (...)
⁴ Ein böses und ehebrecherisches Geschlecht fordert ein Zeichen. Mt 16,4
Aber kein anderes Zeichen wird ihm gegeben als nur das Zeichen des Jona. (...)
⁵ (...) Amen, ich sage euch: Diesem Geschlecht wird kein Zeichen Mk 8,12–15
gegeben werden.
⁶ Und er ließ sie stehen, stieg wieder ein und fuhr ans andere Ufer.
⁷ Sie hatten vergessen, Brote mitzunehmen, und hatten nur ein einziges Brot bei sich im Boot.
⁸ Und er warnte sie: Gebt Acht und hütet euch vor dem Sauerteig der Pharisäer und vor dem Sauerteig des Herodes!
⁹ Sie aber überlegten und sagten: Wir haben kein Brot Mt 16,7–8
mitgenommen.
¹⁰ Als Jesus das merkte, sagte er: Was macht ihr euch Gedanken darüber, ihr Kleingläubigen, (...)
¹¹ (...) weil ihr keine Brote habt? Begreift und versteht ihr noch Mk 8,17–21
immer nicht? Ist denn euer Herz verhärtet?
¹² Augen habt ihr und seht nicht? Ohren habt ihr und hört nicht? Und erinnert ihr euch nicht:
¹³ Als ich die fünf Brote brach für die Fünftausend, wie viele Körbe voll Brocken habt ihr da aufgehoben? Sie antworteten ihm: Zwölf.
¹⁴ Und bei den sieben für die Viertausend, wie viele Körbe voll Brocken habt ihr da aufgehoben? Sie antworteten: Sieben.
¹⁵ Da sagte er zu ihnen: (...)
¹⁶ Wie könnt ihr dann nicht verstehen, dass ich nicht Brot meinte, Mt 16,11–12
als ich zu euch sagte: Hütet euch vor dem Sauerteig der Pharisäer und Sadduzäer?.
¹⁷ Da verstanden sie, dass er nicht gemeint hatte, sie sollten sich vor dem Brotsauerteig hüten, sondern vor der Lehre der Pharisäer und Sadduzäer.

71 Die Heilung eines Blinden

Mk 8,22-26 ¹Sie kamen nach Betsaida. Da brachte man ihm einen Blinden und bat ihn, dass er ihn berühre.
² Er nahm den Blinden bei der Hand und führte ihn zum Dorf hinaus. Dann spuckte er in seine Augen, legte ihm die Hände auf und fragte ihn: Siehst du etwas?
³ Der Mann blickte auf und sagte: Ich sehe Menschen; denn ich sehe etwas wie Bäume umhergehen.
⁴ Hierauf legte er ihm noch einmal die Hände auf die Augen. Da sah er scharf und war wieder gesund und sah alles ganz deutlich.
⁵ Hierauf schickte er ihn nach Hause und sagte: Geh aber nicht ins Dorf hinein!⁽²⁷⁾

72 Das Messiasbekenntnis des Petrus und die Antwort Jesu

Mk 8,27 ¹ Jesus ging mit seinen Jüngern in die Dörfer bei Cäsarea Philippi. Unterwegs⁽²⁸⁾ (...)
Mt 16,13-21 ² (...) fragte er seine Jünger: Für wen halten die Leute den Menschensohn?
³ Sie antworteten: Die einen für Johannes den Täufer, andere für Elija, andere wieder für Jeremia oder sonst einen der Propheten.
⁴ Da sprach er zu ihnen: Ihr aber, für wen haltet ihr mich?
⁵ Da antwortete Simon Petrus: Du bist der Messias, der Sohn des lebendigen Gottes.
⁶ Jesus antwortete ihm: Selig bist du, Simon, Sohn des Jona; denn nicht Fleisch und Blut haben dir das offenbart, sondern mein Vater im Himmel.
⁷ Ich aber sage dir: Du bist Petrus und auf diesen Felsen werde ich meine Kirche bauen und die Pforten der Unterwelt werden sie nicht überwältigen.
⁸ Ich werde dir die Schlüssel des Himmelreichs geben; was du auf der Erde binden wirst, das wird auch im Himmel gebunden sein, und was du auf der Erde lösen wirst, das wird auch im Himmel gelöst sein.

⁽²⁷⁾ Preuschens Tatianübersetzung ergänzt hier: „... noch setze jemand in Kenntnis im Dorf!" Diese Formulierung findet sich so nicht in den Evangelientexten der HÜ. Bei Mk 8, 30 heißt es jedoch: „Da schärfte er ihnen ein, niemandem etwas von ihm zu sagen."
⁽²⁸⁾ Hier ergänzte Preuschens Tatianübersetzung: „... während er auf der Straße ging und seine Jünger für sich allein, ...".

⁹ Darauf schärfte er den Jüngern aufs Strengste ein, niemand zu sagen, dass er der Messias sei.
¹⁰ Von da an begann Jesus seinen Jüngern zu erklären, er müsse nach Jerusalem gehen und ₍…₎ vieles erleiden ₍…₎
¹¹ ₍…₎ und von den Ältesten, den Hohepriestern und Schriftgelehrten verworfen und getötet werden, aber nach drei Tagen werde er auferstehen.   Mk 8,31–32
¹² Das sprach er ganz offen aus. ₍…₎
¹³ Da nahm ihn Petrus auf die Seite und fing an, ihm Vorhaltungen zu machen; er sagte: Das verhüte Gott, Herr! Niemals darf dir das widerfahren!   Mt 16,22
¹⁴ Er aber wandte sich um, blickte auf seine Jünger und fuhr Petrus an: ₍…₎   Mk 8,33
¹⁵ ₍…₎ Fort, hinter mich, Satan! Ein Ärgernis bist du für mich. Denn du denkst nicht die Gedanken Gottes, sondern die der Menschen.   Mt 16,23

73 Bedingungen der Nachfolge Jesu

¹ Dann rief er das Volk samt seinen Jüngern zu sich und sagte zu ihnen: Wer mir nachfolgen will, der verleugne sich selbst, ₍…₎   Mk 8,34
² ₍…₎ nehme täglich sein Kreuz auf sich und folge mir nach.   Lk 9,23
³ Denn wer sein Leben retten will, der wird es verlieren. Wer aber sein Leben verliert um meinetwillen und um des Evangeliums willen, der wird es retten.   Mk 8,35
⁴ Denn was nützt es dem Menschen, wenn er die ganze Welt gewinnt, sich selbst aber verliert oder zugrunde geht?   Lk 9,25
⁵ Was könnte ein Mensch als Preis für sein Leben geben?   Mk 8,37–38
⁶ Denn wer sich vor diesem ehebrecherischen und sündigen Geschlecht meiner und meiner Worte schämt, dessen wird sich auch der Menschensohn schämen, wenn er mit den heiligen Engeln in der Herrlichkeit seines Vaters kommen wird.
⁷ ₍…₎ Dann wird er jedem nach seinen Taten vergelten.   Mt 16,27
⁸ Und er sagte zu ihnen: Amen, ich sage euch: Unter denen, die hier stehen, sind einige, die den Tod nicht kosten werden, bis sie das Reich Gottes in Macht haben kommen sehen   Mk 9,1
⁹ ₍…₎ *und* bis sie den Menschensohn in seiner Königsmacht kommen sehen.   Mt 16,28

74 Die Verklärung Jesu

¹ Nach sechs Tagen nahm Jesus Petrus, Jakobus und dessen Bruder Johannes beiseite und führte sie auf einen hohen Berg, ₍…₎   Mt 17,1

Mk 9,2	² sie allein (...).
Lk 9,29	³ Und während er betete, veränderte sich das Aussehen seines Angesichts (...).
Mt 17,2	⁴ (...) *Es* strahlte wie die Sonne, (...)
Lk 9,29	⁵ (...) und sein Gewand wurde strahlend weiß.
Mt 28,3	⁶ Sein Aussehen war wie ein Blitz und sein Gewand weiß wie Schnee,
Mk 9,3-4	⁷ (...) wie *es* kein Bleicher auf der Erde weiß machen kann.
	⁸ Da erschien ihnen Elija mit Mose und sie redeten mit Jesus
Lk 9,31-33	⁹ (...) und sprachen von seinem Ende, das sich in Jerusalem erfüllen sollte.
	¹⁰ Petrus aber und seine Gefährten waren vom Schlaf überwältigt. Als sie erwachten, sahen sie seinen Lichtglanz und die zwei Männer, die bei ihm standen.
	¹¹ Als sie von ihm scheiden wollten, sagte Petrus zu Jesus: Meister, es ist gut, dass wir hier sind. (...)
Mt 17,4	¹² (...) Wenn du willst, werde ich hier drei Hütten bauen, (...)
Lk 9,33	¹³ (...) dir eine, Mose eine und Elija eine. (...)
Mk 9,6	¹⁴ Er wusste nämlich nicht, was er sagen sollte, denn sie waren von Schrecken ergriffen.
Mt 17,5	¹⁵ Während er noch redete, überschattete sie eine leuchtende Wolke (...)
Lk 9,34	¹⁶ (...) Als sie in die Wolke hineinkamen, fürchteten sie sich.
Mk 9,7	¹⁷ (...) *Und eine Stimme kam aus der Wolke:* (...)
Mt 17,5	¹⁸ (...) Dies ist mein geliebter Sohn, an dem ich Gefallen gefunden habe; auf ihn sollt ihr hören!
Lk 9,36	¹⁹ Als die Stimme erscholl, war Jesus wieder allein. (...)
Mt 17,6-9	²⁰ Als die Jünger das hörten, warfen sie sich auf ihr Angesicht nieder und fürchteten sich sehr.
	²¹ Da trat Jesus zu ihnen, rührte sie an und sagte: Steht auf und fürchtet euch nicht!
	²² Als sie aber aufblickten, sahen sie niemand als Jesus allein.
	²³ Während sie vom Berg herabstiegen, gebot ihnen Jesus: Erzählt niemand von dem, was ihr gesehen habt, bis der Menschensohn von den Toten auferweckt worden ist.
Mk 9,10	²⁴ Dieses Wort hielten sie fest und (...)
Lk 9,36	²⁵ (...) sie schwiegen und teilten in jenen Tagen niemand etwas von dem mit, was sie gesehen hatten.
MK 9,10-11	²⁶ (...) *Sie* besprachen miteinander, was das bedeute: von den Toten auferstehen.

²⁷ Da fragten sie ihn: ₍…₎
²⁸ ₍…₎ Warum sagen denn die Schriftgelehrten, zuerst müsse Elija Mt 17,10
kommen?
²⁹ Er antwortete ihnen: Gewiss, Elija kommt zuerst und stellt alles Mk 9,12–13
wieder her. Aber weshalb steht dann über den Menschensohn
geschrieben, dass er viel leiden und verachtet werden müsse?
³⁰ Ich sage euch: Elija ist schon gekommen, aber sie haben mit ihm
gemacht, was sie wollten, wie über ihn geschrieben steht.
³¹ ₍…₎ Das Gleiche wird auch der Menschensohn durch sie erleiden. Mt 17,12–13
³² Da verstanden die Jünger, dass er zu ihnen von Johannes dem
Täufer sprach.
³³ Als sie zu den Jüngern zurückkamen, sahen sie viel Volk um sie Mk 9,14–15
herum und Schriftgelehrte, die mit ihnen stritten.
³⁴ Sobald sie ihn erblickten, ergriff das ganze Volk große Erregung
und sie liefen herbei und begrüßten ihn.
³⁵ In derselben Stunde kamen einige Pharisäer herbei und sagten Lk 13,31–33
zu ihm: Mach dich auf und geh fort von hier; denn Herodes will
dich töten.
³⁶ Da sagte er zu ihnen: Geht und sagt diesem Fuchs: Ich treibe
Dämonen aus und vollbringe Heilungen heute und morgen und
am dritten Tag habe ich es beendet.
³⁷ Doch heute und morgen und am folgenden Tag muss ich weiterwandern; denn es geht nicht an, dass ein Prophet außerhalb
Jerusalems umkommt.

75 Die Heilung eines kranken Jungen

¹ Ein Mann aus der Menge ₍…₎ Lk 9,38
² ₍…₎ warf sich vor ihm auf die Knie Mt 17,14–15
³ und sagte: Herr, erbarme dich ₍…₎.
⁴ ₍…₎ Nimm dich meines Sohnes an, es ist mein einziger! Lk 9,38–39
⁵ Ein Geist packt ihn. ₍…₎
⁶ Wenn der ihn packt, reißt er ihn hin und her, sodass er schäumt, Mk 9,18
mit den Zähnen knirscht und ganz starr wird. ₍…₎
⁷ ₍…₎ Oft fällt ₍…₎ er ins Feuer und oft ins Wasser. Mt 17,15
⁸ ₍…₎ Er lässt kaum von ihm ab und reibt ihn ganz auf. Lk 9,39
⁹ Ich habe ihn zu deinen Jüngern gebracht, aber sie vermochten Mt 17,16–17
ihn nicht zu heilen.
¹⁰ Da erwiderte Jesus: O du ungläubiges und verkehrtes
Geschlecht! Wie lange noch muss ich bei euch sein? Wie lange
muss ich euch noch ertragen? Bringt ihn her zu mir!

Mk 9,20-27	¹¹ Und sie brachten ihn zu ihm. Sobald der Geist ihn erblickte, riss und zerrte er ihn hin und her, sodass er zu Boden stürzte und sich mit Schaum vor dem Mund herumwälzte. ¹² Er fragte seinen Vater: Wie lange widerfährt ihm das schon? Der Vater antwortete: Von Kindheit an. ¹³ (...) Aber wenn du etwas vermagst, so hab Erbarmen mit uns und hilf uns. ¹⁴ Jesus sagte zu ihm: Wenn du etwas vermagst? Alles ist dem möglich, der glaubt. ¹⁵ Sofort rief der Vater des Knaben laut: Ich glaube; hilf meinem Unglauben! ¹⁶ Als Jesus sah, dass das Volk zusammenlief, herrschte er den unreinen Geist an: Du stummer und tauber Geist, ich befehle dir, fahr aus von ihm und kehre nie mehr in ihn zurück! ¹⁷ Da schrie er auf, zerrte ihn heftig hin und her und fuhr aus. Der Junge lag da wie tot, sodass die meisten sagten: Er ist gestorben. ¹⁸ Jesus aber nahm ihn bei der Hand und richtete ihn auf; und er erhob sich.
Lk 9,42	¹⁹ (...) *Er gab ihn seinem Vater wieder*
Mt 17,18	²⁰ (...) und von jener Stunde an war der Junge geheilt.
Lk 9,43	²¹ Und alle gerieten außer sich vor Staunen über die große Macht Gottes.
Mk 9,28	²² Als er ins Haus gegangen war, fragten ihn seine Jünger, während sie mit ihm allein waren: Warum konnten wir ihn nicht austreiben?
Mt 17,20	²³ Wegen eueres Kleinglaubens. Amen, ich sage euch: Wenn ihr Glauben hättet wie ein Senfkorn, dann könntet ihr zu diesem Berg da sagen: Rück von hier dorthin! Und er würde wegrücken und nichts würde euch unmöglich sein.
Mk 9,29-31	²⁴ (...) Diese Art kann nur durch Gebet ausgetrieben werden. ²⁵ Sie gingen von dort weiter und zogen durch Galiläa. Er wollte aber nicht, dass jemand davon erfuhr. ²⁶ Denn er belehrte seine Jünger und sagte zu ihnen: (...)
Lk 9,44	²⁷ Merkt euch genau diese Worte:⁽²⁹⁾ (...)
Mk 9,31	²⁸ (...) Der Menschensohn wird in die Hände der Menschen ausgeliefert und sie werden ihn töten. Doch wenn er getötet ist, wird er nach drei Tagen auferstehen.

---

(29) Hier ergänzte Preuschens Tatianübersetzung: „(...) und in euren Herzen ..."

²⁹ Sie aber verstanden dieses Wort nicht, es blieb vor ihnen verborgen, sodass sie es nicht begriffen; und sie scheuten sich, ihn darüber zu befragen.   Lk 9,45
³⁰ ₍…₎ Da wurden sie sehr traurig.   Mt 17,23

76 Die Unterweisung der Jünger in Kafarnaum

¹ Es kam die Überlegung bei ihnen auf, wer wohl der Größte von ihnen sei.   Lk 9,46
² Sie kamen nach Kafarnaum. Als er im Haus angelangt war, fragte er sie: Worüber habt ihr unterwegs gesprochen?   Mk 9,33–34
³ Sie schwiegen; sie hatten nämlich unterwegs miteinander darüber gestritten, wer (von ihnen) der Größte sei.
⁴ *Da*,⁽³⁰⁾ traten die Einnehmer der Doppeldrachme an Petrus heran und fragten: Zahlt euer Meister die Doppeldrachme nicht?   Mt 17,24–27
⁵ Er antwortete: Doch. Als er dann ins Haus ging, kam ihm Jesus mit der Frage zuvor: Was meinst du, Simon? Von wem nehmen die Könige der Erde Zoll oder Steuer? Von ihren Söhnen oder von den Fremden?
⁶ Als er antwortete: Von den Fremden, sagte Jesus zu ihm: Also sind die Söhne frei.⁽³¹⁾
⁷ Doch damit wir ihnen keinen Anstoß geben, geh an den See, wirf die Angel aus und nimm den ersten Fisch, der herauskommt. Wenn du sein Maul öffnest, wirst du ein Vierdrachmenstück finden. Das nimm und gib ihnen für mich und dich.
⁸ In jener Stunde kamen die Jünger mit der Frage zu Jesus: Wer ist der Größte im Himmelreich?   Mt 18,1
⁹ Jesus, der die Gedanken ihres Herzens kannte, ₍…₎   Lk 9,47
¹⁰ ₍…₎ nahm ein Kind, stellte es mitten unter sie, umarmte es und sagte zu ihnen: Mk 9,36
¹¹ ₍…₎ Amen, ich sage euch, wenn ihr nicht umkehrt und werdet wie die Kinder, könnt ihr nicht in das Himmelreich kommen.   Mt 18,3
¹² ₍…₎ Wer dieses Kind in meinem Namen aufnimmt, der nimmt mich auf; ₍…₎   Lk 9,48
¹³ ₍…₎ und wer mich aufnimmt, der nimmt nicht mich auf, sondern den, der mich gesandt hat.   Mk 9,37

⁽³⁰⁾ Hier ergänzte Preuschens Tatianübersetzung: „(…) und als Simon herausgegangen war nach draußen …"
⁽³¹⁾ Hier ergänzte Preuschens Tatianübersetzung: „Es sprach zu ihm Simon: Allerdings. Es sprach zu ihm Jesus: Gib ihnen auch du wie der Fremde."

Lk 9,48	¹⁴ ₍₎ Denn wer unter euch allen der Kleinste ist, der ist groß.⁽³²⁾
Mt 18,6	¹⁵ Wer einen von diesen Kleinen, die an mich glauben, zur Sünde verführt, für den wäre es besser, wenn ihm ein großer Mühlstein um den Hals gehängt und er in die Tiefe des Meeres versenkt würde.
Lk 9,49	¹⁶ Da nahm Johannes das Wort und sprach: Meister, wir sahen einen in deinem Namen Dämonen austreiben und wir wollten ihn hindern, weil er nicht mit uns zusammen nachfolgt.
Mk 9,39	¹⁷ Jesus aber sagte: Hindert ihn nicht; denn niemand, der in meinem Namen Wunder wirkt, kann so bald schlecht von mir reden.
Lk 9,50	¹⁸ ₍₎ Denn wer nicht gegen euch ist, der ist für euch.
Mt 18,7-8	¹⁹ Wehe der Welt wegen der Verführungen! Es müssen ja Verführungen kommen, doch wehe dem Menschen, der die Verführung verschuldet!
²⁰ Wenn dich deine Hand oder dein Fuß zum Bösen verführt, so hau ihn ab und wirf ihn von dir! Es ist besser, verstümmelt oder lahm in das Leben zu gelangen, als mit beiden Händen oder beiden Füßen ins ewige Feuer geworfen zu werden.
Mt 18,9	²¹ Und wenn dich dein Auge zum Bösen verführt, so reiß es aus ₍₎
Mk 9,50	²² ₍₎ Es ist besser, einäugig in das Reich Gottes einzugehen, als mit beiden Augen in die Hölle geworfen zu werden,
²³ wo ihr Wurm nicht stirbt und das Feuer nicht erlischt.
²⁴ Denn jeder wird mit Feuer gesalzen werden.
²⁵ Das Salz ist etwas Gutes. ₍₎
Lk 14,34-35	²⁶ ₍₎ Wenn aber das Salz seine Schärfe verliert, womit soll man es wieder kräftig bekommen?
²⁷ Weder für den Acker noch für den Mist ist es zu gebrauchen; man wirft es weg. Wer Ohren hat zu hören, der höre!
Mk 9,50	²⁸ ₍₎ Habt Salz in euch und haltet Frieden untereinander!

77 Über Ehe und Ehebruch

Mk 10,1	¹ Er brach von dort auf und zog in das Gebiet von Judäa und jenseits des Jordan. Wieder strömten die Scharen bei ihm zusammen; und wieder lehrte er sie, wie er es gewohnt war.
Mt 19,2	² ₍₎ und er heilte sie dort.⁽³³⁾

⁽³²⁾ Ähnlich Mt 18,4: „Wer sich so kleinmacht wie dieses Kind, der ist der Größte im Himmelreich."
⁽³³⁾ Von Preuschen Mk 10 zugewiesen.

³ Da kamen Pharisäer zu ihm und fragten ihn, um ihn auf die Probe zu stellen, ob es dem Mann erlaubt sei, seine Frau zu entlassen.   Mk 10, 2–5
⁴ Er antwortete ihnen: Was hat euch Mose vorgeschrieben?
⁵ Sie sagten: Mose hat erlaubt, einen Scheidebrief auszustellen und zu entlassen.
⁶ Jesus entgegnete ihnen: (...)
⁷ (...) Habt ihr nicht gelesen, dass der Schöpfer sie von Anbeginn an als Mann und Frau geschaffen   Mt 19, 4–9
⁸ und gesagt hat: Deshalb wird ein Mann Vater und Mutter verlassen und an seiner Frau hängen und die beiden werden ein Fleisch sein?
⁹ Also sind sie nicht mehr zwei, sondern ein Fleisch. Was Gott verbunden hat, das soll der Mensch nicht trennen.
¹⁰ Da sagten sie zu ihm: Wozu hat dann Mose vorgeschrieben, einen Scheidebrief auszustellen und sie zu entlassen?
¹¹ Er antwortete ihnen: Wegen euerer Herzenshärte hat Mose euch erlaubt, euere Frauen zu entlassen. Ursprünglich aber war es nicht so.
¹² Ich aber sage euch: Wer seine Frau entlässt, außer wegen Unzucht, und eine andere heiratet, begeht Ehebruch.
¹³ Zu Hause befragten ihn die Jünger nochmals darüber.   Mk 10, 10–12
¹⁴ Er antwortete ihnen: Wer seine Frau entlässt und eine andere heiratet, der bricht ihr gegenüber die Ehe.
¹⁵ Und wenn sie ihren Mann entlässt und einen anderen heiratet, so begeht sie Ehebruch.
¹⁶ (...) Und wer eine von ihrem Mann Entlassene heiratet, begeht Ehebruch.⁽³⁴⁾   Lk 16, 18
¹⁷ Da sagten die Jünger zu ihm: Wenn die Sache des Mannes gegenüber der Frau so steht, dann ist es nicht gut zu heiraten.   Mt 19, 10–13
¹⁸ Er sagte zu ihnen: Nicht alle fassen dieses Wort, sondern nur die, denen es gegeben ist.
¹⁹ Denn es gibt Verschnittene, die vom Mutterleib an so geboren sind, und es gibt Verschnittene, die von den Menschen verschnitten wurden, und es gibt Verschnittene, die sich selbst verschnitten haben um des Himmelreichs willen. Wer es fassen kann, der fasse es!
²⁰ Da wurden Kinder zu ihm gebracht, damit er ihnen die Hände auflege und bete. Die Jünger aber schalten die Leute.

⁽³⁴⁾ Diese Passage wird bei Preuschen noch Mk 19 zugeordnet.

Mk 10,14-16 ²¹ Als Jesus das sah, wurde er zornig und sagte zu ihnen: Lasst die Kinder zu mir kommen, hindert sie nicht daran, denn für solche ist das Reich Gottes.
²² Amen, ich sage euch: Wer das Reich Gottes nicht annimmt wie ein Kind, wird nicht hineingelangen.
²³ Und er umarmte und segnete sie, indem er ihnen die Hände auflegte.

78 Das Gleichnis vom verlorenen Schaf

Lk 15,1-4 ¹ Alle Zöllner und Sünder kamen zu ihm, um ihn zu hören.
² Die Pharisäer und Schriftgelehrten murrten und sagten: Der nimmt Sünder an und isst mit ihnen.
³ ⁽³⁵⁾Da sagte er ihnen dieses Gleichnis:
⁴ Wer von euch, der hundert Schafe hat und eines von ihnen verliert, lässt nicht die neunundneunzig in der Wüste und geht dem verlorenen nach, bis er es findet?

Mt 18,13 ⁵ Und wenn er es findet – amen, ich sage euch: Er freut sich mehr darüber als über die neunundneunzig, die sich nicht verirrt haben.

Lk 15,5-6 ⁶ ₍...₎ *Er* nimmt er es voll Freude auf seine Schultern,
⁷ und wenn er nach Hause kommt, ruft er seine Freunde und Nachbarn zusammen und sagt zu ihnen: Freut euch mit mir; denn ich habe mein Schaf gefunden, das verloren war.

Mt 18,14 ⁸ So ist es auch nicht der Wille bei euerem Vater im Himmel, dass eines von diesen Kleinen⁽³⁶⁾ verloren geht.

Lk 15,7-10 ⁹ Ich sage euch: Ebenso wird im Himmel mehr Freude sein über einen einzigen Sünder, der umkehrt, als über neunundneunzig Gerechte, die der Umkehr nicht bedürfen.
¹⁰ Oder welche Frau, die zehn Drachmen hat und eine Drachme verliert, zündet nicht ein Licht an und kehrt das Haus und sucht sorgfältig, bis sie sie findet?
¹¹ Und hat sie sie gefunden, so ruft sie ihre Freundinnen und Nachbarinnen zusammen und sagt: Freut euch mit mir; denn ich habe die Drachme gefunden, die ich verloren hatte.
¹² Ebenso, sage ich euch, wird bei den Engeln Gottes Freude sein über einen einzigen Sünder, der umkehrt.

⁽³⁵⁾ Hier ergänzte Preuschens Tatianübersetzung: „Und Jesus, als er ihr Gemurmel sah, ..."
⁽³⁶⁾ Hier ergänzte Preuschens Tatianübersetzung: „(...) welche gesündigt haben, verloren geht, und er bittet sie um Umkehr"

79 Das Gleichnis vom verlorenen Sohn

¹ Ferner sagte er: Ein Mann hatte zwei Söhne. Lk 15,11–32
² Der jüngere von ihnen sagte zum Vater: Vater, gib mir den Anteil des Vermögens, der mir zukommt. Da teilte er den Besitz unter sie auf.
³ Wenige Tage darauf packte der jüngere Sohn alles zusammen, zog fort in ein fernes Land und vergeudete dort sein Vermögen durch ein verschwenderisches Leben.
⁴ Nachdem er alles durchgebracht hatte, kam eine schwere Hungersnot über das Land und er fing an, Mangel zu leiden.
⁵ Da ging er zu einem Bürger jenes Landes und drängte sich ihm auf; der schickte ihn auf seine Felder zum Schweinehüten.
⁶ Gerne hätte er sich den Magen mit den Schoten gefüllt, die die Schweine fraßen, aber niemand gab sie ihm.
⁷ Da ging er in sich und sagte: Wie viele Tagelöhner meines Vaters haben Brot im Überfluss, ich aber komme hier vor Hunger um.
⁸ Ich will mich aufmachen und zu meinem Vater gehen und zu ihm sagen: Vater, ich habe gesündigt gegen den Himmel und vor dir.
⁹ Ich bin nicht mehr wert, dein Sohn zu heißen; halte mich wie einen von deinen Tagelöhnern.
¹⁰ Dann machte er sich auf und ging zu seinem Vater. Sein Vater sah ihn schon von Weitem kommen, wurde von Mitleid bewegt, lief herbei, fiel ihm um den Hals und küsste ihn.
¹¹ Da sagte der Sohn zu ihm: Vater, ich habe gegen den Himmel und gegen dich gesündigt; ich bin nicht mehr wert, dein Sohn zu heißen.
¹² Der Vater aber sagte zu seinen Knechten: Holt schnell das beste Gewand heraus und zieht es ihm an und gebt ihm einen Ring an die Hand und Schuhe an die Füße!
¹³ Holt das Mastkalb und schlachtet es! Wir wollen essen und fröhlich sein;
¹⁴ denn dieser mein Sohn war tot und lebt wieder; er war verloren und ist wiedergefunden worden. Und sie begannen, ein Freudenfest zu feiern.
¹⁵ Sein älterer Sohn aber war auf dem Feld. Als er kam und sich dem Haus näherte, hörte er Musik und Tanz.
¹⁶ Da rief er einen der Knechte herbei und fragte, was das sei.
¹⁷ Der aber sagte ihm: Dein Bruder ist gekommen und dein Vater hat das Mastkalb geschlachtet, weil er ihn gesund wiedererhalten hat.

¹⁸ Da wurde er zornig und wollte nicht hineingehen. Doch sein Vater kam heraus und redete ihm zu.
¹⁹ Er aber gab dem Vater zur Antwort: So viele Jahre diene ich dir und habe nie dein Gebot übertreten; mir aber hast du nie (auch nur) einen Bock gegeben, damit ich mit meinen Freunden feiern konnte.
²⁰ Jetzt aber, als dieser dein Sohn gekommen ist, der dein Vermögen mit Dirnen verprasst hat, hast du ihm das Mastkalb geschlachtet.
²¹ Er aber sagte zu ihm: Sohn, du bist allezeit bei mir und alles, was mein ist, ist dein.
²² Feiern aber und uns freuen müssen wir; denn dein Bruder war tot und lebt wieder, er war verloren und ist wiedergefunden worden.

80 Das Gleichnis vom klugen Verwalter

Lk 16,1–12

¹ Er aber sagte zu den Jüngern: Es war ein reicher Mann, der hatte einen Verwalter. Dieser wurde bei ihm beschuldigt, dass er seinen Besitz verschleudere.
² Da ließ er ihn rufen und sagte zu ihm: Was höre ich da über dich? Gib Rechenschaft von deiner Verwaltung; denn du kannst nicht länger Verwalter sein.
³ Da sagte sich der Verwalter: Was soll ich tun, da mein Herr mir die Verwaltung nimmt? Graben kann ich nicht, zu betteln schäme ich mich.
⁴ Doch ich weiß, was ich tue, damit sie mich, wenn ich von der Verwaltung abgesetzt bin, in ihre Häuser aufnehmen.
⁵ Und er ließ jeden Schuldner seines Herrn einzeln zu sich rufen und fragte den ersten: Wie viel schuldest du meinem Herrn?
⁶ Er antwortete: Hundert Bat Öl. Da sagte er zu ihm: Nimm deinen Schuldschein, setze dich und schreib schnell fünfzig.
⁷ Dann sagte er zu einem anderen: Du aber, wie viel bist du schuldig? Der antwortete: Hundert Kor Weizen. Er sagte zu ihm: Nimm deinen Schuldschein und schreib achtzig.
⁸ Und der Herr lobte den ungerechten Verwalter, dass er klug gehandelt hatte. Denn die Söhne dieser Welt sind ihresgleichen gegenüber klüger als die Söhne des Lichtes.
⁹ Auch ich sage euch: Macht euch Freunde mit dem ungerechten Mammon, damit man euch, wenn er zu Ende geht, in die ewigen Wohnungen aufnimmt.

¹⁰ Wer im Kleinsten treu ist, der ist auch im Großen treu; und wer im Kleinsten ungerecht ist, der ist auch im Großen ungerecht.
¹¹ Wenn ihr nun mit dem ungerechten Mammon nicht treu wart, wer wird euch dann das wahre Gut anvertrauen?
¹² Und wenn ihr mit dem fremden Gut nicht treu wart, wer wird euch dann das Euere geben?

81 Das Gleichnis vom unbarmherzigen Schuldner

¹ Deshalb ist es mit dem Himmelreich wie mit einem König, der mit seinen Knechten Abrechnung halten wollte. Mt 18,23–35
² Als er nun begann abzurechnen, wurde einer vor ihn gebracht, der zehntausend Talente schuldig war.
³ Weil er nicht zahlen konnte, befahl der Herr, ihn samt Frau und Kindern und seiner ganzen Habe zu verkaufen und so die Schuld zu begleichen.
⁴ Da fiel ihm der Knecht zu Füßen und flehte ihn an: Hab Geduld mit mir, ich will dir ja alles bezahlen!
⁵ Der Herr erbarmte sich jenes Knechtes, ließ ihn frei und erließ ihm die Schuld.
⁶ Kaum war aber jener Knecht hinausgegangen, da traf er einen seiner Mitknechte, der ihm einhundert Denare schuldig war. Den packte er, würgte ihn und sagte: Bezahle, was du schuldig bist!
⁷ Da fiel ihm der Mitknecht zu Füßen und bat ihn: Hab Geduld mit mir, ich will es dir ja bezahlen!
⁸ Aber der wollte nicht, sondern ließ ihn ins Gefängnis werfen, bis er die Schuld bezahlt hätte.
⁹ Als nun seine Mitknechte sahen, was da vor sich ging, empörten sie sich darüber, gingen zu ihrem Herrn und berichteten ihm alles, was geschehen war.
¹⁰ Da ließ ihn sein Herr zu sich rufen und sagte zu ihm: Du böser Knecht, deine ganze Schuld habe ich dir erlassen, weil du mich gebeten hast.
¹¹ Hättest nicht auch du dich deines Mitknechtes erbarmen müssen, so wie ich mich deiner erbarmt habe?
¹² Und voll Zorn übergab ihn der Herr den Folterknechten, bis er ihm die ganze Schuld bezahlt hätte.
¹³ So wird auch mein himmlischer Vater mit euch verfahren, wenn nicht jeder von euch seinem Bruder von Herzen vergibt.

Lk 17,3-4 — ¹⁴ Habt Acht auf euch selbst! Wenn dein Bruder sündigt, dann stelle ihn zur Rede; und wenn er umkehrt, vergib ihm.

¹⁵ Und wenn er sich siebenmal am Tag gegen dich versündigt und siebenmal wieder zu dir kommt und sagt: Ich bessere mich!, so vergib ihm.

Mt 18,15-22 — ¹⁶ Wenn dein Bruder gegen dich sündigt, dann geh hin und stelle ihn unter vier Augen zur Rede. Hört er auf dich, so hast du deinen Bruder gewonnen.

¹⁷ Hört er aber nicht, dann nimm noch einen oder zwei mit dir; denn jede Sache soll durch den Mund von zwei oder drei Zeugen bestätigt werden.

¹⁸ Hört er aber nicht auf sie, dann sage es der Gemeinde. Hört er aber auch auf die Gemeinde nicht, dann sei er dir wie ein Heide und Zöllner.

¹⁹ Amen, ich sage euch: Alles, was ihr auf der Erde binden werdet, das wird auch im Himmel gebunden sein, und alles, was ihr auf der Erde lösen werdet, das wird auch im Himmel gelöst sein.

²⁰ Weiter sage ich euch: Wenn sich zwei von euch auf der Erde einig sind, um was sie bitten wollen, so wird es ihnen zuteilwerden von meinem Vater im Himmel.

²¹ Denn wo zwei oder drei in meinem Namen versammelt sind, da bin ich mitten unter ihnen.

²² Da trat Petrus zu ihm und fragte: Herr, wenn mein Bruder sich gegen mich verfehlt, wie oft muss ich ihm vergeben? Bis zu siebenmal?

²³ Jesus antwortete ihm: Ich sage dir: nicht bis zu siebenmal, sondern bis zu siebenundsiebzigmal.

Lk 12,47-50 — ²⁴ Jener Knecht aber, der den Willen seines Herrn kannte, nichts vorbereitet noch nach seinem Willen getan hat, wird viele Schläge bekommen.

²⁵ Der jedoch, der ihn nicht gekannt, aber getan hat, was Schläge verdient, wird wenig bekommen. Wem aber viel gegeben ist, von dem wird viel gefordert werden, und wem man viel anvertraut hat, von dem wird man umso mehr verlangen.

²⁶ Ich bin gekommen, Feuer auf die Erde zu werfen, und wie wünschte ich, dass es schon entfacht wäre!

²⁷ Ich muss mit einer Taufe getauft werden und wie bin ich bedrückt, solange sie noch nicht vollzogen ist!

²⁸ Seht zu, dass ihr nicht einen von diesen Kleinen verachtet! Denn ich sage euch: Ihre Engel im Himmel sehen allezeit das Angesicht meines Vaters im Himmel.   Mt 18,10-11
²⁹ Denn der Menschensohn ist gekommen zu retten, was verloren war.

82 Mahnungen zur Umkehr

¹ Danach wanderte Jesus in Galiläa umher; denn er wollte nicht in Judäa umherziehen, weil die Juden ihm nach dem Leben trachteten.   Joh 7,1

² Zur selben Zeit kamen einige und berichteten ihm von den Galiläern, deren Blut Pilatus mit dem ihrer Opfertiere vermischt hatte.   Lk 13,1-9

³ Da sagte er zu ihnen: Meint ihr, dass diese Galiläer mehr als alle Galiläer Sünder gewesen sind, weil sie das erlitten haben?

⁴ Nein, sage ich euch; doch wenn ihr nicht umkehrt, werdet ihr alle auf dieselbe Weise umkommen.

⁵ Oder meint ihr, jene achtzehn, auf die der Turm am Schiloach stürzte und sie erschlug, seien schuldiger gewesen als alle Bewohner von Jerusalem?

⁶ Nein, sage ich euch; doch wenn ihr nicht umkehrt, werdet ihr alle auf dieselbe Weise umkommen.

⁷ Und er erzählte dieses Gleichnis: Jemand hatte einen Feigenbaum in seinen Weinberg gepflanzt. Er kam und suchte Frucht an ihm und fand keine.

⁸ Da sagte er zu dem Weingärtner: Schon drei Jahre komme ich und suche Frucht an diesem Feigenbaum und finde keine. Hau ihn um! Wozu saugt er noch den Boden aus?

⁹ Doch der antwortete ihm: Herr, lass ihn noch dieses Jahr, bis ich um ihn herum aufgegraben und Dung gestreut habe.

¹⁰ Vielleicht wird er in Zukunft Frucht bringen; wenn aber nicht, dann magst du ihn umhauen.

83 Die Heilung einer gekrümmten Frau am Sabbat

¹ Jesus lehrte am Sabbat in einer Synagoge.   Lk 13,10-17

² Da war eine Frau, die seit achtzehn Jahren einen Krankheitsdämon hatte. Sie war verkrümmt und konnte sich nicht mehr ganz aufrichten.

³ Als Jesus sie sah, rief er sie zu sich und sagte zu ihr: Frau, du bist von deiner Krankheit erlöst.
⁴ Und er legte ihr die Hände auf. Sogleich richtete sie sich auf und pries Gott.
⁵ Der Synagogenvorsteher aber, unwillig darüber, dass Jesus am Sabbat geheilt hatte, sagte zu den Leuten: Sechs Tage gibt es, an denen man arbeiten darf; an denen kommt und lasst euch heilen, aber nicht am Sabbat!
⁶ Der Herr entgegnete ihm: Ihr Heuchler! Bindet nicht jeder von euch am Sabbat seinen Ochsen oder Esel von der Krippe los und führt ihn zur Tränke?
⁷ Diese Tochter Abrahams aber, die der Satan schon achtzehn Jahre lang gefesselt hielt, musste sie nicht am Sabbat von dieser Fessel befreit werden?
⁸ Als er dies sagte, wurden alle seine Gegner beschämt, und das ganze Volk freute sich über alles Herrliche, was durch ihn geschah.

84 Jesus reist zum Laubhüttenfest nach Jerusalem

Joh 7,2-10

¹ Das Laubhüttenfest der Juden war nahe.
² Da sagten seine Brüder zu ihm: Zieh von hier weg und geh nach Judäa, damit auch deine Jünger die Werke sehen, die du vollbringst.
³ Denn niemand wirkt im Verborgenen und bemüht sich zugleich um öffentliche Anerkennung. Wenn du schon so wirkst, so zeige dich der Welt!
⁴ Nicht einmal seine Brüder glaubten nämlich an ihn.
⁵ Da sagte Jesus zu ihnen: Meine Zeit ist noch nicht da. Euere Zeit aber ist immer bereit.
⁶ Euch kann die Welt nicht hassen; mich aber hasst sie, weil ich bezeuge, dass ihre Werke böse sind.
⁷ Geht ihr nur hinauf zum Fest. Ich gehe nicht hinauf zu diesem Fest, weil meine Zeit noch nicht erfüllt ist.
⁸ Das sagte er zu ihnen und blieb in Galiläa.
⁹ Nachdem aber seine Brüder zum Fest hinaufgegangen waren, (...)

Mt 19,1-2
¹⁰ (...) zog er von Galiläa weg und begab sich in das Gebiet von Judäa jenseits des Jordan.
¹¹ Große Volksscharen folgten ihm nach und er heilte sie dort.

¹² (...) *Dann* zog auch er hinauf, nicht öffentlich, sondern im Verborgenen. Joh 7,10–31
¹³ Die Juden suchten ihn beim Fest und sagten: Wo ist er?
¹⁴ Und unter den Volksscharen war viel Gerede über ihn. Die einen sagten: Er ist ein guter Mann. Andere sagten: Nein, er verführt das Volk.
¹⁵ Niemand aber redete über ihn frei heraus aus Furcht vor den Juden.
¹⁶ Als das Fest schon zur Hälfte vorüber war, ging Jesus zum Tempel hinauf und lehrte.
¹⁷ Da wunderten sich die Juden und sagten: Wie kann er die Schrift verstehen, ohne Unterricht erhalten zu haben?
¹⁸ Da antwortete ihnen Jesus: Meine Lehre ist nicht von mir, sondern von dem, der mich gesandt hat.
¹⁹ Wer bereit ist, den Willen Gottes zu tun, wird erkennen, ob diese Lehre von Gott ist oder ob ich in eigener Verantwortung spreche.
²⁰ Wer in eigener Verantwortung spricht, sucht seine eigene Ehre. Wer aber die Ehre dessen sucht, der ihn gesandt hat, der ist glaubwürdig, und Ungerechtigkeit ist nicht in ihm.
²¹ Hat nicht Mose euch das Gesetz gegeben? Und doch befolgt keiner von euch das Gesetz. Warum wollt ihr mich töten?
²² Das Volk antwortete: Du bist von einem Dämon besessen! Wer will dich töten?
²³ Jesus antwortete ihnen: Ein einziges Werk habe ich vollbracht, und ihr alle wundert euch darüber.
²⁴ Mose hat euch die Beschneidung gegeben – nicht dass sie von Mose stammte, sondern von den Vätern –, und ihr beschneidet einen Menschen am Sabbat.
²⁵ Wenn ein Mensch am Sabbat die Beschneidung empfängt, damit das Gesetz des Mose nicht übertreten wird, was zürnt ihr mir, weil ich am Sabbat einen Menschen am ganzen Leib gesund gemacht habe?
²⁶ Urteilt nicht nach dem Schein, sondern fällt ein gerechtes Urteil!
²⁷ Da sagten einige von den Leuten aus Jerusalem: Ist das nicht der, den sie töten wollen?
²⁸ Und doch redet er in aller Öffentlichkeit und sie lassen ihn gewähren. Sollten denn die Oberen wirklich erkannt haben, dass er der Messias ist?

²⁹ Aber von ihm wissen wir, woher er ist. Vom Messias jedoch, wenn er kommt, weiß niemand, woher er ist.
³⁰ Da rief Jesus, während er im Tempel lehrte, laut aus: Ihr kennt mich und wisst, woher ich bin? Und doch bin ich nicht von mir aus gekommen, sondern es gibt einen Wahrhaften, der mich gesandt hat. Aber ihr kennt ihn nicht.
³¹ Ich kenne ihn, denn ich komme von ihm, und er hat mich gesandt.
³² Da wollten sie ihn festnehmen. Aber niemand legte Hand an ihn, weil seine Stunde noch nicht gekommen war.
³³ Aus der Menge glaubten viele an ihn und sagten: Wird der Messias, wenn er kommt, mehr Zeichen tun, als dieser getan hat?

Lk 12,13–15 ³⁴ Einer aus der Volksmenge bat ihn: Meister, sage meinem Bruder, er soll das Erbe mit mir teilen.
³⁵ Er aber sagte zu ihm: Mensch, wer hat mich zum Richter oder Erbteiler über euch bestellt?
³⁶ Dann sprach er zu ihnen: Gebt Acht und hütet euch vor jeglicher Habsucht! Denn auch mitten im Überfluss ist das Leben eines Menschen nicht durch seine Güter gesichert.

85 Das Gleichnis vom törichten Kornbauern

Lk 12,16–21 ¹ Er erzählte ihnen ein Gleichnis: Das Land eines reichen Mannes hatte gut getragen.
² Da überlegte er: Was soll ich tun, da ich nicht genug Raum habe, meine Ernte unterzubringen?
³ Schließlich sagte er: So will ich es machen; ich werde meine Scheunen abreißen und größere bauen und dort mein ganzes Getreide und alle meine Güter unterbringen.
⁴ Dann kann ich zu mir sagen: Du hast großen Vorrat für viele Jahre; ruh dich aus, iss, trink und lass es dir wohl sein!
⁵ Da sagte Gott zu ihm: Du Tor, diese Nacht noch wird man dein Leben von dir fordern! Wem aber wird gehören, was du angesammelt hast?
⁶ So geht es dem, der für sich Schätze sammelt, aber vor Gott nicht reich ist.

86 Was muss ich tun, um das ewige Leben zu erhalten?

¹Als er sich auf den Weg machte, lief jemand auf ihn zu, fiel vor ihm auf die Knie und fragte ihn: Guter Meister, was muss ich tun, um das ewige Leben zu erlangen?   Mk 10,17-19

²Jesus antwortete ihm: Was nennst du mich gut? Niemand ist gut außer Gott allein.

³Die Gebote kennst du: (...)

⁴(...) Willst du aber das Leben erlangen, so halte die Gebote.   Mt 19,17-18

⁵Da fragte er ihn: Welche? Jesus antwortete: (...)

⁶(...) Du sollst nicht töten, du sollst nicht ehebrechen, du sollst nicht stehlen, du sollst kein falsches Zeugnis geben, du sollst niemand übervorteilen, ehre deinen Vater und deine Mutter,   Mk 10,19

⁷(...) und: Du sollst deinen Nächsten lieben wie dich selbst.   Mt 19,19-20

⁸Der junge Mann erwiderte ihm: Das alles habe ich befolgt, was fehlt mir noch?

⁹Da sah Jesus ihn an, gewann ihn lieb und sagte zu ihm: Eines fehlt dir noch. (...)   Mk 10,21

¹⁰(...) Willst du vollkommen sein, so geh hin, verkaufe, was du hast, und gib es den Armen; so wirst du einen Schatz im Himmel haben; dann komm und folge mir nach.   Mt 19,21-22

¹¹Als der junge Mann das hörte, ging er traurig davon, (...)

¹²(...) denn er war sehr reich. (...)   Lk 18,23-24

¹³Als Jesus ihn so sah, (...)

¹⁴(...) blickte *er* um sich und sagte zu seinen Jüngern: Wie schwer werden die Reichen in das Reich Gottes kommen!   Mk 10,23

¹⁵(...) Amen, ich sage euch, ein Reicher wird schwer in das Himmelreich kommen.   Mt 19,23-24

¹⁶Ich sage euch noch einmal: Leichter geht ein Kamel durch ein Nadelöhr, als dass ein Reicher in das Reich Gottes gelangt.

¹⁷Die Jünger aber erschraken über seine Worte. Da wandte sich Jesus noch einmal an sie und sagte: Kinder, wie schwer ist es, in das Reich Gottes zu kommen!   Mk 10,24

¹⁸(...) Wie schwer kommen die Reichen in das Reich Gottes!⁽³⁷⁾   Lk 18,24

¹⁹Da erschraken sie noch viel mehr und sagten zueinander: Wer kann dann gerettet werden?   Mk 10,26-27

²⁰Jesus blickte sie an und sagte: Bei Menschen ist das unmöglich, doch nicht bei Gott; denn bei Gott ist alles möglich.

⁽³⁷⁾ Preuschen bezieht sich für diesen Vers auf Mk 10,24, hier aber entsprechend seiner Übersetzung genauer bei Lk 18,24.

Lk 18,28 ²¹ Petrus aber sagte: Siehe, wir haben unser Eigentum verlassen und sind dir nachgefolgt.
Mt 19,27-28 ²² ₍…₎ Was wird uns also zuteilwerden?
²³ ₍…₎ Amen, ich sage euch: Ihr, die ihr mir nachgefolgt seid, werdet bei der Neuerschaffung der Welt, wenn sich der Menschensohn auf den Thron seiner Herrlichkeit setzt, ebenfalls auf zwölf Thronen sitzen und die zwölf Stämme Israels richten.
Mk 10,29 ²⁴ Jesus antwortete: Amen, ich sage euch: Niemand hat Haus, Brüder, Schwestern, Mutter, Vater, Kinder oder Äcker um meinetwillen und um des Evangeliums willen verlassen,
Lk 18,30 ²⁵ der dafür nicht in dieser Zeit das Vielfache erhält und in der zukünftigen Welt das ewige Leben,
Mk 10,30-31 ²⁶ der nicht hundertfach⁽³⁸⁾, jetzt in dieser Zeit, Häuser, Brüder, Schwestern, Mütter, Kinder und Äcker erhält, wenn auch unter Verfolgungen, und in der künftigen Welt das ewige Leben.
²⁷ Viele aber, die die Ersten sind, werden die Letzten sein und die Letzten die Ersten.
Lk 16,14-15 ²⁸ Die geldgierigen Pharisäer hörten das alles und verhöhnten ihn.
²⁹ Da sagte er zu ihnen: Ihr seid es, die sich vor den Menschen als gerecht hinstellen, Gott aber kennt euere Herzen; denn was als hoch gilt bei den Menschen, ist ein Gräuel vor Gott.

87 Die Gleichnis vom reichen Mann und vom armen Lazarus

Lk 16,19-31 ¹ Es war ein reicher Mann, der kleidete sich in Purpur und feine Leinwand und lebte alle Tage herrlich und in Freuden.
² Ein Armer aber namens Lazarus lag vor seiner Tür.
³ Gern hätte er den Hunger mit dem gestillt, was vom Tisch des Reichen herunterfiel. Indes kamen die Hunde und leckten seine Geschwüre.
⁴ Da starb der Arme und wurde von den Engeln in Abrahams Schoß getragen. Der Reiche aber starb ebenfalls und wurde begraben.
⁵ Als er im Totenreich, mitten in seinen Qualen, seine Augen erhob, sah er von Weitem Abraham und Lazarus in seinem Schoß.
⁶ Da rief er: Vater Abraham, erbarme dich meiner und sende Lazarus; er soll die Spitze seines Fingers ins Wasser tauchen und meine Zunge kühlen; denn ich leide große Pein in diesem Feuer.

⁽³⁸⁾ Nicht bei Preuschen

⁷ Abraham aber sagte: Kind, denk daran, dass du dein Gutes schon in deinem Leben empfangen hast, Lazarus aber nur das Schlechte. Jetzt wird er hier dafür getröstet, du aber wirst gepeinigt.
⁸ Und außerdem besteht zwischen uns und euch eine große Kluft, damit die, die von hier zu euch hinüberwollen, es nicht können, und ebenso wenig können die von drüben zu uns herüberkommen.
⁹ Da sagte er: Dann bitte ich dich, Vater, ihn in das Haus meines Vaters zu schicken
¹⁰ – ich habe nämlich fünf Brüder –, um sie zu warnen, damit nicht auch sie an diesen Ort der Qual kommen.
¹¹ Abraham aber sagte: Sie haben Mose und die Propheten, auf die sollen sie hören.
¹² Er entgegnete: Nein, Vater Abraham! Erst wenn einer von den Toten zu ihnen kommt, werden sie umkehren.
¹³ Doch Abraham sagte zu ihm: Wenn sie auf Mose und die Propheten nicht hören, werden sie sich auch nicht überzeugen lassen, wenn einer von den Toten aufersteht.

88 Das Gleichnis von den Arbeitern im Weinberg

¹ Denn mit dem Himmelreich ist es wie mit einem Gutsherrn, der früh am Morgen ausging, um Arbeiter für seinen Weinberg einzustellen.   Mt 20,1–16
² Er vereinbarte mit den Arbeitern einen Denar für den Tag und schickte sie in seinen Weinberg.
³ Als er um die dritte Stunde wieder ausging, sah er andere untätig auf dem Markt stehen
⁴ und sagte zu ihnen: Geht auch ihr in meinen Weinberg und ich werde euch geben, was recht ist.
⁵ Und sie gingen hin. Um die sechste und neunte Stunde ging er noch einmal aus und machte es ebenso.
⁶ Als er um die elfte Stunde ausging, fand er wieder andere, die dastanden, und sagte zu ihnen: Was steht ihr hier den ganzen Tag untätig herum?
⁷ Sie antworteten ihm: Weil uns niemand eingestellt hat. Da sagte er zu ihnen: Geht auch ihr in den Weinberg.
⁸ Als es nun Abend geworden war, sagte der Besitzer des Weinbergs zu seinem Verwalter: Ruf die Arbeiter und zahle ihnen den Lohn aus; fange bei den Letzten an bis zu den Ersten.
⁹ Da kamen die von der elften Stunde und erhielten je einen Denar.

¹⁰ Als nun die Ersten kamen, meinten sie, sie würden mehr bekommen. Aber auch sie erhielten je einen Denar.
¹¹ Und als sie ihn erhalten hatten, murrten sie gegen den Gutsherrn
¹² und sagten: Diese Letzten da haben eine Stunde gearbeitet und du hast sie uns gleichgestellt, die wir die Last des Tages getragen haben und die Hitze.
¹³ Er aber erwiderte einem von ihnen: Freund, ich tue dir kein Unrecht. Hast du nicht einen Denar mit mir vereinbart?
¹⁴ Nimm das Deine und geh! Ich aber will diesem Letzten dasselbe geben wie dir.
¹⁵ Oder darf ich mit dem Meinen nicht tun, was ich will? Oder ist dein Auge böse, weil ich gut bin?
¹⁶ So werden die Letzten die Ersten sein und die Ersten die Letzten.

Mt 22,14 ¹⁷ Denn viele sind berufen, wenige aber auserwählt.

89 Die Heilung eines Wassersüchtigen am Sabbat

Lk 14,1-6 ¹ Als Jesus am Sabbat in das Haus eines führenden Pharisäers zum Essen kam – sie beobachteten ihn genau –,
² da stand ein wassersüchtiger Mann vor ihm.
³ Jesus wandte sich an die Gesetzeslehrer und Pharisäer: Ist es erlaubt, am Sabbat zu heilen, oder nicht?
⁴ Doch sie schwiegen. Da fasste er ihn an, heilte ihn und ließ ihn gehen.
⁵ Zu ihnen aber sagte er: Wer von euch, dem sein Sohn oder sein Ochse in den Brunnen fällt, wird ihn nicht sofort herausziehen, auch am Sabbat? ⁶ Darauf konnten sie ihm nichts erwidern.

90 Wer sich selbst erhöht, wird erniedrigt werden

Lk 14,7-15 ¹ Als er bemerkte, wie sie sich die ersten Plätze aussuchten, trug er den Geladenen ein Gleichnis vor und sagte zu ihnen:
² Wenn du von jemand zu einem Hochzeitsmahl eingeladen bist, dann setze dich nicht auf den ersten Platz. Es könnte ein Vornehmerer als du eingeladen sein
³ und der, der dich und ihn eingeladen hat, könnte kommen und zu dir sagen: Mach diesem Platz! Dann müsstest du beschämt den letzten Platz einnehmen.

⁴ Nein, wenn du eingeladen bist, geh und setze dich auf den letzten Platz, damit, wenn der kommt, der dich eingeladen hat, er zu dir sagt: Freund, rück weiter hinauf! Dann wird es dir zur Ehre sein vor allen deinen Tischgenossen.
⁵ Denn jeder, der sich selbst erhöht, wird erniedrigt, und wer sich selbst erniedrigt, wird erhöht werden.
⁶ Und zu dem, der ihn eingeladen hatte, sagte er: Wenn du ein Mittag- oder Abendessen gibst, so lade nicht deine Freunde oder deine Brüder oder Verwandte oder reiche Nachbarn ein, damit sie nicht auch dich wieder einladen und es dir vergelten.
⁷ Nein, wenn du ein Gastmahl gibst, dann lade Arme, Krüppel, Lahme und Blinde ein,
⁸ und du wirst selig sein, weil sie nicht imstande sind, es dir zu vergelten; denn es wird dir vergolten werden bei der Auferstehung der Gerechten.
⁹ Als einer der Tischgenossen dies hörte, sagte er zu ihm: Selig, wer am Mahl im Reich Gottes teilnehmen wird!

91 Das Gleichnis vom Gastmahl

¹ Wiederum nahm Jesus das Wort und sprach in Gleichnissen zu ihnen: — Mt 22,1-2
² Mit dem Himmelreich ist es wie mit einem König, der seinem Sohn die Hochzeit ausrichtete.
³ (...) Er veranstaltete ein großes Gastmahl und lud viele ein. — Lk 14,16-17
⁴ Zur Stunde des Gastmahls sandte er seinen Knecht aus, den Eingeladenen zu sagen: Kommt, denn nun ist es bereit.
⁵ (...) Aber sie wollten nicht kommen — Mt 22,3
⁶ *und* fingen mit einem Mal alle an, sich zu entschuldigen. Der erste sagte zu ihm: Ich habe einen Acker gekauft und muss unbedingt hingehen, ihn anzusehen; ich bitte dich, halte mich für entschuldigt! — Lk 14,18-20
⁷ Ein anderer sagte: Ich habe fünf Joch Ochsen gekauft und gehe gerade hin, sie zu erproben; ich bitte dich, halte mich für entschuldigt!
⁸ Wieder ein anderer sagte: Ich habe eine Frau genommen und kann daher nicht kommen.
⁹ Da sandte er nochmals andere Knechte aus mit dem Auftrag: Sagt den Eingeladenen: Mein Mahl ist bereitet, meine Ochsen und das Mastvieh sind geschlachtet und alles ist fertig. Kommt zur Hochzeit! — Mt 22,4-6

¹⁰ Sie jedoch achteten nicht darauf und gingen ihrer Wege, der eine auf seinen Acker, der andere an sein Geschäft.
¹¹ Die Übrigen aber ergriffen seine Knechte, misshandelten und töteten sie.

Lk 14,21 ¹² Der Knecht kam zurück und berichtete dies seinem Herrn. (...)
Mt 22,7-8 ¹³ Da wurde der König zornig, sandte seine Heere aus und ließ die Mörder umbringen und ihre Stadt verbrennen.
¹⁴ Dann sagte er zu seinen Knechten: Die Hochzeit ist zwar bereit, aber die Eingeladenen waren unwürdig.

Lk 14,21-23 ¹⁵ (...) Geh schnell hinaus auf die Straßen und Gassen der Stadt und führe die Armen und Krüppel und Blinden und Lahmen hier herein!⁽³⁹⁾
¹⁶ (Wenig später) meldete der Knecht: Herr, es ist geschehen, wie du befohlen hast, aber es ist immer noch Platz da.
¹⁷ Da sagte der Herr zum Knecht: Geh hinaus an die Landstraßen und an die Zäune (...)

Mt 22,9 ¹⁸ (...) und ruft zur Hochzeit, wen immer ihr findet.
Lk 14,23-24 ¹⁹ (...) Und nötige sie hereinzukommen, damit mein Haus voll wird!
²⁰ Ich sage euch nämlich: Keiner von jenen Männern, die eingeladen waren, wird an meinem Mahl teilnehmen.

Mt 22,10-14 ²¹ Da gingen die Knechte auf die Straßen hinaus und brachten alle zusammen, die sie fanden, Böse und Gute, und der Hochzeitssaal wurde voll von Gästen.
²² Als der König hineinging, um sich die Gäste anzusehen, sah er dort einen Menschen, der kein Hochzeitsgewand anhatte.
²³ Da sagte er zu ihm: Freund, wie bist du hier hereingekommen ohne ein Hochzeitsgewand? Der aber verstummte.
²⁴ Da sprach der König zu den Dienern: Bindet ihm Füße und Hände und werft ihn hinaus in die Finsternis. Dort wird Heulen und Zähneknirschen sein.
²⁵ Denn viele sind berufen, wenige aber auserwählt.

92 Die Heilung der zehn Aussätzigen

Joh 5,1 ¹ Danach war ein Fest⁽⁴⁰⁾ der Juden (...).
Lk 17,11-19 ² Bei seiner Wanderung nach Jerusalem zog er durch das Grenzgebiet von Samarien und Galiläa.

---

(39) Hier ergänzte Preuschens Tatianübersetzung: „Und es taten die Knechte, wie ihnen geboten hatte der König."
(40) Hier ergänzte Preuschens Tatianübersetzung: „... des Ungesäuerten ..."

³ Als er in ein Dorf kam, begegneten ihm zehn aussätzige Männer. Sie blieben von fern stehen
⁴ und riefen: Jesus, Meister, erbarme dich unser!
⁵ Als er sie sah, sagte er zu ihnen: Geht und zeigt euch den Priestern! Und während sie hingingen, wurden sie rein.
⁶ Einer aber von ihnen kehrte zurück, als er sah, dass er geheilt worden war, pries Gott mit lauter Stimme,
⁷ warf sich zu seinen Füßen aufs Angesicht und dankte ihm. Und das war ein Samariter.
⁸ Da sagte Jesus: Sind nicht zehn rein geworden? Wo sind denn die übrigen neun?
⁹ Hat sich keiner bereitgefunden, umzukehren und Gott die Ehre zu geben, als nur dieser Fremde?
¹⁰ Und er sagte zu ihm: Steh auf und geh! Dein Glaube hat dir Heilung gebracht!

93 Die (dritte) Leidensankündigung

¹ Als sie den Weg nach Jerusalem hinaufzogen, ging Jesus ihnen voran. Die Leute wunderten sich; die ihm nachfolgten aber fürchteten sich. Da nahm er die Zwölf wieder zu sich und kündigte ihnen an, was ihm bevorstand: — Mk 10,32

² Er (...) sagte zu ihnen: Wir gehen nach Jerusalem hinauf und alles wird sich erfüllen, was bei den Propheten über den Menschensohn geschrieben steht. — Lk 18,31

³ (...) Der Menschensohn wird den Hohepriestern und Schriftgelehrten ausgeliefert und sie werden ihn zum Tode verurteilen und den Heiden übergeben; — Mk 10,33-34

⁴ sie werden ihn verspotten, anspeien (...)

⁵ und sie werden ihn geißeln und töten. Aber am dritten Tag wird er auferstehen. — Lk 18,33-34

⁶ Doch sie verstanden nichts davon; der Sinn dieses Wortes war ihnen verborgen und sie begriffen nicht, was er sagte.

94 Die Bitte der Zebedäussöhne

¹ Damals kam die Mutter der Zebedäussöhne mit ihren Söhnen zu ihm, fiel vor ihm nieder und wollte etwas von ihm erbitten. — Mt 20,20-21

² Er aber fragte sie: Was willst du? (...)

³ Da kamen Jakobus und Johannes, die Söhne des Zebedäus, zu ihm und sagten: Meister, wir möchten, dass du uns eine Bitte erfüllst. — Mk 10,35-40

⁴ Er aber sprach zu ihnen: Was wollt ihr, dass ich euch tun soll?
⁵ Sie sagten zu ihm: Gewähre uns, dass der eine von uns zu deiner Rechten und der andere zu deiner Linken sitzt in deiner Herrlichkeit.
⁶ Jesus aber antwortete ihnen: Ihr wisst nicht, um was ihr bittet. Könnt ihr den Kelch trinken, den ich trinke, oder die Taufe empfangen, mit der ich getauft werde?
⁷ Sie antworteten ihm: Wir können es. Jesus aber sagte zu ihnen: Den Kelch, den ich trinke, werdet ihr trinken und die Taufe empfangen, mit der ich getauft werde.
⁸ Aber das Sitzen zu meiner Rechten oder zu meiner Linken habe nicht ich zu vergeben, sondern es wird denen zuteil, für die es bereitet ist.

95 Vom Herrschen und Dienen

Mk 10, 41-44

¹ Als die Zehn das hörten, entrüsteten sie sich über Jakobus und Johannes.
² Da rief Jesus sie zu sich und sagte zu ihnen: Ihr wisst, dass die, die als Herrscher gelten, ihre Völker unterjochen und dass ihre Großen sich Gewalt über sie aneignen.
³ Bei euch aber soll es nicht so sein, sondern wer unter euch der Größte sein will, soll euer Diener sein,
⁴ und wer unter euch der Erste sein will, soll der Sklave aller sein.

Mt 20, 28

⁵ Denn auch der Menschensohn ist nicht gekommen, sich bedienen zu lassen, sondern zu dienen und sein Leben hinzugeben als Lösegeld für viele.

96 Die enge Pforte

Lk 13, 22-30

¹ Jesus wanderte lehrend durch Städte und Dörfer und nahm den Weg nach Jerusalem.
² Da fragte ihn jemand: Herr, sind es nur wenige, die gerettet werden? Er aber sagte zu ihnen: Bemüht euch darum, durch die enge Pforte zu gelangen!
³ Denn viele, sage ich euch, werden versuchen hineinzukommen, aber es wird ihnen nicht gelingen.
⁴ Wenn der Herr des Hauses sich erhoben und die Tür geschlossen hat und ihr draußen steht und klopft an die Tür und ruft: Herr, mach uns auf!, so wird er euch antworten: Ich weiß nicht, woher ihr seid.

⁵ Dann werdet ihr sagen: Wir haben mit euch gegessen und getrunken und du hast auf unseren Straßen gelehrt.
⁶ Er aber wird euch antworten: Ich sage euch, ich weiß nicht, woher ihr seid. Weg von mir alle, ihr Übeltäter!
⁷ Da wird Heulen und Zähneknirschen sein, wenn ihr Abraham, Isaak und Jakob und alle Propheten im Reich Gottes sehen werdet, ihr selbst aber ausgestoßen seid.
⁸ Und man wird von Osten und Westen, von Norden und Süden kommen und im Reich Gottes zu Tisch liegen.
⁹ Manche von den Letzten werden dann die Ersten sein und manche von den Ersten die Letzten.

97 Der Zöllner Zachäus

¹ Dann kam er nach Jericho und zog hindurch.   Lk 19,1-10
² Dort lebte ein Mann mit Namen Zachäus, der war oberster Zöllner und reich.
³ Er wollte gern sehen, wer Jesus sei, konnte es aber nicht wegen der Volksmenge; denn er war klein von Gestalt.
⁴ Da lief er voraus und stieg auf einen Maulbeerfeigenbaum, um ihn zu sehen; denn da musste er vorüberkommen.
⁵ Als nun Jesus an die Stelle kam, schaute er hinauf und sagte zu ihm: Zachäus, steig schnell herunter; denn heute muss ich in deinem Haus bleiben.
⁶ Schnell stieg er herunter und nahm ihn mit Freuden auf.
⁷ Alle, die das sahen, empörten sich und sagten: Bei einem Sünder ist er eingekehrt, um zu wohnen!
⁸ Zachäus aber wandte sich an den Herrn und sagte zu ihm: Herr, die Hälfte meines Vermögens gebe ich den Armen und wenn ich etwas zu Unrecht von jemand gefordert habe, gebe ich es vierfach zurück.
⁹ Jesus sagte zu ihm: Heute ist diesem Haus Heil widerfahren, weil auch dieser Mann ein Sohn Abrahams ist.
¹⁰ Denn der Menschensohn ist gekommen, um zu suchen und zu retten, was verloren war.

98 Die Heilung des blinden Bartimäus

¹ Als er in die Nähe von Jericho⁽⁴¹⁾ kam, (...)   Lk 18,35

⁽⁴¹⁾ Hier ergänzte Preuschens Tatianübersetzung: „..., er und seine Jünger ...". Diese Ergänzung findet sich zwar nicht bei Lukas, aber sinngemäß bei Mk 10,46.

Mt 20,29	² ₍...₎ folgte ihm eine große Volksschar.
Lk 18,35	³ ₍...₎ *Da* saß ein Blinder am Weg und bettelte,
Mk 10,46	⁴ ₍...₎ Bartimäus, der Sohn des Timäus ₍...₎.
Lk 18,36-37	⁵ Als der die Menge vorüberziehen hörte, fragte er, was das bedeute.
	⁶ Man sagte ihm, Jesus von Nazaret gehe vorüber.
Mk 10,47	⁷ Als er hörte, dass es Jesus aus Nazaret war, ₍...₎
Lk 18,38-39	⁸ ₍...₎ rief er: Jesus, Sohn Davids, erbarme dich meiner!
	⁹ Die Vorausgehenden fuhren ihn an, er solle schweigen. ₍...₎
Mk 10,48-51	¹⁰ ₍...₎ *Er* aber schrie noch lauter: Sohn Davids, erbarme dich meiner!
	¹¹ Da blieb Jesus stehen und sagte: Ruft ihn her! Sie riefen den Blinden und sagten ihm: Hab Mut, steh auf, er ruft dich.
	¹² Da warf er seinen Mantel ab, sprang auf und kam zu Jesus.
	¹³ Und Jesus fragte ihn: Was willst du, dass ich dir tun soll? Der Blinde antwortete ihm: Rabbuni, dass ich wieder sehen kann.
Mt 20,34	¹⁴ Da berührte Jesus, von Mitleid ergriffen, *seine* Augen. ₍...₎
Lk 18,42-43	¹⁵ ₍...₎ Du sollst wieder sehen, dein Glaube hat dir Heilung gebracht.
	¹⁶ Sogleich sah er wieder, pries Gott und folgte ihm. Und das ganze Volk, das zugesehen hatte, gab Gott die Ehre.

99 Das Gleichnis vom anvertrauten Geld

Lk 19,11-27 ¹ *Er* fuhr ₍...₎ fort und erzählte ein Gleichnis; denn er war (schon) nahe bei Jerusalem und sie meinten, das Reich Gottes werde sogleich erscheinen.

² Er sagte: Ein Mann von edler Abkunft reiste in ein fernes Land, um die Königswürde zu erlangen und dann zurückzukehren.

³ Er rief zehn seiner Knechte zu sich und gab ihnen zehn Minen und sagte zu ihnen: Macht damit Geschäfte, bis ich zurückkomme!

⁴ Seine Mitbürger aber hassten ihn und schickten eine Gesandtschaft hinter ihm her und ließen sagen: Wir wollen nicht, dass dieser Mann unser König wird.

⁵ Nachdem er die Königswürde erlangt hatte, kehrte er zurück und ließ die Knechte rufen, denen er das Geld gegeben hatte, um zu erfahren, was ein jeder erhandelt hatte.

⁶ Der erste kam und sagte: Herr, deine Mine hat zehn Minen hinzuerworben.

⁷ Da sagte er zu ihm: Recht so, du guter Knecht! Weil du in Geringem treu gewesen bist, sollst du die Herrschaft über zehn Städte haben.

⁸ Der zweite kam und sagte: Herr, deine Mine hat fünf Minen eingetragen.
⁹ Auch zu diesem sagte er: Auch du sollst über fünf Städte gebieten.
¹⁰ Und ein anderer kam und sagte: Herr, da ist deine Mine, die ich in einem Schweißtuch verwahrt habe;
¹¹ denn ich hatte Angst vor dir, weil du ein harter Mann bist. Du nimmst, was du nicht angelegt, und erntest, was du nicht gesät hast.
¹² Da sagte er zu ihm: Aus deinem Mund richte ich dich, du schlechter Knecht! Du wusstest, dass ich ein harter Mann bin, dass ich nehme, was ich nicht angelegt, und ernte, was ich nicht gesät habe?
¹³ Warum hast du mein Geld nicht auf die Bank gegeben? Dann hätte ich es bei meiner Rückkehr mit Zinsen abheben können.
¹⁴ Und zu den Umstehenden sagte er: Nehmt ihm die Mine und gebt sie dem, der die zehn Minen hat!
¹⁵ Sie sagten zu ihm: Herr, er hat doch schon zehn Minen!
¹⁶ Ich sage euch: Jedem, der hat, wird gegeben werden; wer aber nicht hat, dem wird auch das, was er hat, genommen.
¹⁷ Diese meine Feinde aber, die nicht wollten, dass ich ihr König werde – bringt sie her und macht sie vor meinen Augen nieder!

100 Jesus vertreibt die Händler aus dem Tempel

¹ *Danach zog er mit seiner Mutter, seinen Brüdern und seinen Jüngern nach Kafarnaum hinab. Dort blieben sie nur wenige Tage.* — Joh 2,12-13
² *Das Paschafest der Juden war nahe, und Jesus zog nach Jerusalem hinauf.* ⁽⁴²⁾
³ Jesus ging in den Tempel (...) — Mt 21,12
⁴ *Dort fand er die Verkäufer von Rindern und Schafen und Tauben und die Geldwechsler sitzen.* — Joh 2,14
⁵ ⁽⁴³⁾Da machte er eine Geißel aus Stricken und jagte sie alle zum Tempel hinaus samt den Schafen und Rindern, schüttete die Münzen der Geldwechsler aus und stieß ihre Tische (...)

⁽⁴²⁾ EE 41,1–2 nicht bei Preuschens Tatianübersetzung; aus Gründen der Harmonisierung ergänzt.
⁽⁴³⁾ Hier ergänzte Preuschens Tatianübersetzung: „Und als er die Verkäufer und Käufer sah ..."

Mt 21,12-13 ⁶ ₍…₎ und die Sitze der Taubenverkäufer um
⁷ und sagte zu ihnen: Es steht geschrieben: Mein Haus soll ein Haus des Gebetes genannt werden. Ihr aber macht es zu einer Räuberhöhle.

Joh 2,16 ⁸ Zu den Taubenhändlern sagte er: Schafft das fort und macht aus dem Haus meines Vaters kein Kaufhaus!

Mk 11,16 ⁹ und duldete nicht, dass jemand irgendetwas durch den Tempel (bezirk) trug.

Joh 2,17-22 ¹⁰ Seine Jünger erinnerten sich an das Schriftwort: Der Eifer für dein Haus wird mich verzehren.
¹¹ Da wandten sich die Juden an ihn und sagten: Was für ein Zeichen zeigst du uns als Beweis, dass du dies tun darfst?
¹² Jesus antwortete ihnen: Reißt diesen Tempel nieder und in drei Tagen werde ich ihn wieder aufrichten.
¹³ Da sagten die Juden: Sechsundvierzig Jahre wurde an diesem Tempel gebaut und du willst ihn in drei Tagen wieder aufrichten?
¹⁴ Er aber redete von dem Tempel seines Leibes.⁽⁴⁴⁾
¹⁵ Als er dann von den Toten auferstanden war, erinnerten sich die Jünger, dass er dies gesagt hatte, und sie glaubten der Schrift und dem Wort, das Jesus gesprochen hatte.

Mk 12,41-42 ¹⁶ Er setzte sich der Schatzkammer gegenüber und sah zu, wie die Leute Geld in die Schatzkammer warfen. Viele Reiche warfen viel hinein.
¹⁷ Da kam eine arme Witwe und warf zwei Lepta hinein, das ist ein Quadrans.

Lk 21,3 ¹⁸ Da sagte er: Wahrhaftig, ich sage euch: Diese arme Witwe hat mehr hineingeworfen als alle.

Mk 12,44 ¹⁹ Denn alle haben nur von ihrem Überfluss gegeben; sie aber hat in ihrer Armut alles eingeworfen, was sie zum Leben hatte.

101 Der Pharisäer und der Zöllner

Lk 18,9-14 ¹ Einigen, die sich selbstsicher für gerecht hielten und die Übrigen verachteten, erzählte er dieses Gleichnis:
² Zwei Menschen gingen hinauf in den Tempel, um zu beten: Der eine war ein Pharisäer und der andere ein Zöllner.

⁽⁴⁴⁾ Hier ergänzte Preuschens Tatianübersetzung: „daß, wenn sie diesen zerstörten, er ihn aufrichten werde in drei Tagen."

³ Der Pharisäer stellte sich auf und betete leise so: Gott, ich danke dir, dass ich nicht bin wie die übrigen Menschen: Räuber, Ungerechte, Ehebrecher, auch nicht wie dieser Zöllner da.
⁴ Ich faste zweimal in der Woche und ich gebe den Zehnten von allen meinen Einkünften.
⁵ Der Zöllner aber stand weit entfernt und wollte nicht einmal die Augen zum Himmel erheben, sondern schlug an seine Brust und betete: Gott, sei mir Sünder gnädig!
⁶ Ich sage euch: Dieser ging gerechtfertigt nach Hause, im Gegensatz zu jenem. Denn jeder, der sich selbst erhöht, wird erniedrigt, wer sich selbst aber erniedrigt, wird erhöht werden.
⁷ Als es Abend wurde, (...) Mk 11,19
⁸ (...) ließ *er* sie stehen, ging aus der Stadt hinaus nach Betanien Mt 21,17
und übernachtete dort.
⁹ Als aber die Volksscharen das merkten, folgten sie ihm. Er nahm Lk 9,11
sie auf (...) und die der Heilung bedurften, machte er gesund.

102 Der fruchtlose Feigenbaum

¹ Als sie tags darauf von Betanien weggegangen waren, hatte er Mk 11,12-15
Hunger.
² Da sah er von Weitem einen Feigenbaum mit Blättern und ging hin, ob er vielleicht etwas (Essbares) an ihm fände. Als er aber zu ihm kam, fand er nichts als Blätter; denn es war nicht die Zeit für Feigen.
³ Da sagte er zu ihm: In Ewigkeit soll niemand mehr eine Frucht von dir essen! Und seine Jünger hörten es.
⁴ Dann kamen sie nach Jerusalem. (...)

103 Jesus und Nikodemus

¹ Es war unter den Pharisäern ein Mann mit Namen Nikodemus, Joh 3,1-21
ein führender Mann unter den Juden.
² Er kam bei Nacht zu ihm und sagte zu ihm: Rabbi, wir wissen, dass du als Lehrer von Gott gekommen bist. Denn niemand kann diese Zeichen tun, die du tust, wenn nicht Gott mit ihm ist.
³ Jesus antwortete ihm: Amen, amen, ich sage dir: Wer nicht von neuem geboren wird, kann das Reich Gottes nicht sehen.
⁴ Nikodemus sagte zu ihm: Wie kann ein Mensch geboren werden, wenn er ein Greis ist? Kann er etwa zum zweiten Mal in den Schoß seiner Mutter gehen und geboren werden?

⁵ Jesus antwortete: Amen, amen, ich sage dir: Wer nicht aus Wasser und Geist geboren wird, kann nicht in das Reich Gottes eingehen.
⁶ Was aus dem Fleisch geboren ist, ist Fleisch; was aus dem Geist geboren ist, ist Geist.
⁷ Wundere dich nicht darüber, dass ich zu dir sagte, ihr müsst von neuem geboren werden.
⁸ Der Wind weht, wo er will, und du hörst sein Brausen; aber du weißt nicht, woher er kommt noch wohin er geht. So verhält es sich mit jedem, der aus dem Geist geboren ist.
⁹ Nikodemus antwortete ihm: Wie kann das geschehen?
¹⁰ Jesus antwortete ihm: Du bist der Lehrer Israels und verstehst das nicht?
¹¹ Amen, amen, ich sage dir: Was wir wissen, davon reden wir, und was wir gesehen haben, das bezeugen wir. Ihr aber nehmt unser Zeugnis nicht an.
¹² Wenn ich zu euch von den irdischen Dingen gesprochen habe und ihr glaubt nicht, wie werdet ihr glauben, wenn ich zu euch von den himmlischen Dingen spreche?
¹³ Und doch ist niemand in den Himmel hinaufgestiegen außer dem, der vom Himmel herabgestiegen ist: der Menschensohn.
¹⁴ Und wie Mose die Schlange in der Wüste erhöht hat, so muss der Menschensohn erhöht werden,
¹⁵ damit jeder, der an ihn glaubt[45], das ewige Leben hat.
¹⁶ Denn so sehr hat Gott die Welt geliebt, dass er seinen einzigen Sohn hingab, damit jeder, der an ihn glaubt, nicht verloren geht, sondern das ewige Leben hat.
¹⁷ Denn Gott hat den Sohn nicht in die Welt gesandt, damit er die Welt richtet, sondern damit die Welt durch ihn gerettet wird.
¹⁸ Wer an ihn glaubt, wird nicht gerichtet; wer nicht glaubt, ist schon gerichtet, weil er an den Namen des einzigen Sohnes Gottes nicht geglaubt hat.
¹⁹ Darin aber besteht das Gericht, dass das Licht in die Welt gekommen ist und die Menschen die Finsternis mehr liebten als das Licht; denn ihre Taten waren böse.
²⁰ Denn jeder, der Böses tut, hasst das Licht und kommt nicht zum Licht, damit seine Taten nicht aufgedeckt werden.

---

[45] Hier ergänzte Preuschens Tatianübersetzung: „..., nicht verderbe, sondern ..."

²¹ Wer aber die Wahrheit tut, der kommt zum Licht, damit seine Taten offenbar werden; denn sie sind in Gott getan.

104 Regeln für die Jünger Jesu

¹ Als es Abend wurde, gingen sie stets aus der Stadt hinaus.   Mk 11,19-20
² Als sie am Morgen an dem Feigenbaum vorbeikamen, sahen sie, dass er bis zu den Wurzeln verdorrt war.
³ Als die Jünger das sahen, wunderten sie sich und fragten: Wie ist   Mt 21,20
der Feigenbaum so rasch verdorrt?
⁴ Da erinnerte sich Petrus und sagte zu Jesus: Meister, siehe, der   Mk 11,21-23
Feigenbaum, den du verflucht hast, ist verdorrt.
⁵ Jesus gab ihnen zur Antwort: Habt Glauben an Gott!
⁶ Amen, ich sage euch: Wer (...) in seinem Herzen nicht zweifelt, sondern glaubt, dass das geschieht, was er ausspricht, dem wird es zuteilwerden.
⁷ (...) Wenn ihr zu diesem Berg da sagt: Hebe dich weg und stürz   Mt 21,21-22
dich ins Meer!, so wird es geschehen.
⁸ Und alles, was ihr voll Glauben im Gebet erbittet, werdet ihr empfangen.
⁹ Die Apostel sagten zum Herrn: Stärke unseren Glauben!   Lk 17,5-10
¹⁰ Der Herr erwiderte: Wenn ihr Glauben hättet (so groß) wie ein Senfkorn, so würdet ihr zu dem Maulbeerbaum da sagen: Zieh deine Wurzeln heraus und verpflanz dich ins Meer! Und er würde euch gehorchen.
¹¹ Wer aber von euch, der einen Knecht beim Pflügen oder auf der Weide hat, wird zu ihm, wenn er vom Feld heimkommt, sagen: Komm gleich her und leg dich zu Tisch?
¹² Wird er nicht vielmehr zu ihm sagen: Richte mir etwas zu essen her, gürte dich und bediene mich, bis ich gegessen und getrunken habe. Nachher kannst auch du essen und trinken?
¹³ Dankt er etwa dem Knecht, weil er getan hat, was ihm aufgetragen war?
¹⁴ So sollt auch ihr, wenn ihr alles getan habt, was euch aufgetragen wurde, sagen: Unnütze Knechte sind wir; wir haben getan, was wir zu tun schuldig waren.
¹⁵ Darum sage ich euch: Alles, um was ihr betet und bittet – glaubt   Mk 11,24-26
nur, dass ihr es schon empfangen habt, und es wird euch zuteil.
¹⁶ Und wenn ihr beten wollt, so vergebt, wenn ihr etwas gegen jemand habt, damit auch euer Vater im Himmel euch euere Verfehlungen vergibt.

¹⁷ Wenn ihr aber nicht vergebt, dann wird euer Vater im Himmel auch euere Verfehlungen nicht vergeben.

105 Das Gleichnis von der Witwe und dem Richter

Lk 18,1-8 ¹ Er erzählte ihnen ein Gleichnis, um ihnen zu zeigen, dass sie allezeit beten und nicht müde werden sollten:
² In einer Stadt war ein Richter, der Gott nicht fürchtete und auf keinen Menschen Rücksicht nahm.
³ Auch eine Witwe war in jener Stadt, die immer wieder zu ihm kam und sagte: Schaff mir Recht gegen meinen Feind.
⁴ Eine Zeit lang wollte er nicht, dann aber sagte er sich: Wenn ich auch Gott nicht fürchte und auf keinen Menschen Rücksicht nehme,
⁵ so will ich doch dieser Witwe Recht schaffen, weil sie mir keine Ruhe lässt. Schließlich kommt sie noch und schlägt mir ins Gesicht.
⁶ Der Herr fügte hinzu: Hört, was der ungerechte Richter sagt.
⁷ Sollte Gott seinen Auserwählten, die Tag und Nacht zu ihm rufen, nicht Recht schaffen und sie lange warten lassen?
⁸ Ich sage euch: Unverzüglich wird er ihnen Recht schaffen. Doch wird der Menschensohn, wenn er kommt, auf der Erde Glauben finden?

106 Die Vollmachtsfrage und das Gleichnis von den ungleichen Söhnen

Mk 11,15 ¹ Dann kamen sie nach Jerusalem. (...)
Lk 20,1-2 ² Als er eines Tages im Tempel das Volk lehrte und das Evangelium verkündete, kamen die Hohepriester und Schriftgelehrten mit den Ältesten hinzu
³ und sagten zu ihm: Sage uns, mit welcher Vollmacht tust du dies oder wer es ist, der dir diese Vollmacht gegeben hat?
Mt 21,24-25 ⁴ Jesus antwortete ihnen: Auch ich will euch eine Frage vorlegen und wenn ihr sie mir beantwortet, dann werde auch ich euch sagen, mit welcher Vollmacht ich dies tue.
⁵ Woher war die Taufe des Johannes? Vom Himmel oder von Menschen? (...)
Mk 11,30 ⁶ (...) Antwortet mir!
Mt 21,25-26 ⁷ (...) Da überlegten sie miteinander: Sagen wir: Vom Himmel, so wird er uns erwidern: Warum habt ihr ihm dann nicht geglaubt?

⁸ Sagen wir aber: Von Menschen, ₍…₎
⁹ ₍…₎ so wird uns das ganze Volk steinigen; denn es ist überzeugt,   Lk 20, 6
dass Johannes ein Prophet war.
¹⁰ ₍…₎ Denn alle glaubten, dass Johannes wirklich ein Prophet war.   Mk 11, 32-33
¹¹ So antworteten sie Jesus: Wir wissen es nicht. Da erwiderte
ihnen Jesus: Dann sage auch ich euch nicht, mit welcher Vollmacht ich dies tue.
¹² Was meint ihr? Ein Mann hatte zwei Söhne. Er wandte sich an   Mt 21, 28-33
den ersten und sagte: Mein Kind, geh, arbeite heute im Weinberg!
¹³ Er antwortete: Ich will nicht. Später aber besann er sich und
ging doch.
¹⁴ Da wandte er sich an den zweiten und sprach ebenso. Der aber
antwortete: Ja, Herr!, ging aber nicht.
¹⁵ Wer von den beiden hat den Willen des Vaters getan? Sie sagten:
Der erste. Auch sagte Jesus zu ihnen: Amen, ich sage euch: Die
Zöllner und die Dirnen kommen eher in das Reich Gottes als ihr.
¹⁶ Denn Johannes ist zu euch gekommen mit dem Weg der
Gerechtigkeit und ihr habt ihm nicht geglaubt. Die Zöllner und
die Dirnen aber haben ihm geglaubt. Ihr habt es gesehen und habt
euch auch später nicht bekehrt und ihm nicht geglaubt.

107 Das Gleichnis von den bösen Winzern

¹ Hört, ein anderes Gleichnis: Es war ein Gutsherr, der pflanzte
einen Weinberg, machte einen Zaun darum, grub eine Kelter
darin und baute einen Turm ₍…₎,
² ₍…₎ verpachtete ihn an Winzer und reiste für lange Zeit in die   Lk 20, 9
Fremde.
³ ₍…₎ Als nun die Zeit der Ernte herankam, sandte er seine Knechte   Mt 21, 34-35
zu den Winzern, um seine Früchte in Empfang zu nehmen.
⁴ Die Winzer aber ergriffen seine Knechte, schlugen den einen ₍…₎
⁵ ₍…₎ und schickten ihn leer fort.   Mk 12, 3-5
⁶ Darauf sandte er einen anderen Knecht zu ihnen. Sie schlugen
ihm auf den Kopf und beschimpften ihn.
⁷ Da sandte er einen dritten und den töteten sie. ₍…₎
⁸ Die Winzer ₍…₎ ergriffen seine Knechte, schlugen den einen, töte-   Mt 21, 35-36
ten den anderen und steinigten den dritten.
⁹ Nochmals sandte er andere Knechte, mehr als zuvor, aber mit
ihnen machten sie es ebenso.

Lk 20,13	¹⁰ Da sagte der Herr des Weinbergs: Was soll ich tun? Ich will meinen geliebten Sohn senden; vor ihm werden sie wohl Achtung haben.
Mk 12,6	¹¹ ₍…₎ Ihn sandte er als Letzten zu ihnen ₍…₎.
Mt 21,38	¹² Als aber die Winzer den Sohn sahen, sagten sie zueinander: Das ist der Erbe; ₍…₎
Lk 20,14	¹³ ₍…₎ wir wollen ihn töten, damit das Erbe uns gehört.
Mt 21,39-42	¹⁴ Und sie ergriffen ihn, warfen ihn aus dem Weinberg hinaus und töteten ihn.

¹⁵ Wenn nun der Herr des Weinbergs kommt, was wird er mit jenen Winzern tun?

¹⁶ Sie sagten zu ihm: Er wird den Bösen ein böses Ende bereiten und den Weinberg an andere Winzer verpachten, die ihm die Früchte zur rechten Zeit abliefern.

¹⁷ Da sagte Jesus zu ihnen: Habt ihr nie in den Schriften gelesen: Der Stein, den die Bauleute verworfen haben, ₍…₎

Lk 20,17	¹⁸ ₍…₎ er ist zum Eckstein geworden?
Mt 21,42-46	¹⁹ ₍…₎ Durch den Herrn ist das geschehen und es ist ein Wunder in unseren Augen?

²⁰ Deshalb sage ich euch: Das Reich Gottes wird von euch genommen und einem Volk gegeben werden, das seine Früchte bringt.

²¹ Und wer auf diesen Stein fällt, wird zerschmettert werden; auf wen er aber fällt, den wird er zermalmen.

²² Als nun die Hohepriester und Pharisäer seine Gleichnisse hörten, erkannten sie, dass er von ihnen redete,

²³ und sie hätten ihn gern festgenommen; aber sie fürchteten die Volksscharen, die ihn für einen Propheten hielten.

108 Gebt dem Kaiser, was des Kaisers ist

Mt 22,15	¹ Darauf gingen die Pharisäer hin und beratschlagten, wie sie ihn in seinen Worten fangen könnten,
Lk 20,20	² ₍…₎ damit sie ihn der Obrigkeit und der Gewalt⁽⁴⁶⁾ des Statthalters übergeben könnten.
Mt 22,16-17	³ Sie schickten ihre Schüler mit den Anhängern des Herodes zu ihm. Sie sagten: Meister, wir wissen, dass du wahrhaftig bist und den Weg Gottes wahrheitsgemäß lehrst und nach niemandem fragst; denn du siehst nicht auf die Person der Menschen.

⁴ Sage uns nun: Was meinst du, ist es erlaubt, dem Kaiser Steuer zu zahlen, oder nicht?

⁽⁴⁶⁾ Hier ergänzte Preuschens Tatianübersetzung: „… des Richters und …"

⁵ ₍₎ Sollen wir sie zahlen oder nicht? Mk 12,15
⁶ Er aber durchschaute ihre Heuchelei und sagte zu ihnen: ₍₎
⁷ ₍₎ Was stellt ihr mir eine Falle, ihr Heuchler? Mt 22,18-21
⁸ Zeigt mir die Steuermünze! Da reichten sie ihm einen Denar.
⁹ Er fragte sie: Wessen Bild und Aufschrift ist dies?
¹⁰ Sie antworteten: Des Kaisers. Da sagte er zu ihnen: So gebt dem Kaiser, was des Kaisers ist, und Gott, was Gottes ist!
¹¹ Und es gelang ihnen nicht, ihn vor dem Volk bei einem Wort zu fangen. Verwundert über seine Antwort verstummten sie. Lk 20,26

109 Die Auferstehungsfrage und das Gleichnis von den sieben Brüdern

¹ An jenem Tag kamen zu ihm Sadduzäer, die behaupten, es gebe keine Auferstehung, und fragten ihn: Mt 22,23-25
² Meister, Mose hat gesagt: Wenn jemand ohne Kinder stirbt, dann soll sein Bruder dessen Frau heiraten und seinem Bruder Nachkommen verschaffen.
³ Nun waren bei uns sieben Brüder. ₍₎
⁴ ₍₎ Der erste nahm eine Frau und starb kinderlos. Lk 20,29
⁵ Da nahm sie der zweite und starb, ohne Kinder zu hinterlassen, und der dritte ebenso. Mk 12,21-22
⁶ Und alle sieben hinterließen keine Nachkommen. ₍₎
⁷ Zuletzt aber von allen starb die Frau. Mt 22,27-29
⁸ Welchem von den sieben wird sie nun bei der Auferstehung als Frau angehören? Alle haben sie ja gehabt.
⁹ Jesus antwortete: ₍₎
¹⁰ ₍₎ Irrt ihr nicht deshalb, weil ihr weder die Schriften kennt noch die Macht Gottes? Mk 12,24
¹¹ ₍₎ Die Söhne dieser Welt heiraten und werden verheiratet, Lk 20,34-36
¹² die aber gewürdigt sind, an jener Welt und der Auferstehung von den Toten teilzuhaben, heiraten nicht und werden nicht verheiratet. Sie können ja auch nicht mehr sterben;
¹³ denn sie sind Engeln gleich und Söhne Gottes, weil sie Söhne der Auferstehung sind.
¹⁴ Was aber die Auferstehung der Toten angeht: Habt ihr nicht gelesen, was euch von Gott gesagt ist? Mt 22,31
¹⁵ ₍₎ Habt ihr nicht im Buch Mose, in der Geschichte vom Dornbusch, gelesen, wie Gott zu ihm sprach: Ich bin der Gott Abrahams und der Gott Isaaks und der Gott Jakobs? Mk 12,26

Lk 20,38	¹⁶ Gott aber ist nicht ein Gott von Toten, sondern von Lebenden; denn für ihn sind alle lebendig.
Mk 12,27	¹⁷ ₍...₎ Ihr seid sehr im Irrtum.
Mt 22,33	¹⁸ Als die Volksscharen dies hörten, waren sie außer sich über seine Lehre.
Lk 20,39	¹⁹ Da sagten einige Schriftgelehrte: Meister, du hast gut gesprochen.

110 Das wichtigste Gebot

Mt 22,34-35	¹ Als die Pharisäer hörten, dass er die Sadduzäer zum Schweigen gebracht hatte, kamen sie zusammen, ² und einer von ihnen, ein Gesetzeslehrer, ₍...₎
Mk 12,28	³ ₍...₎ der sie miteinander disputieren gehört und erkannt hatte, wie treffend er ihnen antwortete, ₍...₎
Lk 10,25	⁴ ₍...₎ trat auf, um ihn auf die Probe zu stellen, und sagte: Meister, was muss ich tun, um das ewige Leben zu erlangen?
Mk 12,28-30	⁵ ₍...₎ Welches ist das erste Gebot von allen? ⁶ Jesus antwortete: Das erste ist: Höre, Israel, der Herr, unser Gott, ist der einzige Herr, ⁷ und du sollst den Herrn, deinen Gott, lieben mit deinem ganzen Herzen und mit deiner ganzen Seele ₍...₎
Mt 22,37-38	⁸ ₍...₎ und mit deiner ganzen Vernunft. ⁹ Das ist das wichtigste und erste Gebot.
Mk 12,31	¹⁰ Das zweite ist dies: Du sollst deinen Nächsten lieben wie dich selbst. Größer als diese ist kein anderes Gebot.
Mt 22,40	¹¹ An diesen beiden Geboten hängen das ganze Gesetz und die Propheten.
Mk 12,32-34	¹² Da sagte der Schriftgelehrte zu ihm: Trefflich, Meister, du hast ganz richtig gesagt: Er ist nur ein Einziger und es gibt keinen anderen außer ihm; ¹³ und ihn zu lieben aus ganzem Herzen, aus ganzem Denken und aus ganzer Kraft und den Nächsten zu lieben wie sich selbst, das ist weit mehr als alle Brandopfer und anderen Opfer. ¹⁴ Als Jesus ihn so verständig antworten hörte, sagte er zu ihm: Du bist nicht fern vom Reich Gottes. ₍...₎
Lk 10,28	¹⁵ ₍...₎ Du hast richtig geantwortet: Handle danach und du wirst leben.

111 Das Gleichnis vom barmherzigen Samariter

¹ Er aber wollte sich rechtfertigen und sagte zu Jesus: Und wer ist mein Nächster?   Lk 10,29-37
² Jesus erwiderte: Ein Mann ging von Jerusalem hinunter nach Jericho und fiel unter die Räuber. Sie plünderten ihn aus, schlugen ihn, machten sich davon und ließen ihn halb tot liegen.
³ Zufällig ging ein Priester denselben Weg hinunter. Er sah ihn und ging vorüber.
⁴ Ebenso kam ein Levit an der Stelle vorbei, sah ihn und ging vorüber.
⁵ Ein Samariter aber, der des Weges zog, kam in seine Nähe, sah ihn und wurde von Mitleid bewegt.
⁶ Er ging zu ihm hin, goss Öl und Wein auf seine Wunden und verband sie. Dann setzte er ihn auf sein eigenes Lasttier, brachte ihn in eine Herberge und trug Sorge für ihn.
⁷ Am nächsten Morgen zog er zwei Denare heraus, gab sie dem Wirt und sagte: Sorge für ihn und was du noch darüber aufwendest, werde ich dir erstatten, wenn ich wiederkomme.
⁸ Wer von diesen dreien hat sich deiner Meinung nach als der Nächste dessen erwiesen, der unter die Räuber gefallen war?
⁹ Er antwortete: Der, der Barmherzigkeit an ihm geübt hat. Da sagte Jesus zu ihm: Geh und handle genauso.

112 Die Rückkehr Jesu zum Vater

¹ (...) Und niemand wagte mehr, ihm eine Frage vorzulegen.   Mk 12,34
² Er lehrte täglich im Tempel. Die Hohepriester, die Schriftgelehrten und die Vornehmen des Volkes aber suchten ihn umzubringen,   Lk 19,47-48
³ wussten jedoch nicht, wie sie es zuwege bringen sollten; denn das ganze Volk hing an ihm und hörte auf ihn.
⁴ Aus der Menge glaubten viele an ihn und sagten: Wird der Messias, wenn er kommt, mehr Zeichen tun, als dieser getan hat?   Joh 7,31-36
⁵ Die Pharisäer hörten, was das Volk heimlich über ihn redete. Da schickten die Hohepriester und Pharisäer Diener aus, um ihn festzunehmen.
⁶ Da sagte Jesus: Nur noch kurze Zeit bin ich unter euch. Dann gehe ich zu dem, der mich gesandt hat.
⁷ Ihr werdet mich suchen und nicht finden; und wo ich bin, dahin könnt ihr nicht kommen.

⁸ Da sagten die Juden zueinander: Wohin will er gehen, dass wir ihn nicht finden können? Will er vielleicht in die griechische Diaspora gehen und die Griechen lehren?
⁹ Was soll das bedeuten, dass er gesagt hat: Ihr werdet mich suchen und nicht finden, und wo ich bin, dahin könnt ihr nicht kommen?

113 Der Streit um Jesus im Hohen Rat

Joh 7,37–52

¹ Am letzten, dem großen Tag des Festes stellte sich Jesus hin und rief: Wer Durst hat, komme zu mir, und es trinke,
² wer an mich glaubt; wie die Schrift sagt: Ströme lebendigen Wassers werden aus seinem Inneren fließen.
³ Das sagte er von dem Geist, den die empfangen sollten, die an ihn glauben. Denn der Geist war noch nicht da, weil Jesus noch nicht verherrlicht war.
⁴ Einige aus der Menge sagten, als sie diese Worte gehört hatten: Er ist wahrhaftig der Prophet.
⁵ Andere sagten: Er ist der Messias. Wieder andere sagten: Kommt denn der Messias aus Galiläa?
⁶ Sagt nicht die Schrift, dass der Messias aus dem Geschlecht Davids und aus dem Dorf Betlehem kommt?
⁷ So entstand seinetwegen eine Spaltung in der Menge.
⁸ Einige von ihnen wollten ihn festnehmen, aber niemand legte Hand an ihn.
⁹ Als die Diener zu den Hohepriestern und Pharisäern zurückkamen, fragten diese: Warum habt ihr ihn nicht mitgebracht?
¹⁰ Die Diener antworteten: Noch nie hat ein Mensch so gesprochen.
¹¹ Darauf entgegneten ihnen die Pharisäer: Habt etwa auch ihr euch verführen lassen?
¹² Ist denn einer von den Mitgliedern des Hohen Rates zum Glauben an ihn gekommen oder von den Pharisäern?
¹³ Aber dieses Volk, das das Gesetz nicht kennt – verflucht ist es!
¹⁴ Nikodemus, der früher einmal zu ihm gekommen war, einer aus ihrem Kreis, sagte zu ihnen:
¹⁵ Verurteilt etwa unser Gesetz einen Menschen, ohne dass man ihn zuvor angehört und festgestellt hat, was er tut?
¹⁶ Sie antworteten ihm: Bist du vielleicht auch aus Galiläa? Forsche nach und du wirst sehen, dass aus Galiläa kein Prophet kommen kann!

¹⁷ Da die Pharisäer versammelt waren, fragte sie Jesus: Mt 22, 41-46
¹⁸ Was denkt ihr über den Messias? Wessen Sohn ist er? Sie antworteten ihm: Davids.
¹⁹ Er sagte zu ihnen: Wie kann ihn dann David, geisterfüllt, Herr nennen? Denn er sagt:
²⁰ Der Herr sprach zu meinem Herrn: Setze dich zu meiner Rechten und ich lege dir deine Feinde unter deine Füße.
²¹ Wenn ihn also David Herr nennt, wie kann er dann sein Sohn sein?
²² Niemand konnte ihm ein Wort erwidern, auch wagte von diesem Tag an niemand mehr, ihm eine Frage zu stellen.

114 Die Ehebrecherin

¹ *Dann gingen alle nach Hause.*   Joh 7, 53
² *Jesus aber ging zum Ölberg.*   Joh 8, 1-11
³ *In der Frühe erschien er wieder im Tempel und alles Volk kam zu ihm. Er setzte sich und lehrte sie.*
⁴ *Da brachten die Schriftgelehrten und die Pharisäer eine Frau herbei, die beim Ehebruch ertappt worden war, stellten sie in die Mitte*
⁵ *und sagten zu ihm: Meister, diese Frau ist auf frischer Tat beim Ehebruch ertappt worden.*
⁶ *Mose hat uns im Gesetz vorgeschrieben, solche Frauen zu steinigen. Was sagst du dazu?*
⁷ *Das sagten sie, um ihn auf die Probe zu stellen, damit sie eine Anklage gegen ihn hätten. Jesus aber bückte sich und schrieb mit dem Finger auf die Erde.*
⁸ *Als sie jedoch hartnäckig weiterfragten, richtete er sich auf und sagte zu ihnen: Wer von euch ohne Sünde ist, werfe als Erster einen Stein auf sie.*
⁹ *Dann bückte er sich wieder und schrieb auf die Erde.*
¹⁰ *Als sie das gehört hatten, gingen sie weg, einer nach dem anderen, von den Ältesten angefangen. Er blieb allein zurück mit der Frau, die in der Mitte stand.*
¹¹ *Da richtete sich Jesus auf und sagte zu ihr: Frau, wo sind sie? Hat keiner dich verurteilt?*
¹² *Sie aber antwortete: Keiner, Herr! Da sagte Jesus zu ihr: Auch ich verurteile dich nicht. Geh und sündige von jetzt an nicht mehr!*⁽⁴⁷⁾

⁽⁴⁷⁾ EE 44, 23–34 nicht bei Tatian. Die sog. Perikope Adulterae fehlte bereits in der Urfassung des Johannesevangeliums. Sie wurde nach heutigem Kenntnisstand erst deutlich später eingefügt. Insoweit konnte Tatian diese Perikope

115 Jesus lehrt im Tempel

Joh 8,12-59

¹ Wiederum redete Jesus zu ihnen und sagte: Ich bin das Licht der Welt. Wer mir folgt, wird gewiss nicht in der Finsternis umhergehen, sondern das Licht des Lebens haben.
² Da sagten die Pharisäer zu ihm: Du legst über dich selbst Zeugnis ab; dein Zeugnis ist nicht gültig.
³ Jesus antwortete ihnen: Auch wenn ich über mich selbst Zeugnis ablege, ist mein Zeugnis gültig, weil ich weiß, woher ich gekommen bin und wohin ich gehe. Ihr aber wisst nicht, woher ich komme und wohin ich gehe.
⁴ Ihr urteilt nach dem äußeren Eindruck, ich urteile über niemand.
⁵ Und wenn ich urteile, ist mein Urteil wahrheitsgemäß. Denn ich urteile nicht allein, sondern ich und der Vater, der mich gesandt hat.
⁶ Auch in euerem Gesetz heißt es, dass das Zeugnis zweier Menschen gültig ist.
⁷ Ich lege Zeugnis über mich ab und auch der Vater, der mich gesandt hat, legt Zeugnis über mich ab.
⁸ Da sagten sie zu ihm: Wo ist denn dein Vater? Jesus antwortete: Ihr kennt weder mich noch meinen Vater. Würdet ihr mich kennen, würdet ihr auch meinen Vater kennen.
⁹ Diese Worte sagte er, als er bei der Schatzkammer im Tempel lehrte. Aber niemand legte Hand an ihn, weil seine Stunde noch nicht gekommen war.
¹⁰ Wiederum sagte er zu ihnen: Ich gehe fort und ihr werdet mich suchen. Und ihr werdet in euerer Sünde sterben. Wohin ich gehe, dorthin könnt ihr nicht kommen.
¹¹ Darauf sagten die Juden: Will er sich etwa selbst töten, dass er sagt: Wohin ich gehe, dorthin könnt ihr nicht kommen?
¹² Er sagte zu ihnen: Ihr seid von unten, ich bin von oben. Ihr seid aus dieser Welt, ich bin nicht aus dieser Welt.
¹³ Darum habe ich euch gesagt, dass ihr in eueren Sünden sterben werdet. Denn wenn ihr nicht glaubt, dass ich es bin, werdet ihr in eueren Sünden sterben.
¹⁴ Da fragten sie ihn: Wer bist du denn? Jesus antwortete ihnen: Wozu rede ich überhaupt noch mit euch?

gar nicht kennen. Aus Gründen der Harmonisierung wurde sie hier im Fließtext wieder eingefügt. Weitere Einzelheiten dazu, s. u. Anhang I.6. Die Methode Tatians (S. 231).

¹⁵ Vieles hätte ich in Bezug auf euch zu reden und zu richten. Aber er, der mich gesandt hat, ist wahrhaftig und was ich von ihm gehört habe, das rede ich zur Welt.
¹⁶ Sie verstanden nicht, dass er zu ihnen vom Vater redete.
¹⁷ Da sagte Jesus: Wenn ihr den Menschensohn erhöht habt, dann werdet ihr erkennen, dass ich es bin und dass ich nichts aus eigener Machtvollkommenheit tue, sondern so rede, wie mich der Vater gelehrt hat.
¹⁸ Und der, der mich gesandt hat, ist bei mir. Er hat mich nicht alleingelassen, weil ich allezeit das tue, was ihm gefällt.
¹⁹ Als er das sagte, kamen viele zum Glauben an ihn.
²⁰ Da sagte Jesus zu den Juden, die zum Glauben an ihn gekommen waren: Wenn ihr in meinem Wort bleibt, seid ihr wirklich meine Jünger.
²¹ Dann werdet ihr die Wahrheit erkennen und die Wahrheit wird euch frei machen.
²² Sie antworteten ihm: Wir sind Nachkommen Abrahams und haben nie jemals irgendjemand als Sklaven gedient. Wie kannst du behaupten: Ihr werdet frei werden?
²³ Jesus erwiderte ihnen: Amen, amen, ich sage euch: Jeder, der Sünde tut, ist Sklave der Sünde.
²⁴ Der Sklave aber bleibt nicht für immer im Haus. Der Sohn bleibt für immer.
²⁵ Wenn euch also der Sohn frei macht, seid ihr wirklich frei.
²⁶ Ich weiß, dass ihr Nachkommen Abrahams seid. Aber ihr wollt mich töten, weil mein Wort in euch keinen Raum findet.
²⁷ Was ich bei meinem Vater gesehen habe, das sage ich, und auch ihr tut, was ihr bei euerem Vater gehört habt.
²⁸ Sie antworteten ihm: Unser Vater ist Abraham. Jesus sagte zu ihnen: Wenn ihr Kinder Abrahams wärt, würdet ihr die Werke Abrahams tun.
²⁹ Jetzt aber wollt ihr mich töten, einen Menschen, der euch die Wahrheit verkündet hat, die ich von Gott gehört habe. Das hat Abraham nicht getan.
³⁰ Ihr tut die Werke eueres Vaters. Sie sagten zu ihm: Wir sind nicht aus einem Ehebruch hervorgegangen, wir haben nur einen Vater: Gott.
³¹ Jesus sagte zu ihnen: Wenn Gott euer Vater wäre, würdet ihr mich lieben; denn ich bin von Gott ausgegangen und gekommen.

Ich bin nicht aus eigener Vollmacht gekommen, sondern er hat mich gesandt.

³² Warum versteht ihr meine Rede nicht? Weil ihr nicht fähig seid, mein Wort zu hören.

³³ Ihr habt den Teufel zum Vater und wollt die Begierden eueres Vaters erfüllen. Er war ein Menschenmörder von Anfang an und steht nicht in der Wahrheit, weil keine Wahrheit in ihm ist. Wenn er lügt, dann redet er aus seinem eigensten Wesen, weil er ein Lügner ist und der Vater der Lüge.

³⁴ Weil ich aber die Wahrheit sage, glaubt ihr mir nicht.

³⁵ Wer von euch kann mich einer Sünde überführen? Wenn ich die Wahrheit sage, warum glaubt ihr mir nicht?

³⁶ Wer aus Gott ist, hört die Worte Gottes. Ihr hört sie deshalb nicht, weil ihr nicht aus Gott seid.

³⁷ Die Juden antworteten ihm: Sagen wir nicht mit Recht, dass du ein Samariter und von einem Dämon besessen bist?

³⁸ Jesus antwortete: Ich bin von keinem Dämon besessen, sondern ich ehre meinen Vater, ihr aber entehrt mich.

³⁹ Ich suche nicht meine Ehre; es ist einer da, der sich darum kümmert und der richtet.

⁴⁰ Amen, amen, ich sage euch: Wer mein Wort bewahrt, wird ganz gewiss den Tod in Ewigkeit nicht sehen.

⁴¹ Da sagten die Juden zu ihm: Jetzt wissen wir, dass du von einem Dämon besessen bist. Abraham ist gestorben und die Propheten, aber du sagst: Wer mein Wort bewahrt, wird den Tod ganz gewiss in Ewigkeit nicht erleiden.

⁴² Bist du etwa größer als unser Vater Abraham, der gestorben ist? Auch die Propheten sind gestorben. Für wen hältst du dich?

⁴³ Jesus antwortete: Wollte ich mich selbst ehren, wäre meine Ehre nichts. Mein Vater ist es, der mich ehrt, er, von dem ihr sagt: Er ist unser Gott.

⁴⁴ Doch ihr habt ihn nicht erkannt. Ich aber kenne ihn. Und wenn ich sagen würde: Ich kenne ihn nicht, so wäre ich ein Lügner wie ihr. Aber ich kenne ihn und bewahre sein Wort.

⁴⁵ Abraham, euer Vater, jubelte, dass er meinen Tag sehen sollte. Er hat ihn gesehen und sich gefreut.

⁴⁶ Da sagten die Juden zu ihm: Du bist noch keine fünfzig Jahre alt und hast Abraham gesehen?

⁴⁷ Jesus antwortete ihnen: Amen, amen, ich sage euch: Ehe Abraham wurde, bin ich.

⁴⁸ Da hoben sie Steine auf, um sie auf ihn zu werfen. Jesus aber verbarg sich und verließ den Tempel.⁽⁴⁸⁾

116 Die Heilung eines Blindgeborenen

¹ Im Vorübergehen sah er einen Mann, der von Geburt an blind war.   Joh 9,1–38
² Seine Jünger fragten ihn: Rabbi, wer hat gesündigt, er selbst oder seine Eltern, dass er blind geboren wurde?
³ Jesus antwortete: Weder er noch seine Eltern haben gesündigt, sondern das Wirken Gottes soll an ihm offenbar werden.
⁴ Wir müssen die Werke dessen vollbringen, der mich gesandt hat, solange es Tag ist. Es kommt die Nacht, in der niemand mehr etwas tun kann.
⁵ Solange ich in der Welt bin, bin ich das Licht der Welt.
⁶ Nach diesen Worten spie er auf den Boden, machte einen Teig aus dem Speichel, strich ihm den Teig auf die Augen
⁷ und sagte zu ihm: Geh, wasche dich im Teich Schiloach!, das heißt übersetzt: Gesandter. Da ging er fort, wusch sich und kam sehend zurück.
⁸ Die Nachbarn und die Leute, die ihn früher als Bettler gesehen hatten, sagten: Ist das nicht der Mann, der dasaß und bettelte?
⁹ Die einen sagten: Ja, er ist es. Andere sagten: Nein, er sieht ihm nur ähnlich. Er selbst aber sagte: Ich bin es.
¹⁰ Da fragten sie ihn: Wie sind denn deine Augen geöffnet worden?
¹¹ Er antwortete: Der Mann, der Jesus heißt, hat einen Teig gemacht, meine Augen damit bestrichen und zu mir gesagt: Geh zum Schiloach und wasche dich! Ich bin also hingegangen, habe mich gewaschen und konnte sehen.
¹² Da fragten sie ihn: Wo ist er denn? Er sagte: Ich weiß es nicht.
¹³ Da brachten sie den ehemals Blinden zu den Pharisäern.
¹⁴ Es war aber Sabbat an dem Tag, an dem Jesus den Teig gemacht und ihm die Augen geöffnet hatte.
¹⁵ Auch die Pharisäer fragten ihn, wie er sehend geworden sei. Er sagte zu ihnen: Er hat einen Teig auf meine Augen gelegt, dann habe ich mich gewaschen und nun sehe ich.
¹⁶ Da meinten einige der Pharisäer: Dieser Mensch ist nicht von Gott, weil er den Sabbat nicht hält. Andere aber sagten: Wie kann

---

⁽⁴⁸⁾ Hier ergänzte Preuschens Tatianübersetzung: „Und er ging zwischen ihnen vorüber und ging weg."

ein sündiger Mensch solche Zeichen wirken? So war Zwiespalt unter ihnen.
¹⁷ Da fragten sie den Blinden noch einmal: Was hältst du von ihm, da er dir doch die Augen geöffnet hat? Er antwortete: Er ist ein Prophet.
¹⁸ Die Juden aber wollten ihm nicht glauben, dass er blind gewesen und sehend geworden ist, bis sie die Eltern des Sehendgewordenen herbeiriefen
¹⁹ und sie fragten: Ist das euer Sohn, von dem ihr sagt, dass er blind geboren wurde? Wie kommt es, dass er jetzt sehen kann?
²⁰ Da antworteten seine Eltern: Wir wissen, dass dies unser Sohn ist und dass er blind geboren wurde.
²¹ Wie es aber kommt, dass er jetzt sieht, wissen wir nicht. Und wer ihm die Augen geöffnet hat, wissen wir auch nicht. Fragt ihn selbst, er ist alt genug. Er kann selbst über sich Auskunft geben.
²² Das sagten seine Eltern, weil sie die Juden fürchteten. Denn die Juden waren bereits übereingekommen, dass jeder, der ihn als Messias anerkennen würde, aus der Synagoge ausgestoßen werden sollte.
²³ Deshalb sagten seine Eltern: Er ist alt genug, fragt ihn selbst.
²⁴ Da riefen sie den Mann, der blind gewesen war, zum zweiten Mal und sagten zu ihm: Gib Gott die Ehre! Wir wissen, dass dieser Mensch ein Sünder ist.
²⁵ Da antwortete er: Ob er ein Sünder ist, weiß ich nicht. Das eine weiß ich, dass ich blind war und jetzt sehen kann.
²⁶ Da fragten sie ihn: Was hat er mit dir gemacht? Wie hat er deine Augen geöffnet?
²⁷ Er antwortete ihnen: Ich habe es euch schon gesagt, aber ihr habt nicht zugehört. Warum wollt ihr es noch einmal hören? Wollt etwa auch ihr seine Jünger werden?
²⁸ Da beschimpften sie ihn und sagten: Du bist ein Jünger von ihm; wir aber sind Jünger des Mose.
²⁹ Wir wissen, dass Gott zu Mose gesprochen hat. Woher aber dieser kommt, wissen wir nicht.
³⁰ Der Mann antwortete ihnen: Darin liegt ja das Erstaunliche, dass ihr nicht wisst, woher er kommt; und doch hat er mir die Augen geöffnet.
³¹ Wir wissen, dass Gott keine Sünder erhört. Aber wer gottesfürchtig ist und seinen Willen erfüllt, den erhört er.

³² Von Ewigkeit her hat man nicht gehört, dass jemand einem Blindgeborenen die Augen geöffnet hat.
³³ Wenn dieser Mensch nicht von Gott käme, könnte er nichts tun.
³⁴ Sie antworteten ihm: Du bist ganz und gar in Sünden geboren und du willst uns belehren? Und sie stießen ihn hinaus.
³⁵ Jesus hörte, dass sie ihn hinausgestoßen hatten, und sagte, als er ihm begegnete: Glaubst du an den Menschensohn?
³⁶ Er antwortete: Und wer ist es, Herr?, damit ich an ihn glaube!
³⁷ Jesus sagte zu ihm: Du hast ihn gesehen. Der gerade mit dir redet, der ist es.
³⁸ Da sagte er: Ich glaube, Herr! Und er fiel vor ihm nieder.

117 Der gute Hirte

¹ Jesus sagte: Zum Gericht bin ich in diese Welt gekommen, damit die Blinden sehend und die Sehenden blind werden. — Joh 9,39–41
² Das hörten einige der Pharisäer, die bei ihm standen, und fragten ihn: Sind etwa auch wir blind?
³ Jesus antwortete: Wenn ihr blind wärt, so hättet ihr keine Sünde. Jetzt aber behauptet ihr: Wir sehen. Euere Sünde bleibt also bestehen.
⁴ Amen, amen, ich sage euch: Wer nicht durch die Tür in den Schafstall hineingeht, sondern anderswo einsteigt, der ist ein Dieb und ein Räuber. — Joh 10,1–39
⁵ Wer aber durch die Tür hineingeht, der ist der Hirt der Schafe.
⁶ Ihm öffnet der Türhüter und die Schafe hören auf seine Stimme. Er ruft seine Schafe beim Namen und führt sie hinaus.
⁷ Wenn er alle seine Schafe hinausgelassen hat, geht er vor ihnen her, und die Schafe folgen ihm, weil sie seine Stimme kennen.
⁸ Einem Fremden aber werden sie nicht folgen, sondern vor ihm fliehen, weil sie die Stimme des Fremden nicht kennen.
⁹ Dieses Gleichnis erzählte ihnen Jesus, aber sie verstanden nicht, was er ihnen damit sagen wollte.
¹⁰ Da sagte Jesus weiter: Amen, amen, ich sage euch: Ich bin die Tür zu den Schafen.
¹¹ Alle, die vor mir gekommen sind, sind Diebe und Räuber. Aber die Schafe haben nicht auf sie gehört.
¹² Ich bin die Tür. Wer durch mich hineingeht, wird gerettet werden; er wird ein- und ausgehen und Weide finden.

¹³ Der Dieb kommt nur, um zu stehlen, zu schlachten und zu verderben. Ich bin gekommen, damit sie Leben haben und es in Fülle haben.
¹⁴ Ich bin der gute Hirt. Der gute Hirt gibt sein Leben für die Schafe.
¹⁵ Der Lohnknecht aber, der nicht Hirt ist und dem die Schafe nicht gehören, lässt, wenn er den Wolf kommen sieht, die Schafe im Stich und flieht – und der Wolf raubt und versprengt sie.
¹⁶ Denn er ist ein Lohnknecht und an den Schafen liegt ihm nichts.
¹⁷ Ich bin der gute Hirt und kenne die Meinen, und die Meinen kennen mich,
¹⁸ wie mich der Vater kennt und ich den Vater kenne; ich gebe mein Leben hin für die Schafe.
¹⁹ Ich habe noch andere Schafe, die nicht aus diesem Stall sind. Auch sie muss ich führen, sie werden auf meine Stimme hören und es wird eine Herde geben und einen Hirten.
²⁰ Deshalb liebt mich der Vater, weil ich mein Leben hingebe, um es wieder zu nehmen.
²¹ Niemand nimmt es mir, sondern ich gebe es freiwillig hin. Ich habe Vollmacht, es hinzugeben, und ich habe Vollmacht, es wieder zu nehmen. Diesen Auftrag habe ich von meinem Vater empfangen.
²² Wegen dieser Rede entstand erneut Zwiespalt unter den Juden.
²³ Viele von ihnen sagten: Er ist von einem Dämon besessen und ist wahnsinnig. Was hört ihr ihn an?
²⁴ Andere sagten: Das sind nicht Worte eines Besessenen. Kann etwa ein Dämon Blinden die Augen öffnen?
²⁵ Damals fand das Tempelweihfest in Jerusalem statt. Es war Winter
²⁶ und Jesus ging im Tempel in der Halle Salomos auf und ab.
²⁷ Da umringten ihn die Juden und fragten ihn: Wie lange noch hältst du uns in Spannung? Wenn du der Messias bist, so sag es uns offen!
²⁸ Jesus antwortete ihnen: Ich habe es euch schon gesagt. Aber ihr glaubt nicht. Die Werke, die ich im Namen meines Vaters vollbringe, legen Zeugnis für mich ab.
²⁹ Aber ihr glaubt nicht, weil ihr nicht zu meinen Schafen gehört.
³⁰ Meine Schafe hören meine Stimme und ich kenne sie und sie folgen mir. Ich gebe ihnen ewiges Leben.

³¹ Sie werden in Ewigkeit nicht verloren gehen, und niemand wird sie meiner Hand entreißen.
³² Mein Vater, der sie mir gegeben hat, ist größer als alle und niemand kann sie der Hand des Vaters entreißen.
³³ Ich und der Vater sind eins.
³⁴ Da hoben die Juden wiederum Steine auf, um ihn zu steinigen.
³⁵ Jesus antwortete ihnen: Viele gute Werke habe ich euch gezeigt, die der Vater durch mich vollbringt. Für welches dieser Werke wollt ihr mich steinigen?
³⁶ Die Juden antworteten ihm: Nicht wegen eines guten Werkes wollen wir dich steinigen, sondern wegen Lästerung: weil du, der du ein Mensch bist, dich zu Gott machst.
³⁷ Jesus antwortete ihnen: Steht nicht in euerem Gesetz geschrieben: Ich habe gesagt: Götter seid ihr?
³⁸ Wenn er jene, an die das Wort Gottes ergangen ist, Götter genannt hat und die Schrift doch nicht ihre Geltung verlieren kann,
³⁹ wollt ihr dann zu dem, den der Vater geheiligt und in die Welt gesandt hat, sagen: Du lästerst – weil ich gesagt habe: Ich bin Gottes Sohn?
⁴⁰ Wenn ich nicht die Werke meines Vaters vollbringe, dann braucht ihr mir nicht zu glauben.
⁴¹ Wenn ich sie aber vollbringe, dann glaubt – wenn ihr mir nicht glauben wollt – den Werken, damit ihr erkennt und einseht, dass in mir der Vater ist und ich im Vater bin.
⁴² Da wollten sie ihn wieder festnehmen; aber er entkam ihrer Hand.

118 Lazarus von Betanien

¹ Dann ging er wieder auf die andere Jordanseite an den Ort, wo Johannes zuerst getauft hatte, und blieb dort.   Joh 10,40-42
² Viele kamen zu ihm und sagten: Johannes hat zwar kein einziges Zeichen getan; aber alles, was Johannes über diesen Mann gesagt hat, war wahr.
³ Und viele kamen dort zum Glauben an ihn.
⁴ Es war aber einer krank, Lazarus von Betanien[49], aus dem Dorf Marias und ihrer Schwester Marta.   Joh 11,1-53

---

[49] Lazarus aus Betanien hat nichts mit dem Lazarus aus dem Gleichnis EE 38,15ff. zu tun.

⁵ Maria war es, die den Herrn mit Balsam gesalbt und seine Füße mit ihren Haaren getrocknet hatte; deren Bruder Lazarus war krank.
⁶ Die Schwestern schickten also zu ihm und ließen sagen: Herr, der, den du lieb hast, ist krank.
⁷ Als Jesus das hörte, sagte er: Diese Krankheit führt nicht zum Tod, sondern dient der Verherrlichung Gottes. Durch sie soll der Sohn Gottes verherrlicht werden.
⁸ Denn Jesus liebte Marta, ihre Schwester und Lazarus.
⁹ Als er nun hörte, dass er krank war, blieb er noch zwei Tage an dem Ort, wo er war.
¹⁰ Dann erst sagte er zu den Jüngern: Wir wollen wieder nach Judäa gehen.
¹¹ Die Jünger sagten zu ihm: Rabbi, eben erst wollten dich die Juden steinigen und du gehst wieder dorthin?
¹² Jesus antwortete: Hat der Tag nicht zwölf Stunden? Wenn einer bei Tag umhergeht, stößt er sich nicht, weil er das Licht der Welt sieht.
¹³ Wenn aber einer bei Nacht umhergeht, stößt er sich, weil das Licht nicht bei ihm ist.
¹⁴ So sprach er. Dann sagte er zu ihnen: Unser Freund Lazarus schläft. Aber ich gehe hin, um ihn aufzuwecken.
¹⁵ Da sagten die Jünger zu ihm: Herr, wenn er schläft, wird er gesund werden.
¹⁶ Jesus hatte aber von seinem Tod gesprochen. Jene meinten jedoch, er spreche von der Ruhe des Schlafes.
¹⁷ Da erst sagte Jesus ihnen offen: Lazarus ist gestorben.
¹⁸ Und ich freue mich für euch, dass ich nicht dort war, damit ihr glauben lernt. Aber jetzt wollen wir zu ihm gehen.
¹⁹ Da sagte Thomas mit dem Beinamen Zwilling zu seinen Mitjüngern: Also, gehen auch wir hin, um mit ihm zu sterben.
²⁰ Bei seiner Ankunft fand ihn Jesus schon vier Tage begraben.
²¹ Betanien lag nahe bei Jerusalem, etwa fünfzehn Stadien entfernt.
²² Viele Juden waren zu Marta und Maria gekommen, um sie über ihren Bruder zu trösten.
²³ Als Marta hörte, dass Jesus komme, ging sie ihm entgegen. Maria aber blieb im Haus sitzen.
²⁴ Da sagte Marta zu Jesus: Wenn du hier gewesen wärst, wäre mein Bruder nicht gestorben.

²⁵ Aber auch jetzt weiß ich, dass dir Gott alles gewähren wird, worum du ihn bittest.
²⁶ Jesus sagte zu ihr: Dein Bruder wird auferstehen.
²⁷ Marta sagte zu ihm: Ich weiß, dass er auferstehen wird bei der Auferstehung am Jüngsten Tag.
²⁸ Jesus sagte zu ihr: Ich bin die Auferstehung und das Leben. Wer an mich glaubt, wird leben, auch wenn er stirbt.
²⁹ Und jeder, der lebt und an mich glaubt, wird in Ewigkeit nicht sterben. Glaubst du das?
³⁰ Sie sagte zu ihm: Ja, Herr, ich habe den Glauben, dass du der Messias bist, der Sohn Gottes, der in die Welt kommt.
³¹ Nach diesen Worten ging sie und rief ihre Schwester Maria, indem sie leise zu ihr sagte: Der Meister ist da und ruft dich.
³² Sobald jene das gehört hatte, stand sie rasch auf und ging zu ihm.
³³ Jesus aber war noch nicht in das Dorf gekommen, sondern befand sich noch an der Stelle, wo Marta ihn getroffen hatte.
³⁴ Als die Juden, die bei ihr im Haus waren und sie trösteten, Maria so rasch aufstehen und hinausgehen sahen, folgten sie ihr in der Meinung, sie gehe zum Grab, um dort zu weinen.
³⁵ Als nun Maria dorthin kam, wo Jesus war, und ihn sah, fiel sie ihm zu Füßen mit den Worten: Herr, wärst du hier gewesen, dann wäre mein Bruder nicht gestorben.
³⁶ Als Jesus sah, wie sie weinte und wie die zugleich mit ihr gekommenen Juden weinten, geriet er in zornige Erregung
³⁷ und sagte: Wo habt ihr ihn hingelegt? Sie antworteten ihm: Herr, komm und sieh!
³⁸ Da weinte Jesus.
³⁹ Die Juden sagten: Seht, wie lieb er ihn hatte! ⁴⁰ Einige aber sagten: Konnte er, der die Augen des Blinden geöffnet hat, nicht auch verhindern, dass dieser starb?
⁴¹ Jesus geriet erneut in Zorn und ging zum Grab. Es war eine Höhle und ein Stein lag davor.
⁴² Jesus sagte: Hebt den Stein weg! Marta, die Schwester des Verstorbenen, sagte zu ihm: Herr, er riecht schon; er ist schon vier Tage tot.
⁴³ Jesus erwiderte ihr: Habe ich dir nicht gesagt, dass du die Herrlichkeit Gottes sehen wirst, wenn du glaubst?
⁴⁴ Da nahmen sie den Stein weg, Jesus aber erhob seine Augen und betete: Vater, ich danke dir, dass du mich erhört hast.

⁴⁵ Ich wusste, dass du mich allezeit erhörst. Aber ich habe es wegen der dabeistehenden Menge gesagt, damit sie glauben, dass du mich gesandt hast.
⁴⁶ Nach diesen Worten rief er mit lauter Stimme: Lazarus, komm heraus!
⁴⁷ Da kam der Tote heraus, Füße und Hände mit Binden umwickelt, und sein Gesicht war mit einem Schweißtuch verhüllt. Jesus sagte zu ihnen: Macht ihn frei und lasst ihn gehen!
⁴⁸ Viele Juden, die zu Maria gekommen waren und gesehen hatten, was Jesus getan hatte, glaubten an ihn.
⁴⁹ Einige aber von ihnen gingen zu den Pharisäern und erzählten ihnen, was er getan hatte.
⁵⁰ Da riefen die Hohepriester und Pharisäer den Hohen Rat zusammen und sagten: Was sollen wir tun? Dieser Mensch tut viele Zeichen.
⁵¹ Wenn wir ihn so weitermachen lassen, werden alle an ihn glauben; die Römer werden kommen und uns die heilige Stätte und das Volk nehmen.
⁵² Einer von ihnen, Kajaphas, der in jenem Jahr Hoherpriester war, sagte zu ihnen: Ihr wisst nichts
⁵³ und bedenkt nicht, dass es besser für euch ist, wenn ein einziger Mensch für das Volk stirbt und nicht das ganze Volk zugrunde geht.
⁵⁴ Das sagte er aber nicht aus sich heraus, sondern als Hoherpriester jenes Jahres weissagte er, dass Jesus für das Volk sterben werde
⁵⁵ und nicht für das Volk allein, sondern auch, um die zerstreuten Kinder Gottes zur Einheit zusammenzuführen.
⁵⁶ Seit jenem Tag waren sie entschlossen, ihn zu töten.

119 Jesu letzter Gang nach Jerusalem

Joh 11,54-57

¹ Jesus bewegte sich nun nicht mehr öffentlich unter den Juden, sondern zog sich von dort in die nahe der Wüste gelegene Gegend zurück, in eine Stadt namens Efraim. Dort blieb er mit den Jüngern.
² Das Paschafest der Juden war nahe, und viele Leute aus dem ganzen Land zogen nach Jerusalem hinauf, um sich zu reinigen.
³ Sie suchten nach Jesus und fragten einander, wenn sie im Tempel zusammenstanden: Was meint ihr? Er wird wohl nicht zum Fest kommen.

⁴ Die Hohepriester und Pharisäer hatten nämlich, um ihn festnehmen zu können, Befehle erlassen, es anzuzeigen, wenn jemand seinen Aufenthaltsort erfahren sollte.
⁵ Als die Zeit seiner Aufnahme herankam, nahm er entschlossen seinen Weg nach Jerusalem.   Lk 9, 51–56
⁶ Er schickte Boten vor sich her und sie kamen in ein Dorf der Samariter, um für ihn Herberge zu bereiten.
⁷ Doch sie nahmen ihn nicht auf, weil er auf dem Weg nach Jerusalem war.
⁸ Als die Jünger Jakobus und Johannes das sahen, sagten sie: Herr, sollen wir befehlen, dass Feuer vom Himmel fällt und sie verzehrt?
⁹ Da wandte er sich um und wies sie zurecht.⁽⁵⁰⁾
¹⁰ Und sie gingen zu einem anderen Dorf.

120 Maria salbt Jesus die Füße

¹ Sechs Tage vor dem Paschafest kam Jesus nach Betanien, wo Lazarus war, den er von den Toten auferweckt hatte.   Joh 12, 1
² ₍…₎ Im Hause Simons des Aussätzigen ₍…₎   Mk 14, 3
³ ₍…₎ bereiteten sie ihm ein Gastmahl und Marta sorgte für die Bewirtung. Auch Lazarus gehörte zu denen, die mit ihm zu Tisch lagen.   Joh 12, 2
⁴ Als viele Juden erfahren hatten, dass er sich dort aufhielt, so kamen sie nicht nur um Jesu willen, sondern auch um Lazarus zu sehen, den er von den Toten auferweckt hatte.   Joh 12, 9–11
⁵ Die Hohepriester aber beschlossen, auch Lazarus zu töten,
⁶ weil viele Juden um seinetwillen hingingen und an Jesus glaubten.
⁷ Da nahm Maria ein Pfund echtes, kostbares Nardenöl, ₍…₎   Joh 12, 3
⁸ ₍…₎ goss es über sein Haar,   Mk 14, 3
⁹ salbte Jesus die Füße und trocknete sie mit ihren Haaren. Das Haus wurde vom Duft des Salböls erfüllt.   Joh 12, 3–6
¹⁰ Judas Iskariot aber, einer von seinen Jüngern, derselbe, der ihn verraten sollte, sagte:

⁽⁵⁰⁾ Hier ergänzte Preuschens Tatianübersetzung: „… und sprach: Ihr wisst nicht, welch Geistes ihr seid". Weiter setzt Preuschens Tatianübersetzung fort: „Jedoch der Sohn des Menschen ist nicht gekommen, um zu verderben die Seelen, sondern um zu retten." Dies ist inhaltlich angelehnt an Mt 18,11: „Denn der Menschensohn ist gekommen, zu retten, was verloren war." Vgl. auch Lk 19,10.

¹¹ Warum hat man dieses Öl nicht für dreihundert Denare verkauft und den Erlös den Armen gegeben?

¹² Das sagte er aber nicht, weil ihm etwas an den Armen lag, sondern weil er ein Dieb war und als Verwalter der Kasse die Einlagen unterschlug.

Mk 14,4   ¹³ Aber einige sagten unwillig zueinander: Wozu diese Verschwendung des Salböls?

Mt 26,9   ¹⁴ Das hätte man teuer verkaufen und den Erlös den Armen geben können.

Mk 14,5   ¹⁵ (...) Und sie schalten sie.

Mt 26,10   ¹⁶ Als Jesus das merkte, sagte er zu ihnen: (...)

Mk 14,6   ¹⁷ (...) Lass*t* sie! Was kränkt ihr sie? Sie hat eine gute Tat an mir getan.

Joh 12,7-8   ¹⁸ (...) Lasst sie gewähren! Es soll gelten für den Tag meines Begräbnisses.

¹⁹ Denn die Armen habt ihr allezeit bei euch, (...)

Mk 14,7   ²⁰ (...) und könnt ihnen Gutes tun, sooft ihr wollt; mich aber habt ihr nicht allezeit.

Mt 26,12   ²¹ Als sie dieses Salböl über meinen Leib goss, hat sie es für mein Begräbnis getan.

Mk 14,9   ²² Amen, ich sage euch: Wo immer auf der ganzen Welt das Evangelium verkündet wird, da wird auch zu ihrem Gedächtnis erzählt werden, was sie getan hat.

121 Die Eselin und ein Fohlen

Lk 19,28-29   ¹ Nach diesen Worten zog er weiter und ging nach Jerusalem hinauf.

² Als er in die Nähe von Betfage und Betanien an den Berg kam, der Ölberg heißt, (...)

Mt 21,1-2   ³ (...) sandte Jesus zwei Jünger voraus.

⁴ Er sagte zu ihnen: Geht in das Dorf, das vor euch liegt, (...)

Mk 11,2   ⁵ (...) Gleich wenn ihr hineinkommt, (...)

Mt 21,2   ⁶ (...) werdet ihr eine Eselin angebunden finden und ein Fohlen bei ihr, (...)

Lk 19,30   ⁷ (...) auf dem noch kein Mensch gesessen hat (...).

Mt 21,2   ⁸ (...) Bindet sie los und bringt sie mir.

Lk 19,31   ⁹ Und wenn euch jemand fragt: Warum bindet ihr es los?, (...)

Mt 21,3-5   ¹⁰ (...) so antwortet: Der Herr braucht sie. Dann wird er sie sogleich zurückschicken.

¹¹ Dies ist geschehen, damit sich das Wort des Propheten erfüllte:

¹² Sagt der Tochter Zion: Sieh, dein König kommt zu dir;
er ist sanftmütig und reitet auf einer Eselin und auf einem Fohlen,
dem Jungen eines Lasttiers.
¹³ Das verstanden seine Jünger zuerst nicht. Aber als Jesus ver- Joh 12,16
herrlicht war, erinnerten sie sich, dass dies über ihn geschrieben
war und man es so für ihn ausgeführt hatte.
¹⁴ Die Jünger gingen (...) Mt 21,6
¹⁵ (...) und fanden alles so, wie er es ihnen gesagt hatte, Lk 19,32
¹⁶ (...) und taten, wie Jesus ihnen aufgetragen hatte. Mt 21,6
¹⁷ Als sie aber das Fohlen losbanden, sagten seine Besitzer zu Lk 19,33-34
ihnen: Was bindet ihr das Fohlen los?
¹⁸ Sie antworteten: Der Herr braucht es.
¹⁹ (...) Und man ließ sie gewähren. Mk 11,6

122 Der Einzug in Jerusalem

¹ Sie brachten die Eselin und das Fohlen, legten ihre Mäntel darü- Mt 21,7-8
ber und er setzte sich darauf.
² Eine sehr große Volksmenge breitete ihre Kleider auf den Weg
aus, andere hieben Zweige von den Bäumen und streuten sie auf
den Weg.
³ Als er sich schon dem Abhang des Ölbergs näherte, begann die Lk 19,37
ganze Schar der Jünger voll Freude Gott mit lauter Stimme zu
loben wegen aller Machttaten, die sie gesehen hatten.
⁴ (...) *Sie* riefen: Mt 21,9
Hosanna dem Sohn Davids! Gepriesen sei er,
der kommt im Namen des Herrn! Hosanna in der Höhe!
⁵ Gepriesen das Reich unseres Vaters David, das da kommt! (...) Mk 11,10
⁶ (...) Friede im Himmel und Herrlichkeit in der Höhe! Lk 19,38
⁷ Am folgenden Tag hörte die Volksmenge, die zum Fest gekom- Joh 12,12-13
men war, Jesus komme nach Jerusalem.
⁸ Da nahmen sie Palmzweige, zogen ihm entgegen und riefen:
Hosanna! Gepriesen sei er, der kommt im Namen des Herrn, der
König Israels!
⁹ Einige Pharisäer riefen ihm aus der Menge zu: Meister, verbiete Lk 19,39-44
es deinen Jüngern!
¹⁰ Da antwortete er: Ich sage euch: Wenn sie schweigen, werden die
Steine schreien.
¹¹ Als er näher kam und die Stadt sah, weinte er über sie und sagte:
¹² Wenn doch auch du an diesem Tag erkannt hättest, was zu deinem Frieden ist! Jetzt aber ist es vor deinen Augen verborgen.

¹³ Es werden Tage über dich kommen, da werden deine Feinde einen Wall gegen dich aufwerfen, dich ringsum einschließen und von allen Seiten bedrängen.
¹⁴ Sie werden dich und deine Kinder zu Boden werfen und keinen Stein auf dem andern lassen, weil du die Zeit deiner (gnadenvollen) Heimsuchung nicht erkannt hast.

Mt 21,10-11 ¹⁵ Als er in Jerusalem einzog, kam die ganze Stadt in Bewegung und fragte: Wer ist das?
¹⁶ Die Scharen antworteten: Das ist der Prophet, Jesus aus Nazaret in Galiläa.

Joh 12,17-18 ¹⁷ Die Volksmenge, die bei ihm gewesen war, als er Lazarus aus dem Grab rief und von den Toten auferweckte, legte davon Zeugnis ab.
¹⁸ Deshalb zog ihm auch die Menge entgegen, weil sie gehört hatte, dass er dieses Zeichen getan hatte.

123 Die Ankündigung der Verherrlichung

Mt 21,14-16 ¹ Und Blinde und Lahme kamen zu ihm in den Tempel und er heilte sie.
² Als aber die Hohepriester und Schriftgelehrten die Wunder sahen, die er wirkte, und die Kinder, die im Tempel riefen: Hosanna dem Sohn Davids!, da wurden sie zornig
³ und sagten zu ihm: Hörst du, was die da rufen? Jesus aber sagte zu ihnen: Gewiss. Habt ihr nie gelesen: Aus dem Mund der Unmündigen und Säuglinge hast du dir Lob bereitet?

Joh 12,19-36 ⁴ Die Pharisäer indessen sagten zueinander: Ihr seht, dass ihr nichts erreicht. Alle Welt läuft ihm nach.
⁵ Unter denen, die hinaufzogen, um am Fest Gott anzubeten, waren auch einige Griechen.
⁶ Sie traten an Philippus aus Betsaida in Galiläa mit der Bitte heran: Herr, wir möchten Jesus sehen. Philippus ging und sagte es Andreas.
⁷ Andreas und Philippus gingen und sagten es Jesus.
⁸ Jesus aber antwortete ihnen: Die Stunde ist gekommen, dass der Menschensohn verherrlicht wird.
⁹ Amen, amen, ich sage euch: Wenn das Weizenkorn nicht in die Erde fällt und stirbt, bleibt es allein. Wenn es aber stirbt, bringt es viele Frucht.
¹⁰ Wer sein Leben liebt, verliert es; wer aber sein Leben in dieser Welt hasst, wird es für das ewige Leben bewahren.

¹¹ Wer mir dienen will, folge mir nach, und wo ich bin, dort wird auch mein Diener sein. Wenn einer mir dient, wird ihn der Vater ehren.
¹² Jetzt ist meine Seele erschüttert. Was soll ich sagen: Vater, rette mich aus dieser Stunde? Aber deshalb bin ich in diese Stunde gekommen.
¹³ Vater, verherrliche deinen Namen! Da kam eine Stimme vom Himmel: Ich habe ihn schon verherrlicht und ich werde ihn wieder verherrlichen.
¹⁴ Das Volk, das dabeistand und es hörte, meinte, es habe gedonnert. Andere sagten: Ein Engel hat mit ihm geredet.
¹⁵ Jesus antwortete: Nicht meinetwegen ist diese Stimme ergangen, sondern euretwegen.
¹⁶ Jetzt ist das Gericht über diese Welt. Jetzt wird der Fürst dieser Welt hinausgeworfen werden.
¹⁷ Ich aber werde, wenn ich von der Erde erhöht bin, alle an mich ziehen.
¹⁸ Das sagte er, um anzudeuten, auf welche Weise er sterben werde.
¹⁹ Da antwortete ihm das Volk: Wir haben aus dem Gesetz gehört, dass der Messias in Ewigkeit bleiben wird. Wie kannst du da sagen, der Menschensohn müsse erhöht werden? Wer ist dieser Menschensohn?
²⁰ Da sagte Jesus zu ihnen: Nur noch kurze Zeit ist das Licht unter euch. Geht eueren Weg, solange ihr das Licht habt, damit euch nicht die Finsternis überfällt. Wer in der Finsternis geht, weiß nicht, wohin er geht.
²¹ Solange ihr das Licht habt, glaubt an das Licht, damit ihr Söhne des Lichts werdet. (...)

124 Die Heuchelei der Schriftgelehrten und Pharisäer

¹ Als er von den Pharisäern gefragt wurde, wann das Reich Gottes komme, antwortete er ihnen: Das Reich Gottes kommt nicht so, dass man es berechnen könnte. — Lk 17,20–21
² Auch kann man nicht sagen: Seht, hier! oder: Dort! Denn das Reich Gottes ist mitten unter euch.
³ Tagsüber lehrte er im Tempel; nachts aber ging er hinaus und übernachtete an dem Berg, der Ölberg heißt. — Lk 21,37–38
⁴ Schon frühmorgens kam alles Volk zu ihm in den Tempel, um ihn zu hören.

Mt 23,1-5 ⁵ Darauf sagte Jesus zu den Volksscharen und zu seinen Jüngern:
⁶ Auf den Stuhl des Mose haben sich die Schriftgelehrten und Pharisäer gesetzt.
⁷ Darum tut und befolgt alles, was sie euch sagen; nach ihren Werken aber richtet euch nicht; denn sie reden zwar, handeln aber nicht danach.
⁸ Sie binden schwere Lasten zusammen und laden sie den Menschen auf die Schultern, selbst aber wollen sie keinen Finger krümmen, um sie zu bewegen.
⁹ Mit allem, was sie tun, wollen sie sich vor den Menschen zur Schau stellen. (...)

Mk 12,37-39 ¹⁰ (...) Die große Menge hörte ihm gern zu.
¹¹ Er lehrte sie und sagte: Hütet euch vor den Schriftgelehrten, die gern in wallenden Gewändern einhergehen, die es lieben, auf den Marktplätzen begrüßt zu werden
¹² und die ersten Sitze in den Synagogen und die Ehrenplätze bei den Gastmählern einzunehmen.

Mt 23,5-7 ¹³ (...) Sie machen ihre Gebetsriemen breit und ihre Mantelquasten lang,
¹⁴ lieben den Ehrenplatz bei den Gastmählern, die ersten Sitze in den Synagogen,
¹⁵ die Begrüßungen auf den Marktplätzen und lassen sich von den Leuten Rabbi nennen.

Mk 12,40 ¹⁶ Sie zehren die Häuser der Witwen auf und verrichten zum Schein lange Gebete. Sie werden ein umso strengeres Urteil erfahren.

Mt 23,8-12 ¹⁷ Ihr aber sollt euch nicht Rabbi nennen lassen; denn nur einer ist euer Meister, ihr alle aber seid Brüder.
¹⁸ Auch sollt ihr niemanden unter euch auf der Erde Vater nennen; denn nur einer ist euer Vater, der im Himmel.
¹⁹ Auch Lehrer sollt ihr euch nicht nennen lassen; denn nur einer ist euer Lehrer: Christus.
²⁰ Der Größte unter euch soll euer Diener sein.
²¹ Wer sich selbst erhöht, wird erniedrigt, und wer sich selbst erniedrigt, wird erhöht werden.

Lk 11,43 ²² Weh euch Pharisäern! Ihr liebt die ersten Sitze in den Synagogen und die Begrüßungen auf den Marktplätzen.

Mt 23,14 ²³ Weh euch, Schriftgelehrte und Pharisäer, ihr Heuchler! Ihr zehrt die Häuser der Witwen auf und verrichtet zum Schein lange

Gebete. Deshalb habt ihr ein umso strengeres Urteil zu erwarten.⁽⁵¹⁾

²⁴ Weh euch, Schriftgelehrte und Pharisäer, ihr Heuchler! Ihr verschließt das Himmelreich vor den Menschen. ₍...₎   Mt 23,13

²⁵ Weh euch Gesetzeslehrern! Ihr habt den Schlüssel zur Erkenntnis weggenommen; ₍...₎   Lk 11,52

²⁶ ₍...₎ Denn ihr selbst kommt nicht hinein und die, die hineinwollen, lasst ihr nicht hinein.   Mt 23,13

Weh euch, Schriftgelehrte und Pharisäer, ihr Heuchler! Denn ihr reist über Meer und Land, um einen Einzigen zum Proselyten zu machen, und wenn er es geworden ist, dann macht ihr aus ihm einen Sohn der Hölle, doppelt so schlimm wie ihr selbst.   Mt 23,15-23

²⁷ Weh euch, blinde Führer, die ihr sagt: Wenn einer beim Tempel schwört, so ist das nichts; wer aber beim Gold des Tempels schwört, der ist gebunden.

²⁸ Ihr Toren und Blinden! Was ist denn wertvoller, das Gold oder der Tempel, der das Gold heiligt?

²⁹ Oder: Wenn einer beim Altar schwört, so ist das nichts; wer aber bei der Gabe schwört, die darauf liegt, der ist gebunden.

³⁰ Ihr Blinden! Was ist denn größer, die Gabe oder der Altar, der die Gabe heiligt?

³¹ Wer also beim Altar schwört, der schwört bei ihm und allem, was darauf liegt,

³² und wer beim Tempel schwört, der schwört bei ihm und bei dem, der darin wohnt.

³³ Und wer beim Himmel schwört, der schwört beim Thron Gottes und bei dem, der darauf sitzt.

³⁴ Weh euch, Schriftgelehrte und Pharisäer, ihr Heuchler! Ihr gebt den Zehnten von Minze, Dill⁽⁵²⁾ und Kümmel, aber das Wichtigere im Gesetz schiebt ihr beiseite: die Gerechtigkeit, das Erbarmen und die Treue ₍...₎

³⁵ ₍...₎ und die Liebe zu Gott ₍...₎. Das Eine aber sollte man tun und das Andere nicht unterlassen.⁽⁵³⁾   Lk 11,42

³⁶ Ihr blinden Führer, die ihr die Mücke aussiebt, das Kamel aber verschluckt!   Mt 23,24-28

⁽⁵¹⁾ Nach der Kommentierung der EÜ ist dieser Vers nur von „sehr wenigen" Textzeugen überliefert.
⁽⁵²⁾ Hier ergänzte Preuschens Tatianübersetzung: „..., Raute, Anis ...".
⁽⁵³⁾ EE 49,56 bei Preuschen ohne Verweis auf Lk.

³⁷ Weh euch, Schriftgelehrte und Pharisäer, ihr Heuchler! Ihr reinigt das Äußere von Becher und Schüssel, innen aber sind sie voll von Raub und Unmäßigkeit.
³⁸ Blinder Pharisäer, reinige zuerst das Innere des Bechers, damit auch sein Äußeres rein wird.
³⁹ Weh euch, Schriftgelehrte und Pharisäer, ihr Heuchler! Ihr gleicht getünchten Gräbern, die von außen schön aussehen, innen aber voll sind von Totengebein und aller Unreinheit.
⁴⁰ So erscheint auch ihr äußerlich den Menschen als Gerechte, innerlich aber seid ihr voll von Heuchelei und Gesetzlosigkeit.

Lk 11,45–46 ⁴¹ Ein Gesetzeslehrer entgegnete ihm: Meister, mit diesem Reden beleidigst du auch uns.
⁴² Er aber sagte: Weh auch euch Gesetzeslehrern! Unerträgliche Lasten bürdet ihr den Menschen auf und ihr selbst rührt die Lasten mit keinem Finger an.

Mt 23,29 ⁴³ Weh euch, Schriftgelehrte und Pharisäer, ihr Heuchler! Ihr baut den Propheten Gräber und schmückt die Grabmäler der Gerechten,

LK 11,47 ⁴⁴ (...) euere Väter aber haben sie getötet!
Mt 23,30–33 ⁴⁵ (...) *Ihr sagt: Hätten wir in den Tagen unserer Väter gelebt, wir hätten uns nicht mitschuldig gemacht am Blut der Propheten.*
⁴⁶ *So stellt ihr euch selbst das Zeugnis aus, dass ihr Söhne der Prophetenmörder seid.*
⁴⁷ *Macht nur das Maß euerer Väter voll!*
⁴⁸ *Ihr Schlangen! Ihr Natternbrut! Wie wollt ihr dem Gericht der Hölle entrinnen?*

125 Ich bin das Licht der Welt

Mt 23,34–39 ¹ Darum seht, ich sende zu euch Propheten, Weise und Schriftgelehrte. Etliche von ihnen werdet ihr töten und kreuzigen, andere werdet ihr in eueren Synagogen geißeln und von Stadt zu Stadt verfolgen,
² damit über euch alles gerechte Blut kommt, das auf der Erde vergossen wurde, vom Blut Abels, des Gerechten, bis zum Blut des Zacharias, Barachias' Sohn, den ihr zwischen Tempel und Altar ermordet habt.
³ Amen, ich sage euch: Dies alles wird über dieses Geschlecht kommen.
⁴ Jerusalem! Jerusalem! Du tötest die Propheten und steinigst die, die zu dir gesandt sind. Wie oft habe ich deine Kinder sammeln

wollen, wie eine Henne ihre Küken unter ihre Flügel sammelt; ihr aber habt nicht gewollt.
⁵ Seht, euer Haus wird euch verödet überlassen.
⁶ Denn ich sage euch: Von jetzt an werdet ihr mich nicht mehr sehen, bis ihr ruft: Gepriesen sei er, der da kommt im Namen des Herrn!
⁷ Dennoch kamen sogar von den führenden Männern viele zum Glauben an ihn. Aber wegen der Pharisäer bekannten sie es nicht, um nicht aus der Synagoge ausgestoßen zu werden.   Joh 12,42-50
⁸ Denn sie liebten das Ansehen bei den Menschen mehr als das Ansehen bei Gott.
⁹ Jesus aber rief aus: Wer an mich glaubt, glaubt nicht an mich, sondern an den, der mich gesandt hat,
¹⁰ und wer mich sieht, sieht den, der mich gesandt hat.
¹¹ Ich bin als Licht in die Welt gekommen, damit jeder, der an mich glaubt, nicht in der Finsternis bleibt.
¹² Und wer meine Worte nur hört und nicht befolgt, den richte nicht ich. Denn ich bin nicht gekommen, die Welt zu richten, sondern die Welt zu retten.
¹³ Wer mich ablehnt und meine Worte nicht annimmt, hat seinen Richter: Das Wort, das ich gesprochen habe, das wird ihn richten am Jüngsten Tag.
¹⁴ Denn ich habe nicht eigenmächtig gesprochen, sondern der Vater, der mich gesandt hat, er hat mir den Auftrag gegeben, was ich sagen und reden soll.
¹⁵ Und ich weiß, dass sein Auftrag ewiges Leben ist. Was ich also sage, sage ich so, wie es mir der Vater gesagt hat.
¹⁶ Als er von dort weggegangen war, begannen die Pharisäer und Gesetzeslehrer, ihm heftig zuzusetzen und ihn über vielerlei auszufragen,   Lk 11,53-54
¹⁷ und lauerten darauf, etwas aus seinem Mund aufzufangen.
¹⁸ Als inzwischen Tausende von Menschen zusammengeströmt waren, (...) wandte er sich zuerst an seine Jünger: Hütet euch vor dem Sauerteig, das heißt vor der Heuchelei der Pharisäer!   Lk 12,1-3
¹⁹ Nichts ist verhüllt, was nicht enthüllt, und nichts verborgen, was nicht bekannt wird.
²⁰ Deswegen wird man alles, was ihr im Dunkeln gesprochen habt, im Licht hören, und was ihr in den Kammern einander ins Ohr geflüstert habt, wird man auf den Dächern verkünden.

Joh 12,36–41   ²¹₍...₎ Das sagte Jesus. Dann ging er fort und verbarg sich vor ihnen.
²² Obwohl er so viele Zeichen vor ihnen getan hatte, glaubten sie nicht an ihn.
²³ So sollte sich das Wort erfüllen, das der Prophet Jesaja gesprochen hat: Herr, wer hat unserer Botschaft geglaubt, und wem wurde der Arm des Herrn offenbar?
²⁴ Deshalb konnten sie nicht glauben, weil Jesaja an anderer Stelle gesagt hat:
²⁵ Er hat ihre Augen blind und ihr Herz hart gemacht, damit sie mit ihren Augen nicht sehen und mit ihrem Herzen nicht zur Einsicht kommen, damit sie sich bekehren und ich sie heile.
²⁶ Das hat Jesaja gesagt, als er die Herrlichkeit Jesu sah; von ihm hat er gesprochen.

Mt 24,1   ²⁷ ⁽⁵⁴⁾Als Jesus den Tempel verließ und weiterging, kamen seine Jünger zu ihm, um ihn auf die Tempelbauten⁽⁵⁵⁾ hinzuweisen *und*,
Lk 21,5   ²⁸ ₍...₎ dass er mit schönen Steinen und Weihegeschenken geschmückt sei ₍...₎:
Mk 13,1   ²⁹ ₍...₎ Meister, sieh, was für Steine und was für Bauten!
Mt 24,2   ³⁰ Er antwortete ihnen: Seht ihr dies alles? Amen, ich sage euch: ₍...₎
Lk 21,6   ³¹ Was ihr da anschaut – es werden Tage kommen, da wird kein Stein auf dem anderen bleiben; alles wird zerstört.

126 Die Zeichen des Weltendes

Mk 14,1–2   ¹ Es war zwei Tage vor dem Pascha und dem Fest der Ungesäuerten Brote. Die Hohepriester und die Schriftgelehrten suchten nach einer Gelegenheit, ihn mit List ergreifen und töten zu können.
² sie sagten aber: Nur nicht am Fest, damit es keinen Aufruhr im Volk gibt.

Mk 13,3   ³ Und als er auf dem Ölberg saß, dem Tempel gegenüber, fragten ihn Petrus, Jakobus, Johannes und Andreas, als sie unter sich waren:
Lk 21,7   ⁴ ₍...₎ Meister, ₍...₎
Mt 24,3–4   ⁵ ₍...₎ sage uns, wann wird dies geschehen? Und was wird das Zeichen deiner Ankunft und des Weltendes sein?

⁽⁵⁴⁾ Reihenfolge in EE 49, 27–29 gegenüber der Preuschen Tatianübersetzung geändert von Mt, Mk und Lk zu jetzt Mt, Lk und Mk.
⁽⁵⁵⁾ Hier ergänzte Preuschens Tatianübersetzung: „... und seine Schönheit und seine Größe"

⁶ Jesus antwortete ihnen: ₍...₎

⁷ ₍...₎ Es werden Tage kommen, da ihr euch danach sehnt, einen einzigen Tag des Menschensohnes zu sehen; aber ihr werdet ihn nicht sehen. — Lk 17,22

⁸ ₍...₎ Seht zu, dass euch niemand irreführt! — Mt 24,4-5

⁹ Denn viele werden unter meinem Namen kommen und sagen: Ich bin der Messias! ₍...₎

¹⁰ ₍...₎ *und*: Die Stunde ist gekommen ₍...₎ — Lk 21,8

¹¹ ₍...₎ und *sie* werden viele irreführen. — Mk 13,6

¹² ₍...₎ Lauft ihnen nicht nach! — Lk 21,8

¹³ Wenn ihr aber von Kriegen und Kriegsgerüchten hört, ₍...₎ — Mk 13,7

¹⁴ ₍...₎ gebt Acht, erschreckt nicht! ₍...₎ — Mt 24,6

¹⁵ ₍...₎ Denn das muss zuvor geschehen, aber es ist noch nicht sogleich das Ende. — Lk 21,9

¹⁶ ₍...₎ Denn Volk wird sich gegen Volk erheben und Reich gegen Reich ₍...₎ — Mt 24,7

¹⁷ und große Erdbeben und Seuchen und Hungersnöte wird es da und dort geben; schreckliche Dinge werden geschehen und große Zeichen am Himmel zu sehen sein. — Lk 21,11

¹⁸ Aber das alles ist nur der Anfang der Wehen. — Mt 24,8

¹⁹ Aber noch vor allem diesem wird man Hand an euch legen und euch verfolgen. Man wird euch um meines Namens willen den Synagogen und Gefängnissen ausliefern und vor Könige und Statthalter führen. — Lk 21,12-13

²⁰ Das wird euch Anlass sein, Zeugnis zu geben.

²¹ Zuvor aber muss unter allen Völkern das Evangelium verkündet werden. — Mk 13,10

²² Wenn sie euch aber vor die Synagogen, vor die Behörden und Obrigkeiten führen, so macht euch keine Sorgen, wie oder womit ihr euch verteidigen oder was ihr sagen sollt. — Lk 12,11

²³ ₍...₎ Denn nicht ihr seid es, die dann reden, sondern der Heilige Geist. — Mk 13,11

²⁴ Nehmt euch darum vor, nichts im Voraus für euere Verteidigung vorzubereiten; — Lk 21,14-15

²⁵ denn ich werde euch Rede und Weisheit eingeben, der alle euere Widersacher nicht widerstehen oder widersprechen können.

²⁶ Dann werden sie euch der Bedrängnis überliefern und euch töten und ihr werdet von allen Völkern um meines Namens willen gehasst werden. — Mt 24,9-10

²⁷ Dann werden viele zu Fall kommen und einander verraten und einander hassen.

Lk 21,16 ²⁸ Sogar Eltern, Brüder, Verwandte und Freunde werden euch ausliefern und manche von euch wird man töten.

Lk 21,18–19 ²⁹ Und doch wird kein Haar von euerem Haupt verloren gehen.
³⁰ Durch euere Standhaftigkeit werdet ihr euer Leben gewinnen.

Mt 24,11–14 ³¹ Viele falsche Propheten werden auftreten und viele irreführen.
³² Und weil die Gesetzlosigkeit überhandnimmt, wird die Liebe bei sehr vielen erkalten.
³³ Wer aber bis zum Ende durchhält, der wird gerettet.
³⁴ Aber dieses Evangelium vom Reich wird in der ganzen Welt verkündet werden, allen Völkern zum Zeugnis. Und dann wird das Ende kommen.

127 Die große Bedrängnis

Lk 21,20–22 ¹ Wenn ihr Jerusalem von Kriegsheeren eingeschlossen seht, dann erkennt daran, dass seine Verwüstung nahe ist.
² Dann fliehe in die Berge, wer in Judäa ist, und wer in *ihr* ist, ziehe hinaus, und wer auf dem Land ist, gehe nicht in sie hinein;
³ denn das sind die Tage der Vergeltung, damit alles in Erfüllung geht, was geschrieben steht.

Mt 24,15 ⁴ Wenn ihr also den Gräuel der Verwüstung, von dem der Prophet Daniel spricht, an heiliger Stätte stehen seht – wer es liest, bedenke es wohl! –,
⁵ dann fliehe in die Berge, wer in Judäa ist.

Mk 13,15–16 ⁶ Wer sich gerade auf dem Dach befindet, der steige nicht herab und gehe nicht in sein Haus, um etwas zu holen,
⁷ und wer auf dem Feld ist, kehre nicht zurück, seinen Mantel zu holen.

Lk 21,23–24 ⁸ Wehe den Schwangeren und den Stillenden in jenen Tagen! Denn es wird große Not über das Land kommen und ein Zorngericht über dieses Volk.
⁹ Sie werden fallen durch die Schärfe des Schwertes und als Gefangene unter alle Heiden verschleppt. Jerusalem wird von den Heiden zertreten werden, bis die Zeiten der Völker sich erfüllen.

Mk 13,21 ¹⁰ Wenn dann jemand zu euch sagt: Seht, hier ist der Messias!, oder: Seht, dort!, so glaubt es nicht.

Mt 24,24 ¹¹ Denn es werden falsche Messiasse und falsche Propheten auftreten und große Zeichen und Wunder tun, um, wo möglich, auch die Auserwählten irrezuführen.

¹² Ihr aber seht euch vor! Ich habe euch alles vorausgesagt.   Mk 13,23
¹³ Wenn man also zu euch sagt: Seht, er ist in der Wüste, so geht   Mt 24,26–27
nicht hinaus; Seht, er ist in den Gemächern, so glaubt es nicht.
¹⁴ Denn wie der Blitz vom Osten ausfährt und bis zum Westen leuchtet, so wird es mit der Ankunft des Menschensohnes sein.
¹⁵ Zuvor aber muss er vieles erleiden und von diesem Geschlecht   Lk 17,25
verworfen werden.
¹⁶ Betet, dass euere Flucht nicht in den Winter oder auf einen   Mt 24,20–21
Sabbat fällt.
¹⁷ Denn dann wird eine große Bedrängnis kommen, wie von Anfang der Welt bis jetzt noch keine gewesen ist und auch nicht mehr sein wird.
¹⁸ Und wenn der Herr jene Tage nicht verkürzt hätte, würde kein   Mk 13,20
Mensch gerettet. Aber um der Auserwählten willen, die er erwählt hat, hat er die Tage verkürzt.
¹⁹ Es werden Zeichen an Sonne, Mond und Sternen eintreten und   Lk 21,25–26
auf der Erde Angst unter den Völkern und Ratlosigkeit über das Tosen des Meeres und der Wogen.
²⁰ Die Menschen werden vor Angst vergehen in der Erwartung dessen, was über den Erdkreis kommen wird. (...)

128 Das Kommen des Menschensohnes

¹ Aber in jenen Tagen (...)   Mk 13,24
² gleich nach der Bedrängnis jener Tage wird sich die Sonne ver-   Mt 24,29–31
finstern und der Mond wird seinen Schein nicht mehr geben; die Sterne werden vom Himmel fallen und die Kräfte des Himmels erschüttert werden.
³ Dann wird das Zeichen des Menschensohnes am Himmel erscheinen; alle Völker der Erde werden wehklagen und sie werden den Menschensohn mit großer Macht und Herrlichkeit auf den Wolken des Himmels kommen sehen.
⁴ Er wird seine Engel mit lautem Posaunenschall aussenden und sie werden seine Auserwählten aus allen vier Windrichtungen sammeln, vom einen Ende des Himmels bis zum anderen.
⁵ Wenn das aber beginnt, dann richtet euch auf und erhebt euere   Lk 21,28
Häupter; denn es naht euere Erlösung.

129 Ermahnungen zum Kommen des Menschensohnes

Mt 24,32-34 ¹ Ziehet die Lehre aus dem Vergleich mit dem Feigenbaum: Wenn seine Zweige schon saftig werden und die Blätter treiben, dann wisst ihr, dass der Sommer nahe ist.
² Genauso sollt auch ihr, wenn ihr alles dies seht, erkennen: Er steht nahe vor der Tür.
³ Amen, ich sage euch: Diese Generation wird nicht vergehen, bis dies alles geschieht.
⁴ Himmel und Erde werden vergehen, meine Worte aber werden nicht vergehen.

Lk 21,34-36 ⁵ Habt Acht auf euch, dass Rausch und Trunkenheit und irdische Sorgen euch nicht belasten, damit jener Tag euch nicht unversehens überrascht
⁶ wie ein Fallstrick. Denn kommen wird er über alle, die auf der Erde wohnen.
⁷ Wacht also allezeit und betet, damit ihr imstande seid, allem zu entrinnen, was geschehen wird, und vor dem Menschensohn zu bestehen.

Mk 13,32-37 ⁸ Jenen Tag aber oder die Stunde kennt niemand, auch nicht die Engel im Himmel, auch nicht der Sohn, sondern nur der Vater.
⁹ Gebt Acht, seid wachsam! Denn ihr wisst nicht, wann der Augenblick da ist.
¹⁰ Es ist wie bei einem Mann, der außer Landes reiste, sein Haus verließ und seinen Knechten Vollmacht gab, jedem seine Arbeit, und dem Türhüter befahl, wachsam zu sein.
¹¹ Wacht also! Denn ihr wisst nicht, wann der Hausherr kommt, ob am Abend oder um Mitternacht oder beim Hahnenschrei oder frühmorgens.
¹² Er soll euch, wenn er unvermutet kommt, nicht schlafend antreffen.
¹³ Was ich aber euch sage, das sage ich allen: Seid wachsam!

Mt 24,37-39 ¹⁴ Denn wie es in den Tagen Noachs war, so wird es auch bei der Ankunft des Menschensohnes sein.
¹⁵ Denn wie sie in den Tagen vor der Flut aßen und tranken, heirateten und verheirateten bis zu dem Tag, an dem Noach in die Arche ging,
¹⁶ und nichts ahnten, bis die Flut kam und alle hinwegriss, so wird es auch beim Kommen des Menschensohnes sein.

¹⁷ Ebenso, wie es in den Tagen Lots war: Sie aßen, sie tranken, sie kauften, sie verkauften, sie pflanzten, sie bauten. Lk 17,28-37
¹⁸ An dem Tag aber, als Lot von Sodom wegzog, regnete es Feuer und Schwefel vom Himmel und vernichtete alle.
¹⁹ Geradeso wird es an dem Tag sein, an dem sich der Menschensohn offenbart.
²⁰ Wer an jenem Tag auf dem Dach ist und seine Sachen im Haus hat, soll nicht hinuntersteigen, sie zu holen, und wer auf dem Feld ist, soll ebenfalls nicht zurückkehren.
²¹ Denkt an Lots Frau.
²² Wer sein Leben zu retten sucht, wird es verlieren; und wer es verliert, wird es gewinnen.
²³ Ich sage euch: In jener Nacht werden zwei auf einem Bett liegen: Der eine wird mitgenommen und der andere zurückgelassen.
²⁴ Zwei werden zusammen mahlen: Die eine wird mitgenommen, die andere aber zurückgelassen.
²⁵ Zwei werden auf dem Feld sein: Der eine wird mitgenommen und der andere zurückgelassen.
²⁶ Da fragten sie ihn: Wo, Herr? Er antwortete ihnen: Wo das Aas ist, da sammeln sich die Geier.
²⁷ Seid also wachsam; denn ihr wisst nicht, an welchem Tag euer Herr kommt. Mt 24,42-44
²⁸ Das aber bedenkt: Wenn der Hausherr wüsste, in welcher Stunde der Nacht der Dieb kommt, so würde er wachen und nicht in sein Haus einbrechen lassen.
²⁹ Darum seid auch ihr bereit; denn der Menschensohn kommt zu einer Stunde, in der ihr es nicht vermutet.
³⁰ Da sagte Petrus: Herr, meinst du mit diesem Gleichnis uns oder auch alle anderen? Lk 12,41-42
³¹ Der Herr antwortete: (...)
³² Wer ist also der treue und kluge Knecht, den der Hausherr über sein Gesinde gesetzt hat, um ihnen zur rechten Zeit Nahrung zu geben? Mt 24,45-46
³³ Wohl dem Knecht, den der Herr bei seinem Kommen so beschäftigt findet!
³⁴ Wahrhaftig, ich sage euch: (...) Lk 12,44
³⁵ (...) Er wird ihn über sein ganzes Vermögen setzen. Mt 24,47-48
³⁶ Wenn er aber ein schlechter Knecht ist und in seinem Herzen spricht: Mein Herr lässt auf sich warten,
³⁷ (...) und anfängt, die Knechte und Mägde zu schlagen, (...) Lk 12,45

Mt 24,49-51 ³⁸ ₍…₎ mit Betrunkenen isst und trinkt,
³⁹ dann wird der Herr jenes Knechtes an einem Tag kommen, an dem er es nicht erwartet, und zu einer Stunde, die er nicht kennt.
⁴⁰ Und er wird ihn entzweihauen und ihm seinen Anteil bei den Heuchlern ₍…₎

Lk 12,46 ⁴¹ ₍…₎ und ₍…₎ den Ungläubigen geben.
Mt 24,51 ⁴² ₍…₎ Dort wird Heulen und Zähneknirschen sein.

130 Das Gleichnis von den zehn Jungfrauen

Mt 25,1-13 ¹ Dann wird das Himmelreich zehn Jungfrauen gleichen, die ihre Lampen nahmen und dem Bräutigam⁽⁵⁶⁾ entgegenzogen.
² Fünf von ihnen waren töricht und fünf klug.
³ Die törichten nämlich nahmen zwar ihre Lampen, aber kein Öl mit sich.
⁴ Die klugen dagegen nahmen zu ihren Lampen auch Öl in Gefäßen mit.
⁵ Als nun der Bräutigam auf sich warten ließ, nickten alle ein und schliefen.
⁶ Um Mitternacht aber erscholl der Ruf: Der Bräutigam! Kommt heraus, ihm entgegen!
⁷ Da standen jene Jungfrauen alle auf und machten ihre Lampen zurecht.
⁸ Die törichten aber sprachen zu den klugen: Gebt uns von euerem Öl, sonst gehen unsere Lampen aus.
⁹ Die Klugen aber antworteten: Nein, es wird für uns und euch nicht reichen. Geht lieber zu den Händlern und kauft euch Öl.
¹⁰ Noch während sie zum Einkaufen unterwegs waren, kam der Bräutigam; die bereit waren, gingen mit ihm zur Hochzeit hinein, und die Tür wurde verschlossen.
¹¹ Später kamen auch die übrigen Jungfrauen und riefen: Herr, Herr, mach uns auf!
¹² Er aber antwortete: Amen, ich sage euch: Ich kenne euch nicht.
¹³ Seid also wachsam! Denn ihr wisst weder den Tag noch die Stunde.

⁽⁵⁶⁾ Hier ergänzt Preuschens Tatianübersetzung: „… und der Braut"

131 Das Gleichnis von den Talenten

¹Denn es ist wie bei einem Mann, der, als er verreisen wollte, seine Knechte rief und ihnen sein Vermögen anvertraute. Mt 25,14-30
²Dem einen gab er fünf Talente, dem anderen zwei, dem dritten eines, jedem nach seinen Fähigkeiten. Dann reiste er ab.
³Sogleich begann der, der fünf Talente erhalten hatte, mit ihnen zu arbeiten und gewann fünf andere dazu.
⁴Ebenso gewann der mit den zweien zwei andere dazu.
⁵Der aber das eine erhalten hatte, ging und grub ein Loch in die Erde und verbarg das Geld seines Herrn.
⁶Nach langer Zeit kam der Herr jener Knechte zurück und rechnete mit ihnen ab.
⁷Da kam der, der die fünf Talente erhalten hatte, brachte fünf weitere Talente und sagte: Herr, fünf Talente hast du mir gegeben. Siehe, fünf weitere Talente habe ich dazugewonnen.
⁸Da sagte sein Herr zu ihm: Recht so, du guter und treuer Knecht! Du bist über weniges treu gewesen, ich will dich über vieles setzen. Nimm teil an der Freude deines Herrn!
⁹Auch der mit den zwei Talenten kam und sagte: Herr, zwei Talente hast du mir gegeben. Siehe, zwei weitere Talente habe ich dazugewonnen.
¹⁰Da sagte sein Herr zu ihm: Recht so, du guter und treuer Knecht! Du bist über weniges treu gewesen, ich will dich über vieles setzen. Nimm teil an der Freude deines Herrn!
¹¹Da kam auch der, der das eine Talent erhalten hatte, und sagte: Herr, ich wusste, dass du ein harter Mann bist; du erntest, wo du nicht gesät, und sammelst, wo du nicht ausgestreut hast.
¹²Weil ich Angst hatte, verbarg ich dein Talent in der Erde. Da hast du, was dir gehört.
¹³Sein Herr antwortete ihm: Du schlechter und fauler Knecht! Du wusstest, dass ich ernte, wo ich nicht gesät, und sammle, wo ich nicht ausgestreut habe?
¹⁴Dann hättest du mein Geld auf der Bank anlegen sollen und ich hätte bei meinem Kommen das Meine mit Zins zurückerhalten.
¹⁵Nehmt ihm also das Talent und gebt es dem, der die zehn Talente hat.
¹⁶Denn jedem, der hat, wird gegeben werden und er wird Überfluss haben. Wer aber nicht hat, dem wird auch das, was er hat, genommen.

¹⁷ Und den unnützen Knecht werft in die Finsternis hinaus! Dort wird Heulen und Zähneknirschen sein.

Lk 12,35-38 ¹⁸ Euere Lenden sollen umgürtet sein und euere Lampen brennen.
¹⁹ Ihr sollt Menschen gleichen, die ihren Herrn erwarten, wenn er von der Hochzeit zurückkehrt, damit sie ihm sogleich auftun, wenn er kommt und anklopft.
²⁰ Wohl jenen Knechten, die der Herr bei seiner Ankunft wach findet! Amen, ich sage euch: Er wird sich gürten, sie zu Tische bitten, kommen und sie bedienen.
²¹ Und wenn er in der zweiten oder dritten Nachtwache kommt und sie wach findet, wohl ihnen!

132 Das Weltgericht

Mt 25,31-46 ¹ Wenn der Menschensohn in seiner Herrlichkeit kommt und alle Engel mit ihm, dann wird er sich auf den Thron seiner Herrlichkeit setzen.
² Und alle Völker werden vor ihm versammelt werden und er wird sie voneinander scheiden, wie der Hirt die Schafe von den Böcken scheidet.
³ Er wird die Schafe zu seiner Rechten stellen, die Böcke aber zu seiner Linken.
⁴ Dann wird der König zu denen zu seiner Rechten sagen: Kommt, ihr Gesegneten meines Vaters, nehmt das Reich in Besitz, das euch seit Grundlegung der Welt bereitet ist.
⁵ Denn ich war hungrig und ihr habt mir zu essen gegeben; ich war durstig und ihr habt mir zu trinken gereicht; ich war fremd und ihr habt mich aufgenommen;
⁶ ich war nackt und ihr habt mich bekleidet; ich war krank und ihr habt mich besucht; ich war im Gefängnis und ihr seid zu mir gekommen.
⁷ Da werden ihm die Gerechten antworten: Herr, wann sahen wir dich hungrig und haben dir zu essen gegeben oder durstig und haben dir zu trinken gegeben?
⁸ Wann haben wir dich als Fremden gesehen und aufgenommen oder nackt und dich bekleidet?
⁹ Wann haben wir dich krank oder im Gefängnis gesehen und sind zu dir gekommen?
¹⁰ Und der König wird ihnen antworten: Amen, ich sage euch: Was immer ihr einem dieser meiner geringsten Brüder getan habt, das habt ihr mir getan.

¹¹ Dann wird er auch zu denen zur Linken sprechen: Hinweg von mir, Verfluchte, in das ewige Feuer, das dem Teufel und seinen Engeln bereitet ist.
¹² Denn ich war hungrig und ihr habt mir nicht zu essen gegeben; ich war durstig und ihr habt mir nicht zu trinken gegeben;
¹³ ich war fremd und ihr habt mich nicht aufgenommen; ich war nackt und ihr habt mich nicht bekleidet; ich war krank und im Gefängnis und ihr habt mich nicht besucht.
¹⁴ Dann werden auch sie antworten und sagen: Herr, wann haben wir dich hungrig oder durstig oder als Fremden oder nackt oder krank oder im Gefängnis gesehen und haben dir nicht geholfen?
¹⁵ Da wird er ihnen antworten: Amen, ich sage euch: Was immer ihr einem dieser Geringsten nicht getan habt, das habt ihr auch mir nicht getan.
¹⁶ Und sie werden weggehen, diese zur ewigen Strafe, die Gerechten aber in das ewige Leben.

133 Der Todesbeschluss

¹ Nachdem Jesus alle diese Reden beendet hatte, sagte er zu seinen Jüngern: Mt 26,1-5
² Ihr wisst, dass in zwei Tagen das Paschafest beginnt. Dann wird der Menschensohn ausgeliefert und gekreuzigt.
³ Da versammelten sich die Hohepriester und Ältesten des Volkes im Palast des Hohepriesters, der Kajaphas hieß,
⁴ und beschlossen, Jesus mit List zu ergreifen und zu töten.
⁵ Sie sagten aber: Nur nicht am Fest, damit kein Aufruhr im Volk entsteht.
⁶ ₍...₎ Denn sie fürchteten das Volk. Lk 22,2

134 Der Verrat des Judas

¹ Der Satan aber fuhr in Judas, genannt Iskariot, einen von den Zwölf. Lk 22,3-4
² Er ging zu den Hohepriestern und Hauptleuten und besprach sich mit ihnen, ₍...₎
³ und sagte: Was wollt ihr mir geben, wenn ich ihn euch ausliefere? Mt 26,15
₍...₎
⁴ Sie aber freuten sich, als sie es hörten, ₍...₎ Mk 14,11
⁵ ₍...₎ und sie setzten dreißig Silberstücke für ihn fest. Mt 26,15
⁶ Er sagte zu und suchte eine Gelegenheit, ihn ohne Volksauflauf auszuliefern. Lk 22,6

135 Die Fußwaschung

Mk 14,12 ¹ Am ersten Tag des Festes der Ungesäuerten Brote (...) sagten seine Jünger zu ihm: Wo willst du, dass wir dir das Paschamahl vorbereiten?

Joh 13,1-20 ² Es war vor dem Paschafest. Jesus wusste, dass seine Stunde gekommen war, um aus dieser Welt zum Vater hinüberzugehen; und weil er die Seinen, die in der Welt waren, liebte, so liebte er sie bis zum Ende.

³ Man war bei Tisch und der Teufel hatte Judas, dem Sohn des Simon Iskariot, schon ins Herz gelegt, ihn zu verraten.

⁴ Da erhob sich Jesus, der wusste, dass der Vater ihm alles in die Hände gegeben hatte und dass er von Gott ausgegangen war und nun zu Gott zurückkehrte,

⁵ vom Mahl, legte die Oberkleider ab, nahm ein Leinentuch und band es sich um.

⁶ Dann goss er Wasser in das Waschbecken und begann, den Jüngern die Füße zu waschen und mit dem Leinentuch abzutrocknen, das er sich umgebunden hatte.

⁷ Als er zu Simon Petrus kam, sagte der zu ihm: Herr, du willst mir die Füße waschen?

⁸ Jesus antwortete ihm: Was ich tue, verstehst du jetzt nicht; aber später wirst du es begreifen.

⁹ Petrus entgegnete ihm: Niemals sollst du mir die Füße waschen! Jesus antwortete ihm: Wenn ich dich nicht wasche, hast du keinen Anteil an mir.

¹⁰ Da sagte Simon Petrus zu ihm: Herr, nicht nur meine Füße, sondern auch die Hände und den Kopf!

¹¹ Jesus sagte zu ihm: Wer gebadet ist, hat nicht nötig, sich zu waschen, sondern ist ganz rein. Auch ihr seid rein; aber nicht alle.

¹² Denn er kannte seinen Verräter. Deshalb sagte er: Ihr seid nicht alle rein.

¹³ Als er ihnen die Füße gewaschen, seine Oberkleider angelegt und sich wieder zu Tisch gelegt hatte, sagte er zu ihnen: Versteht ihr, was ich an euch getan habe?

¹⁴ Ihr sagt zu mir Meister und Herr, und mit Recht tut ihr das; denn ich bin es.

¹⁵ Wenn nun ich, der Herr und Meister, euch die Füße gewaschen habe, müsst auch ihr einander die Füße waschen.

¹⁶ Denn ich habe euch ein Beispiel gegeben, damit auch ihr tut, wie ich an euch getan habe.

¹⁷ Amen, amen, ich sage euch: Der Knecht ist nicht größer als sein Herr und der Abgesandte nicht größer als der, der ihn gesandt hat.
¹⁸ Wenn ihr das wisst – selig seid ihr, wenn ihr danach handelt.
¹⁹ Nicht von euch allen spreche ich. Ich weiß, welche ich erwählt habe. Aber die Schrift muss erfüllt werden: Der mein Brot isst, hat seine Ferse gegen mich erhoben.
²⁰ Jetzt schon sage ich es euch, bevor es geschieht, damit ihr, wenn es geschehen ist, glaubt, dass ich es bin.
²¹ Amen, amen, ich sage euch: Wer einen aufnimmt, den ich sende, nimmt mich auf; wer aber mich aufnimmt, nimmt den auf, der mich gesandt hat.
²² Denn wer ist größer: der zu Tisch liegt oder der bedient? Ist es nicht derjenige, der zu Tisch liegt? Ich aber bin in euerer Mitte wie einer, der bedient.   Lk 22,27–30
²³ Aber ihr seid es, die in meinen Prüfungen bei mir ausgeharrt haben.
²⁴ Deshalb vermache ich euch das Reich, wie es mein Vater mir vermacht hat:
²⁵ Ihr sollt in meinem Reich an meinem Tisch essen und trinken (...).

136 Die Vorbereitung des Abendmahls

¹ Es kam der Tag der Ungesäuerten Brote, an dem das Paschalamm geschlachtet werden musste.   Lk 22,7–10
² Da entsandte er Petrus und Johannes und sagte: Geht und bereitet uns das Paschamahl vor, damit wir es essen.
³ Sie antworteten ihm: Wo willst du, dass wir es vorbereiten?
⁴ Er antwortete ihnen: (...)
⁵ (...) Geht in die Stadt (...)!   Mk 14,13
⁶ (...) Sobald ihr in die Stadt hineinkommt, wird euch ein Mann begegnen, der einen Wasserkrug trägt. Folgt ihm in das Haus, in das er hineingeht,   Lk 22,10–11
⁷ und sagt zum Herrn des Hauses: (...)
⁸ (...) Der Meister lässt sagen: Meine Zeit ist nahe. Bei dir will ich mit meinen Jüngern das Paschamahl halten.   Mt 26,18
⁹ (...) Wo ist das Gemach, in dem ich mit meinen Jüngern das Paschamahl halten kann?   Lk 22,11–12
¹⁰ Er wird euch ein großes Obergemach zeigen, das mit Polstern belegt ist. (...)

Mk 14,15-16	¹¹ ₍...₎ Dort bereitet es für uns vor. ¹² Da gingen die Jünger, kamen in die Stadt und fanden alles so, wie er es ihnen gesagt hatte, und bereiteten das Paschamahl vor.
Lk 22,14-16	¹³ Als die Stunde gekommen war, legte er sich zu Tisch und die Apostel mit ihm. ¹⁴ Und er sagte zu ihnen: Ich habe mich danach gesehnt, dieses Paschamahl mit euch zu essen, noch bevor mein Leiden beginnt. ¹⁵ Denn ich sage euch: Von nun an werde ich es nicht mehr essen, bis es seine Vollendung im Reich Gottes findet.
Joh 13,21	¹⁶ Nach diesen Worten war Jesus in seinem Inneren erschüttert und beteuerte: Amen, amen, ich sage euch: ₍...₎
Mk 14,18-20	¹⁷ ₍...₎ Einer von euch wird mich ausliefern, einer, der mit mir isst. ¹⁸ Da wurden sie traurig und einer nach dem anderen fragte ihn: Ich bin es doch nicht? ¹⁹ Er aber sagte zu ihnen: Einer von den Zwölf, der mit mir in die Schüssel taucht.
Lk 22,21	²⁰ ₍...₎ Die Hand dessen, der mich verrät, ist mit mir auf dem Tisch.
Mk 14,21	²¹ Zwar geht der Menschensohn dahin, wie von ihm geschrieben steht. Wehe aber dem Menschen, durch den der Menschensohn verraten wird! Besser wäre es für ihn, wenn er nie geboren wäre.
Joh 13,22	²² Da sahen sich die Jünger gegenseitig an, weil sie nicht wussten, wen er meinte.
Lk 22,23	²³ Da begannen sie zu erörtern, wer von ihnen es wohl wäre, der das tun würde.
Joh 13,23-29	²⁴ Einer von seinen Jüngern lag bei Tisch an der Seite Jesu; es war der, den Jesus liebte. ²⁵ Simon Petrus winkte ihm zu, er solle fragen, wen Jesus meine. ²⁶ Der lehnte sich zurück an die Brust Jesu und fragte ihn: Herr, wer ist es? ²⁷ Da antwortete Jesus: Der ist es, dem ich den Bissen eintauchen und geben werde. Darauf tauchte er den Bissen ein, nahm ihn und gab ihn Judas, dem Sohn des Simon Iskariot. ²⁸ Nach dem Bissen fuhr der Satan in ihn. Jesus sagte zu ihm: Was du tun willst, das tue bald! ²⁹ Aber keiner der Tischgenossen verstand, warum er ihm das sagte. ³⁰ Denn da Judas die Kasse führte, meinten einige, Jesus sage zu ihm: Kaufe, was wir für das Fest brauchen!, oder er solle den Armen etwas geben.

³¹ Da entgegnete Judas, der ihn verriet: Ich bin es doch nicht, Rabbi? Er sagte zu ihm: Du sagst es.   Mt 26,25
³² Als jener den Bissen genommen hatte, ging er sofort hinaus. Es war aber Nacht.   Joh 13,30–32
³³ Als er hinausgegangen war, sagte Jesus: Jetzt ist der Menschensohn verherrlicht und Gott ist in ihm verherrlicht.
³⁴ Wenn Gott in ihm verherrlicht ist, wird auch Gott ihn in sich verherrlichen, und er wird ihn bald verherrlichen.

137 Das letzte Abendmahl

¹ Während des Mahls (...)   Mk 14,22
² (...) nahm Jesus Brot, sprach das Segensgebet, brach es und gab es den Jüngern mit den Worten: Nehmt, esst, das ist mein Leib.   Mt 26,26
³ Dann nahm er einen Becher, sprach das Dankgebet, gab ihn ihnen (...)   Mk 14,23
⁴ (...) mit den Worten: Trinkt alle daraus.   Mt 26,27
⁵ (...) Und sie tranken alle daraus.   Mk 14,23–24
⁶ Und er sagte zu ihnen: (...)
⁷ (...) das ist mein Blut des Bundes, das für viele vergossen wird zur Vergebung der Sünden.   Mt 26,28–29
⁸ Ich sage euch: Von nun an werde ich nicht mehr von der Frucht des Weinstocks trinken bis zu dem Tag, an dem ich mit euch von neuem davon trinke im Reich meines Vaters.
⁹ (...) Tut dies zu meinem Gedächtnis!   Lk 22,1
¹⁰ Simon, Simon, der Satan hat verlangt, euch im Sieb zu schütteln wie Weizen.   Lk 22,31–32
¹¹ Ich aber habe für dich gebetet, dass dein Glaube nicht wankt. Und wenn du dich bekehrt hast, stärke deine Brüder!
¹² Meine Kinder, nur noch eine kurze Zeit bin ich bei euch. Ihr werdet mich suchen, und was ich zu den Juden gesagt habe: Wohin ich gehe, dorthin könnt ihr nicht kommen, sage ich jetzt auch zu euch.   Joh 13,33–35
¹³ Ein neues Gebot gebe ich euch: Liebt einander! Wie ich euch geliebt habe, so sollt auch ihr einander lieben.
¹⁴ Daran werden alle erkennen, dass ihr meine Jünger seid, wenn ihr untereinander Liebe habt.

138 Die Ankündigung der Verleugnung durch Petrus

Joh 33,36 ¹Simon Petrus sagte zu ihm: Herr, wohin gehst du? Jesus antwortete ihm: Wohin ich gehe, dorthin kannst du mir jetzt nicht folgen. Du wirst mir aber später folgen.

Mt 26,31–33 ²Da sagte Jesus zu ihnen: In dieser Nacht werdet ihr alle an mir Anstoß nehmen; denn es steht geschrieben: Ich werde den Hirten schlagen und die Schafe der Herde werden sich zerstreuen. ³Wenn ich aber auferweckt worden bin, werde ich euch nach Galiläa vorangehen. ⁴Da antwortete ihm Petrus: Wenn alle an dir Anstoß nehmen, ich werde niemals Anstoß nehmen!

Lk 22,33 ⁵ (...) Herr, ich bin bereit, mit dir in Kerker und Tod zu gehen!
Joh 13,37–38 ⁶ (...) Mein Leben will ich für dich hingeben. ⁷Jesus antwortete: Dein Leben willst du für mich hingeben? Amen, amen, ich sage dir: (...)

Mk 14,30 ⁸ (...) *H*eute, in dieser Nacht, noch ehe der Hahn zweimal kräht, (...)
Lk 22,34 ⁹ (...) hast du dreimal geleugnet, mich zu kennen.
Mk 14,31 ¹⁰ Er aber beteuerte: Und wenn ich mit dir sterben müsste, ich werde dich niemals verleugnen. Ähnlich sprachen auch alle.

139 Jesus, der Weg zum Vater

Joh 14,1–20 ¹Euer Herz erschrecke nicht. Glaubt an Gott und glaubt an mich! ²Im Haus meines Vaters sind viele Wohnungen. Wäre es nicht so, hätte ich euch dann gesagt: Ich gehe, um euch einen Platz zu bereiten? ³Und wenn ich gegangen bin und euch einen Platz bereitet habe, komme ich wieder und werde euch zu mir nehmen, damit auch ihr seid, wo ich bin. ⁴Und wohin ich gehe – den Weg dorthin kennt ihr. ⁵Thomas sagte zu ihm: Herr, wir wissen nicht, wohin du gehst. Wie können wir dann den Weg wissen? ⁶Jesus sagte zu ihm: Ich bin der Weg und die Wahrheit und das Leben. Niemand kommt zum Vater außer durch mich. ⁷Wenn ihr mich erkannt habt, werdet ihr auch meinen Vater erkennen. Schon jetzt kennt ihr ihn und habt ihn gesehen. ⁸Philippus sagte zu ihm: Herr, zeig uns den Vater, und es genügt uns.

⁹ Jesus antwortete ihm: Schon so lange Zeit bin ich bei euch und du hast mich nicht erkannt, Philippus? Wer mich gesehen hat, hat den Vater gesehen. Wie kannst du sagen: Zeig uns den Vater?
¹⁰ Glaubst du nicht, dass ich im Vater bin und der Vater in mir ist? Die Worte, die ich zu euch sage, rede ich nicht von mir selbst aus. Der Vater, der in mir bleibt, vollbringt seine Werke.
¹¹ Glaubt mir, dass ich im Vater bin und der Vater in mir ist. Wenn nicht, so glaubt doch um der Werke selbst willen!
¹² Amen, amen, ich sage euch: Wer an mich glaubt, wird die Werke, die ich vollbringe, auch vollbringen. Und er wird noch größere vollbringen; denn ich gehe zum Vater.
¹³ Und um was ihr in meinem Namen bittet, werde ich tun, damit der Vater im Sohn verherrlicht wird.
¹⁴ Wenn ihr mich um irgendetwas in meinem Namen bittet, werde ich es tun.
¹⁵ Wenn ihr mich liebt, werdet ihr meine Gebote halten,
¹⁶ und ich werde den Vater bitten, und er wird euch einen anderen Beistand geben, der in Ewigkeit bei euch bleibt,
¹⁷ den Geist der Wahrheit, den die Welt nicht empfangen kann, weil sie ihn nicht sieht und nicht kennt. Ihr kennt ihn, weil er bei euch bleibt und in euch sein wird.
¹⁸ Ich werde euch nicht als Waisen zurücklassen. Ich komme zu euch.
¹⁹ Noch kurze Zeit und die Welt sieht mich nicht mehr. Ihr aber seht mich, weil ich lebe und auch ihr leben werdet.
²⁰ An jenem Tag werdet ihr erkennen, dass ich in meinem Vater bin und ihr in mir seid und ich in euch.

140 Das Kommen des Beistands

¹ Wer meine Gebote hat und sie hält, der ist es, der mich liebt. Wer aber mich liebt, wird von meinem Vater geliebt werden, und auch ich werde ihn lieben und mich ihm offenbaren. Joh 14,21-31
² Judas, nicht der Iskariot, sagte zu ihm: Herr, was ist geschehen, dass du dich uns offenbaren willst und nicht der Welt?
³ Jesus antwortete ihm: Wenn jemand mich liebt, wird er mein Wort halten und mein Vater wird ihn lieben; wir werden zu ihm kommen und Wohnung bei ihm nehmen.
⁴ Wer mich nicht liebt, hält meine Worte nicht. Und das Wort, das ihr hört, ist nicht von mir, sondern vom Vater, der mich gesandt hat.

⁵ Das habe ich zu euch gesagt, während ich noch bei euch bin.
⁶ Der Beistand aber, der Heilige Geist, den der Vater in meinem Namen senden wird, der wird euch alles lehren und euch an alles erinnern, was ich euch gesagt habe.
⁷ Frieden hinterlasse ich euch, meinen Frieden gebe ich euch. Nicht so, wie die Welt ihn gibt, gebe ich ihn euch. Euer Herz erschrecke nicht und verzage nicht.
⁸ Ihr habt gehört, dass ich zu euch gesagt habe: Ich gehe fort und komme wieder zu euch. Liebtet ihr mich, würdet ihr euch freuen, dass ich zum Vater gehe; denn der Vater ist größer als ich.
⁹ Schon jetzt habe ich es euch gesagt, bevor es geschieht, damit ihr, wenn es geschieht, glaubt.
¹⁰ Ich werde nicht mehr viel mit euch reden. Denn der Fürst der Welt kommt. Gegen mich vermag er nichts,
¹¹ aber die Welt soll erkennen, dass ich den Vater liebe und so handle, wie mir der Vater aufgetragen hat. (...)

Lk 22,35-38 ¹² Er sagte zu ihnen: Als ich euch ohne Geldbeutel und Tasche und Schuhe aussandte, hat es euch da an irgendetwas gemangelt? Sie antworteten: An nichts.
¹³ Da sagte er zu ihnen: Jetzt aber soll der, der einen Geldbeutel hat, ihn mitnehmen, ebenfalls eine Tasche; und wer kein Schwert hat, soll seinen Mantel verkaufen und sich dafür eines kaufen.
¹⁴ Denn ich sage euch: Dieses Schriftwort muss sich an mir erfüllen: Er wurde zu den Übeltätern gezählt. Denn was mir bestimmt ist, geht jetzt in Erfüllung.
¹⁵ Da sagten sie: Herr, hier sind zwei Schwerter. Er erwiderte: Nun genug!

Joh 14,31 ¹⁶ (...) Steht auf, wir wollen weggehen von hier!⁽⁵⁷⁾
Lk 22,39 ¹⁷ Er ging hinaus und begab sich nach seiner Gewohnheit zum Ölberg; die Jünger folgten ihm.
Joh 15,1-27 ¹⁸ Ich bin der wahre Weinstock und mein Vater ist der Winzer.
¹⁹ Jede Rebe an mir, die keine Frucht bringt, entfernt er, und jede, die Frucht bringt, reinigt er, damit sie noch mehr Frucht bringt.
²⁰ Ihr seid schon rein durch das Wort, das ich zu euch gesagt habe.
²¹ Bleibt in mir, dann bleibe ich in euch. Wie die Rebe aus sich keine Frucht bringen kann, sondern nur, wenn sie am Weinstock bleibt, so könnt auch ihr es nicht, wenn ihr nicht in mir bleibt.

⁽⁵⁷⁾ Hier ergänzte Preuschens Tatianübersetzung: „Und sie standen auf und priesen Gott".

²² Ich bin der Weinstock, ihr die Reben. Wer in mir bleibt und in wem ich bleibe, der bringt viel Frucht. Denn ohne mich könnt ihr nichts tun.
²³ Wenn einer nicht in mir bleibt, wird er fortgeworfen wie die Reben und verdorrt. Man sammelt sie und wirft sie ins Feuer und sie verbrennen.
²⁴ Wenn ihr in mir bleibt und meine Worte in euch bleiben, dann bittet, um was ihr wollt, und es wird euch zuteilwerden.
²⁵ Dadurch wird mein Vater verherrlicht, dass ihr viel Frucht bringt und meine Jünger seid.
²⁶ Wie mich der Vater geliebt hat, so habe auch ich euch geliebt. Bleibt in meiner Liebe!
²⁷ Wenn ihr meine Gebote haltet, werdet ihr in meiner Liebe bleiben, so wie ich die Gebote meines Vaters gehalten habe und in seiner Liebe bleibe.
²⁸ Das habe ich zu euch gesagt, damit meine Freude in euch ist und euere Freude vollkommen wird.
²⁹ Das ist mein Gebot, dass ihr einander liebt, wie ich euch geliebt habe.
³⁰ Eine größere Liebe hat niemand als die, dass er sein Leben für seine Freunde hingibt.
³¹ Ihr seid meine Freunde, wenn ihr tut, was ich euch auftrage.
³² Ich nenne euch nicht mehr Knechte; denn der Knecht weiß nicht, was sein Herr tut. Euch habe ich Freunde genannt, weil ich euch alles mitgeteilt habe, was ich von meinem Vater gehört habe.
³³ Nicht ihr habt mich erwählt, sondern ich habe euch erwählt und euch dazu bestimmt, dass ihr geht und Frucht bringt und dass euere Frucht bleibt, damit der Vater euch gibt, was immer ihr von ihm in meinem Namen erbittet.
³⁴ Dies trage ich euch auf: dass ihr einander liebt.
³⁵ Wenn die Welt euch hasst, so bedenkt, dass sie mich schon vor euch gehasst hat.
³⁶ Gehörtet ihr zur Welt, würde die Welt euch als das Ihre lieben. Weil ihr aber nicht zur Welt gehört, sondern weil ich euch aus der Welt erwählt habe, darum hasst euch die Welt.
³⁷ Denkt an das Wort, das ich euch gesagt habe: Ein Knecht ist nicht größer als sein Herr. Wenn sie mich verfolgt haben, werden sie auch euch verfolgen; wenn sie mein Wort gehalten haben, so werden sie auch das euere halten.

⁳⁸ Das alles werden sie euch um meines Namens willen antun, weil sie den nicht kennen, der mich gesandt hat.
³⁹ Wäre ich nicht gekommen und hätte nicht zu ihnen gesprochen, so hätten sie keine Sünde. Nun aber haben sie keine Entschuldigung für ihre Sünde.
⁴⁰ Wer mich hasst, hasst auch meinen Vater.
⁴¹ Hätte ich nicht die Werke in ihrer Mitte vollbracht, die kein anderer vollbracht hat, so hätten sie keine Sünde. Jetzt aber haben sie sie gesehen und hassen dennoch mich und meinen Vater.
⁴² Aber das Wort, das in ihrem Gesetz steht, musste erfüllt werden: Sie haben mich ohne Grund gehasst.
⁴³ Wenn der Beistand kommt, den ich euch vom Vater senden werde, der Geist der Wahrheit, der vom Vater ausgeht, wird er von mir Zeugnis ablegen.
⁴⁴ Aber auch ihr sollt Zeugnis ablegen, weil ihr von Anfang an bei mir seid.

Joh 16,1–15 ⁴⁵ Das habe ich zu euch gesagt, damit ihr keinen Anstoß nehmt.
⁴⁶ Sie werden euch aus den Synagogen ausstoßen. Ja, es kommt die Stunde, in der jeder, der euch tötet, Gott damit einen heiligen Dienst zu erweisen glaubt.
⁴⁷ Das werden sie tun, weil sie weder den Vater noch mich erkannt haben.
⁴⁸ Ich habe es zu euch gesagt, damit ihr, wenn ihre Stunde kommt, euch daran erinnert, dass ich es euch gesagt habe.
Das habe ich euch nicht von Anfang an gesagt, weil ich bei euch war.
⁴⁹ Jetzt aber gehe ich zu dem, der mich gesandt hat, und keiner von euch fragt mich: Wohin gehst du?
⁵⁰ Sondern weil ich euch das gesagt habe, hat die Traurigkeit euer Herz erfüllt.
⁵¹ Aber ich sage euch die Wahrheit: Es ist gut für euch, dass ich weggehe. Denn wenn ich nicht weggehe, wird der Beistand nicht zu euch kommen. Wenn ich aber weggehe, werde ich ihn zu euch senden.
⁵² Und wenn er kommt, wird er die Welt überführen (und aufdecken), was Sünde, Gerechtigkeit und Gericht ist.
⁵³ Über Sünde, weil sie nicht an mich glauben;
⁵⁴ über Gerechtigkeit, weil ich zum Vater gehe und ihr mich nicht mehr seht;

⁵⁵ über Gericht, weil der Fürst der Welt gerichtet ist.
⁵⁶ Noch vieles habe ich euch zu sagen; aber ihr könnt es jetzt nicht tragen.
⁵⁷ Wenn aber jener kommt, der Geist der Wahrheit, wird er euch zur vollen Wahrheit führen. Denn er wird nicht von sich selbst aus reden, sondern er wird reden, was er hört, und das Kommende wird er euch verkünden.
⁵⁸ Er wird mich verherrlichen; denn er wird von dem Meinigen nehmen und es euch verkünden.
⁵⁹ Alles, was der Vater hat, ist mein. Deshalb habe ich gesagt: Er nimmt von dem Meinigen und wird es euch verkünden.

141 Der Abschied Jesu

¹ Noch kurze Zeit und ihr seht mich nicht mehr⁽⁵⁸⁾; und wieder eine kurze Zeit und ihr werdet mich sehen.   *Joh 16,16–33*
² Da sagten einige seiner Jünger zueinander: Was soll das heißen, wenn er zu uns sagt: Eine kurze Zeit und ihr seht mich nicht mehr; und wieder eine kurze Zeit und ihr werdet mich sehen? Und: Ich gehe zum Vater?
³ Sie sagten: Was ist das: eine kurze Zeit? Wir verstehen nicht, wovon er redet.
⁴ Jesus merkte, dass sie ihn fragen wollten, und sagte zu ihnen: Darüber fragt ihr euch untereinander, dass ich gesagt habe: Noch kurze Zeit und ihr seht mich nicht mehr; und wieder eine kurze Zeit und ihr werdet mich sehen?
⁵ Amen, amen, ich sage euch: Ihr werdet weinen und klagen, die Welt aber wird sich freuen. Ihr werdet traurig sein, aber euere Trauer wird sich in Freude verwandeln.
⁶ Wenn die Frau gebären soll, ist sie traurig, weil ihre Stunde gekommen ist. Wenn sie aber das Kind geboren hat, denkt sie nicht mehr an die Bedrängnis vor Freude darüber, dass ein Mensch zur Welt gekommen ist.
⁷ Auch ihr seid jetzt traurig. Aber ich werde euch wiedersehen. Da wird sich euer Herz freuen und euere Freude nimmt euch niemand weg.

⁽⁵⁸⁾ Hier ergänzte Preuschens Tatianübersetzung: „..., weil ich zum Vater gehe". Dies widerspricht in gewisser Weise Joh 16,10. „..., weil ich zum Vater gehe und ihr mich nicht mehr seht."

⁸ An jenem Tag werdet ihr mich nichts mehr fragen. Amen, amen, ich sage euch: Wenn ihr den Vater um etwas bittet in meinem Namen, wird er es euch geben.
⁹ Bis jetzt habt ihr um nichts in meinem Namen gebeten. Bittet, und ihr werdet empfangen, damit euere Freude vollkommen ist.
¹⁰ Dies habe ich in Bildern zu euch gesagt. Es kommt die Stunde, in der ich nicht mehr in Bildern zu euch spreche, sondern euch unverhüllt vom Vater künden werde.
¹¹ An jenem Tag werdet ihr in meinem Namen bitten, und ich sage nicht, dass ich den Vater für euch bitten werde.
¹² Denn der Vater selbst liebt euch, weil ihr mich geliebt und geglaubt habt, dass ich von Gott ausgegangen bin.
¹³ Ich bin vom Vater ausgegangen und in die Welt gekommen. Nun verlasse ich die Welt wieder und gehe zum Vater.
¹⁴ Da sagten seine Jünger: Jetzt redest du unverhüllt und ohne Bilder.
¹⁵ Jetzt wissen wir, dass du alles weißt und nicht nötig hast, dass dich jemand fragt. Deshalb glauben wir, dass du von Gott ausgegangen bist.
¹⁶ Jesus antwortete ihnen: Glaubt ihr jetzt?
¹⁷ Es kommt die Stunde und sie ist schon da, in der ihr zerstreut werdet, ein jeder in sein Haus, und mich alleinlasst. Doch bin ich nicht allein, weil der Vater bei mir ist.
¹⁸ Das habe ich zu euch gesagt, damit ihr in mir Frieden habt. In der Welt seid ihr in Bedrängnis. Aber habt Mut! Ich habe die Welt besiegt.

142 Das Hohepriesterliche Gebet

Joh 17,1-26

¹ Als Jesus das gesagt hatte, erhob er seine Augen zum Himmel und betete: Vater, die Stunde ist gekommen. Verherrliche deinen Sohn, damit der Sohn dich verherrlicht.
² Denn du hast ihm Macht über alles Fleisch gegeben, damit er allen, die du ihm gegeben hast, ewiges Leben schenkt.
³ Das ist das ewige Leben, dass sie dich, den allein wahren Gott, erkennen und Jesus Christus, den du gesandt hast.
⁴ Ich habe dich auf der Erde verherrlicht, ich habe das Werk vollendet, das zu vollbringen du mir aufgetragen hast.
⁵ Jetzt verherrliche du mich, Vater, bei dir selbst mit der Herrlichkeit, die ich bei dir hatte, bevor die Welt war.

⁶ Ich habe deinen Namen den Menschen offenbart, die du mir aus der Welt gegeben hast. Dein waren sie und mir hast du sie gegeben; und sie haben an deinem Wort festgehalten.
⁷ Jetzt wissen sie, dass alles, was du mir gegeben hast, von dir kommt.
⁸ Denn die Worte, die du mir gegeben hast, habe ich ihnen gegeben, und sie haben sie angenommen und wirklich erkannt, dass ich von dir ausgegangen bin. Sie sind zu dem Glauben gekommen, dass du mich gesandt hast.
⁹ Ich bitte für sie. Nicht für die Welt bitte ich, sondern für alle, die du mir gegeben hast. Denn dein Eigentum sind sie und
¹⁰ alles, was mein ist, ist dein, und was dein ist, ist mein. Und ich bin in ihnen verherrlicht.
¹¹ Ich bin nicht mehr in der Welt; aber sie sind in der Welt und ich gehe zu dir. Heiliger Vater, bewahre sie in deinem Namen, den du mir gegeben hast, damit sie eins sind wie wir.
¹² Solange ich bei ihnen war, habe ich sie in deinem Namen bewahrt, den du mir gegeben hast, und habe sie behütet. Keiner von ihnen ist verloren gegangen, außer dem Sohn des Verderbens, damit sich die Schrift erfüllt.
¹³ Jetzt aber komme ich zu dir. Doch dies rede ich noch in der Welt, damit sie meine Freude in Fülle in sich haben.
¹⁴ Ich habe ihnen dein Wort gegeben und die Welt hat sie gehasst, weil sie nicht von der Welt sind, wie auch ich nicht von der Welt bin.
¹⁵ Ich bitte nicht, dass du sie aus der Welt nimmst, sondern dass du sie vor dem Bösen bewahrst.
¹⁶ Sie sind nicht von der Welt, so wie ich nicht von der Welt bin.
¹⁷ Heilige sie in der Wahrheit! Dein Wort ist Wahrheit.
¹⁸ Wie du mich in die Welt gesandt hast, so habe auch ich sie in die Welt gesandt.
¹⁹ Für sie heilige ich mich, damit auch sie in der Wahrheit geheiligt sind.
²⁰ Ich bitte aber nicht allein für sie, sondern auch für alle, die durch ihr Wort an mich glauben (werden).
²¹ Alle sollen eins sein, wie du, Vater, in mir bist und ich in dir, damit auch sie in uns sind und die Welt glaubt, dass du mich gesandt hast.
²² Und ich habe die Herrlichkeit, die du mir gegeben hast, ihnen gegeben, damit sie eins sind, wie wir eins sind,

²³ ich in ihnen und du in mir. So sollen sie zur vollendeten Einheit gelangen, damit die Welt erkennt, dass du mich gesandt und sie geliebt hast, wie du mich geliebt hast.
²⁴ Vater, ich will, dass alle, die du mir gegeben hast, bei mir sind, wo ich bin, damit sie meine Herrlichkeit sehen, die du mir gegeben hast, weil du mich schon vor der Erschaffung der Welt geliebt hast.
²⁵ Gerechter Vater, die Welt hat dich nicht erkannt; ich aber habe dich erkannt und sie haben erkannt, dass du mich gesandt hast.
²⁶ Ich habe ihnen deinen Namen kundgetan und werde ihn weiterhin kundtun, damit die Liebe, mit der du mich geliebt hast, in ihnen ist und auch ich in ihnen.

143 Im Garten Getsemani

Joh 18,1 ¹ Nach diesen Worten ging Jesus mit seinen Jüngern hinaus (...)
Mt 26,36 ² (...) *an ein Gehöft namens Getsemani*⁽⁵⁹⁾ (...)
Joh 18,1-2 ³ (...) auf die andere Seite des Baches Kidron. Dort war ein Garten, in den er mit seinen Jüngern ging.
⁴ Aber auch Judas, sein Verräter, kannte den Ort, weil Jesus dort oft mit seinen Jüngern zusammengekommen war.
Lk 22,40 ⁵ Als er an den Ort gelangt war, sagte er zu ihnen: (...)
Mt 26,36 ⁶ (...) Setzt euch hier, während ich dorthin gehe und bete.
Lk 22,40 ⁷ (...) Betet, dass ihr nicht in Versuchung geratet.
Mt 26,37-38 ⁸ Und er nahm Petrus und die beiden Zebedäussöhne (...)
Mk 14,33 ⁹ (...) Jakobus und Johannes (...)⁽⁶⁰⁾
Mt 26,37-38 ¹⁰ (...) mit sich und begann sich zu betrüben und zu verzagen.
¹¹ Da sagte er zu ihnen: Meine Seele ist betrübt bis in den Tod. Bleibt hier und wacht mit mir!
Lk 22,41 ¹² Und er trennte sich von ihnen etwa einen Steinwurf weit, kniete nieder (...)
Mt 26,39 ¹³ (...), *warf sich auf sein Angesicht nieder*⁽⁶¹⁾ (...)
Mk 14,35-36 ¹⁴ (...) und betete, dass die Stunde, wenn es möglich wäre, an ihm vorübergehe.
¹⁵ Er sprach: Abba, Vater, alles ist dir möglich. (...)
Lk 22,42 ¹⁶ Vater, wenn du willst, lass diesen Kelch an mir vorübergehen. Doch nicht mein, sondern dein Wille soll geschehen.

⁽⁵⁹⁾ Zeile nicht wie bei Preuschen aus Joh 18, sondern hier aus Mt ergänzt.
⁽⁶⁰⁾ Preuschen verweist in dieser Zeile auf Mt 26.
⁽⁶¹⁾ Preuschen verweist hier auf Lk 22.

¹⁷ Und er kam zu den Jüngern zurück und fand sie schlafend. Da sagte er zu Petrus: (...) Mt 26,40
¹⁸ (...) Simon, du schläfst? (...) Mk 14,37
¹⁹ (...) Konntet ihr nicht eine Stunde mit mir wachen? Mt 26,40-41
²⁰ Wacht und betet, damit ihr nicht in Versuchung fallt! (...)
²¹ (...) Der Geist ist zwar willig, das Fleisch aber schwach. Mk 14,38
²² Wiederum ging er weg, zum zweiten Mal, und betete: Mein Vater, wenn dieser Kelch nicht an mir vorübergehen kann, ohne dass ich ihn trinke, so geschehe dein Wille. Mt 26,42
²³ Als er zurückkam, fand er sie wieder schlafend, denn die Augen waren ihnen schwer geworden; (...) Mk 14,40
²⁴ (...) vor Traurigkeit[62] Lk 22,45
²⁵ (...) und sie wussten nicht, was sie ihm antworten sollten. Mk 14,40
²⁶ Da ließ er sie, ging nochmals weg und betete zum dritten Mal mit den gleichen Worten. Mt 26,44
²⁷ Da erschien ihm ein Engel vom Himmel und stärkte ihn. Lk 22,43-46
²⁸ Und er geriet in Angst und betete noch inständiger. Sein Schweiß war wie Blut, das auf die Erde tropfte.
²⁹ Als er sich vom Gebet erhob und zu den Jüngern zurückkehrte, fand er sie schlafend (...).
³⁰ Da sagte er zu ihnen: (...)
³¹ (...) Schlaft ihr weiter und ruht? (...) Mt 26,45
³² (...) Die Stunde ist gekommen; jetzt wird der Menschensohn in die Hände der Sünder ausgeliefert. Mk 14,41-42
³³ Steht auf, wir wollen gehen! (...)

144 Die Gefangennahme

¹ (...) Seht, der Verräter ist da. Mt 26,46-47
² Und noch während er redete, kam Judas, einer der Zwölf, und mit ihm eine große Schar[63] mit Schwertern und Knüppeln, von den Hohepriestern und den Ältesten des Volkes.[64]
³ Der Verräter hatte mit ihnen ein Zeichen verabredet und gesagt: Der, den ich küssen werde, der ist es; den nehmt fest und führt ihn sicher ab! Mk 14,44
⁴ Jesus, der alles wusste, was ihm bevorstand, trat hinaus (...). Joh 18,4

---

[62] Preuschen verweist auf Mk 14, hier ergänzt aus Lk.
[63] Hier ergänzte Preuschens Tatianübersetzung: „... mit Fackeln und Laternen". Ähnlich auch bei Joh 18,3: „... mit Fackeln, Laternen und Waffen ...".
[64] Hier ergänzte Preuschens Tatianübersetzung: „... und mit ihm Soldaten". Joh 18,3 spricht von „Kohorte".

Mt 26,49-50	⁵ Sofort ging *Judas* auf Jesus zu und sagte: Sei gegrüßt, Rabbi! Und er küsste ihn.
	⁶ Jesus aber sagte zu ihm: (...)
Lk 22,48	⁷ (...) Judas, mit einem Kuss verrätst du den Menschensohn?
Mt 26,50	⁸ (...) Freund, dazu bist du gekommen? (...)
Lk 22,52	⁹ Zu den Hohepriestern aber, den Tempelhauptleuten und Ältesten, die zu ihm herangetreten waren, sagte Jesus: (...)
Joh 18,4-9	¹⁰ (...) Wen sucht ihr?
	¹¹ Sie antworteten ihm: Jesus, den Nazoräer. Er sagte zu ihnen: Ich bin es. Auch Judas, sein Verräter, stand bei ihnen.
	¹² Als er zu ihnen sagte: Ich bin es, wichen sie zurück und stürzten zu Boden.
	¹³ Da fragte er sie wiederum: Wen sucht ihr? Sie sagten: Jesus, den Nazoräer.
	¹⁴ Jesus antwortete: Ich habe euch gesagt, dass ich es bin. Wenn ihr also mich sucht, dann lasst diese gehen!
	¹⁵ So sollte sich das Wort erfüllen, das er gesagt hatte: Von denen, die du mir gegeben hast, habe ich keinen verloren.
Mt 26,50	¹⁶ (...) Da traten sie hinzu, legten Hand an Jesus und nahmen ihn fest.
Lk 22,49	¹⁷ Als seine Begleiter sahen, was bevorstand, sagten sie: Herr, sollen wir mit dem Schwert dreinschlagen?
Joh 18,10-11	¹⁸ Simon Petrus aber, der ein Schwert hatte, zog es, schlug auf den Knecht des Hohepriesters ein und hieb ihm das rechte Ohr ab. Der Name des Knechts war Malchus.
	¹⁹ Da sagte Jesus zu Petrus: (...) Soll ich den Kelch, den mir der Vater gegeben hat, nicht trinken?
Mt 26,52-54	²⁰ (...) Steck dein Schwert an seinen Platz! Denn alle, die zum Schwert greifen, werden durch das Schwert umkommen.
	²¹ Oder glaubst du nicht, ich könnte meinen Vater bitten und er würde mir sogleich mehr als zwölf Legionen Engel zur Seite stellen?
	²² Wie aber würde dann die Schrift erfüllt, dass es so geschehen muss?
Lk 22,51	²³ (...) Und er berührte das Ohr und heilte ihn.
Mt 26,55	²⁴ In jener Stunde sagte Jesus zu den Scharen: Wie gegen einen Räuber seid ihr ausgezogen mit Schwertern und Knüppeln, um mich gefangen zu nehmen? Täglich saß ich im Tempel und lehrte und ihr habt mich nicht festgenommen.
Lk 22,53	²⁵ (...) Aber das ist euere Stunde und die Macht der Finsternis.

²⁶ Das alles aber ist geschehen, damit die Schriften der Propheten erfüllt werden. Da verließen ihn alle Jünger und flohen. Mt 26,56
²⁷ Die Kohorte, der Hauptmann und die Diener der Juden nahmen Jesus fest ₍...₎⁽⁶⁵⁾. Joh 18,12
²⁸ Ein junger Mann aber folgte ihm, nur mit einem Leinentuch auf bloßem Leib bekleidet. Als sie ihn ergreifen wollten, Mk 14,51-52
²⁹ ließ er das Tuch fallen und entfloh nackt.
³⁰ ₍...₎ *Sie* nahmen Jesus fest, banden ihn Joh 18,12-14
³¹ und führten ihn zunächst zu Hannas. Er war nämlich der Schwiegervater des Kajaphas, der in jenem Jahr Hohepriester war.
³² Kajaphas aber war es, der den Juden den Rat gegeben hatte, es sei besser, dass ein Mensch für das Volk stirbt.

145 Die erste Verleugnung durch Petrus

¹ Simon Petrus und ein anderer Jünger folgten Jesus. Jener Jünger war mit dem Hohepriester bekannt und ging mit Jesus in den Palasthof des Hohepriesters hinein. Joh 18,15-17
² Petrus aber blieb draußen an der Tür stehen. Da kam der andere Jünger, der mit dem Hohepriester bekannt war, heraus, sprach mit der Türhüterin und holte Petrus hinein.
³ Da sagte die Magd, die Türhüterin, zu Petrus: Bist du nicht auch einer von den Jüngern dieses Menschen⁽⁶⁶⁾? ₍...₎
⁴ Er aber leugnete und sagte: Frau, ich kenne ihn nicht. Lk 22,57
⁵ ₍...₎ Ich weiß nicht und verstehe nicht, was du meinst. ₍...₎ Mk 14,68
⁶ Die Knechte und die Diener aber hatten sich, weil es kalt war, ein Kohlenfeuer gemacht⁽⁶⁷⁾ und standen da und wärmten sich. ₍...₎ Joh 18,18
⁷ ⁽⁶⁸⁾Als sie aber mitten im Hof *das* Feuer angezündet und sich zusammengesetzt hatten, setzte sich Petrus mitten unter sie. Lk 22,55
⁸ ₍...₎ um zu sehen, wie es ausgehen würde, Mt 26,58
⁹ ₍...₎ und wärmte sich. Joh 18,18

⁽⁶⁵⁾ Hier ergänzte Preuschens Tatianübersetzung: „... und gingen weg".
⁽⁶⁶⁾ Hier ergänzte Preuschens Tatianübersetzung: „d. h. Jesus dem Nazoräer". Vgl. Mt 26,71 und Mk 14,67.
⁽⁶⁷⁾ Hier ergänzte Preuschens Tatianübersetzung: „inmitten des Hofes". So auch Lk 22,55.
⁽⁶⁸⁾ Reihenfolge in EE 56,69-71 gegenüber der Preuschen Tatianübersetzung aus sprachlichen Gründen geändert von Lk, Joh, und Mt zu jetzt Lk, Mt und Joh.

146 Jesus vor dem Hohepriester

Joh 18,19-25
¹ Der Hohepriester befragte Jesus über seine Jünger und über seine Lehre.
² Jesus antwortete ihm: Ich habe offen heraus zur Welt gesprochen. Ich habe immer in der Synagoge und im Tempel gelehrt, wo alle Juden zusammenkommen; im Verborgenen habe ich nichts gesprochen.
³ Warum fragst du mich? Frage die, die gehört haben, was ich zu ihnen gesagt habe. Sie wissen, was ich geredet habe.
⁴ Als er aber das sagte, versetzte einer der Diener, der dabeistand, Jesus einen Schlag ins Gesicht und sagte: So antwortest du dem Hohepriester?
⁵ Jesus erwiderte ihm: Wenn ich ungehörig geredet habe, so weise mir das Ungehörige nach; habe ich aber recht geredet, warum schlägst du mich?
⁶ Da schickte ihn Hannas gefesselt zum Hohepriester Kajaphas.

147 Die zweite und dritte Verleugnung durch Petrus

¹ ⁽⁶⁹⁾Simon Petrus aber stand da und wärmte sich. (...)

Mk 14,69 ² Als die Magd ihn dort sah, fing sie von neuem an, zu den Umstehenden zu sagen: (...)

Mt 26,71 ³ (...) Der da war bei Jesus, dem Nazoräer. (...)

Mt 26,73 ⁴ Nach einer Weile kamen die Umstehenden hinzu und sagten zu Petrus: Du bist bestimmt auch einer von ihnen. (...)

Mt 26,72 ⁵ Er leugnete wiederum und schwor: Ich kenne den Menschen nicht.

Lk 22,58 ⁶ Kurz darauf sah ihn (...)

Joh 18,26 ⁷ einer von den Knechten des Hohepriesters, ein Verwandter dessen, dem Petrus das Ohr abgeschlagen hatte, *und* sagte: (...)

Lk 22,59 ⁸ (...) Wahrhaftig, der war auch bei ihm; er ist doch auch ein Galiläer.

Mt 26,73 ⁹ (...) *Deine Sprache verrät dich ja.*

Joh 18,26 ¹⁰ (...) Habe ich dich nicht im Garten bei ihm gesehen?

Mk 14,71 ¹¹ Da fing er an zu fluchen und zu schwören:
¹² Ich kenne diesen Menschen nicht, von dem ihr redet! (...)

Lk 22,60-61 ¹³ (...) Sogleich, während er noch redete, krähte ein Hahn.

⁽⁶⁹⁾ Hier ergänzte Preuschens Tatianübersetzung: „Und als Jesus hinausgegangen war, ..."

¹⁴ Da wandte sich der Herr um und blickte Petrus an; und Petrus erinnerte sich an das Wort des Herrn, wie er zu ihm gesagt hatte: (...)
¹⁵ (...) Ehe der Hahn zweimal kräht, wirst du mich dreimal verleugnen. (...) Mk 14,72
¹⁶ Und er ging hinaus und weinte bitterlich. Lk 22,62

148 Jesus vor dem Hohen Rat

¹ Als es Tag wurde, versammelte sich der Ältestenrat des Volkes, die Hohepriester und die Schriftgelehrten; sie führten ihn vor ihre Ratsversammlung Lk 22,66
² Als es Morgen wurde, fassten alle Hohepriester und Ältesten des Volkes den Beschluss, Jesus zu töten. Mt 27,1
³ Die Hohepriester und der ganze Hohe Rat suchten eine falsche Zeugenaussage gegen Jesus, um ihn zum Tod verurteilen zu können, Mt 26,59-60
⁴ fanden aber nichts, obwohl viele falsche Zeugen auftraten. Schließlich traten zwei auf und behaupteten: (...)
⁵ Wir haben ihn sagen hören: Ich werde diesen Tempel, der mit Händen errichtet ist, niederreißen und in drei Tagen einen anderen aufbauen, der nicht mit Händen gemacht ist. Mk 14,58-59
⁶ Aber auch dabei stimmte ihre Aussage nicht überein.
⁷ Jesus aber schwieg. (...) Mt 26,63
⁸ Da erhob sich der Hohepriester, trat in die Mitte und fragte Jesus: (...) Mk 14,60
⁹ (...) Antwortest du nichts auf das, was diese gegen dich aussagen? Mt 26,62
¹⁰ Er aber schwieg und antwortete nichts. (...) Mk 14,61
¹¹ (...) Sie führten ihn vor ihre Ratsversammlung Lk 22,66-68
¹² und sagten: Wenn du der Messias bist, dann sage es uns! Er antwortete ihnen: Wenn ich es euch sage, werdet ihr (mir) nicht glauben;
¹³ wenn ich aber frage, werdet ihr nicht antworten.⁽⁷⁰⁾
¹⁴ (...) Da sagte der Hohepriester zu ihm: Ich beschwöre dich bei dem lebendigen Gott, sag uns: Bist du der Messias, der Sohn Gottes? Mt 26,63-64
¹⁵ Jesus antwortete ihm: Du hast es gesagt. (...)
¹⁶ Da sagten alle: Du bist also der Sohn Gottes? Er antwortete ihnen: Ihr sagt es; ich bin es. Lk 22,70

⁽⁷⁰⁾ Hier ergänzte Preuschens Tatianübersetzung: „... oder lasst mich nicht frei".

Mt 26,64	¹⁷ ₍₎ Ich sage euch: Von nun an werdet ihr den Menschensohn zur Rechten der Macht sitzen und auf den Wolken des Himmels kommen sehen.
Mk 14,63	¹⁸ Da zerriss der Hohepriester sein Gewand und rief: ₍₎
Mt 26,65	¹⁹ ₍₎ Er hat gelästert! ₍₎
Lk 22,71	²⁰ Da riefen sie: Was brauchen wir noch Zeugenaussagen? Wir haben es ja selbst aus seinem Mund gehört!
Mk 14,64	²¹ ₍₎ Was ist euere Meinung? ₍₎
Mt 26,66	²² ₍₎ Sie antworteten: Er ist des Todes schuldig.
Mk 14,65	²³ Und einige spien ihn an, verhüllten sein Gesicht, ₍₎
Lk 22,63	²⁴ ₍₎ verspotteten und schlugen ihn
Mk 14,65	²⁵ ₍₎ und riefen: ₍₎
Mt 26,68	²⁶ ₍₎ Weissage uns, Messias: Wer hat dich geschlagen?
Lk 22,65	²⁷ Und noch viele andere Schmähungen stießen sie gegen ihn aus.

149 Die Auslieferung an Pilatus

Lk 23,1	¹ Die ganze Versammlung stand auf ₍₎ ⁽⁷¹⁾
Mk 15,1	² ₍₎ und übergaben ihn Pilatus.
Joh 18,28	³ ₍₎ Sie selbst gingen nicht in das Prätorium hinein, um nicht unrein zu werden, sondern das Paschamahl essen zu können.
Mt 27,11	⁴ Jesus wurde vor den Statthalter geführt. ₍₎
Joh 18,29-30	⁵ Pilatus kam zu ihnen heraus und sagte: Was für eine Anklage habt ihr gegen diesen Menschen vorzubringen?
	⁶ Sie antworteten ihm: Wenn er kein Verbrecher wäre, hätten wir ihn dir nicht ausgeliefert.
Lk 23,2	⁷ ₍₎ Wir haben festgestellt, dass dieser Mann unser Volk aufwiegelt, es davon abhält, dem Kaiser Steuern zu zahlen, und behauptet, er sei der Messias und König.
Joh 18,31-38	⁸ Da sagte Pilatus zu ihnen: Nehmt ihr ihn und richtet ihn nach euerem Gesetz! Die Juden antworteten ihm: Wir haben nicht das Recht, jemand hinzurichten.
	⁹ So sollte sich das Wort Jesu erfüllen, mit dem er angedeutet hatte, auf welche Weise er sterben werde.
	¹⁰ Pilatus ging wieder in das Prätorium hinein, ließ Jesus rufen und sagte zu ihm: Du bist der König der Juden?

⁽⁷¹⁾ Für diese Zeile verweist Preuschen auf Joh 18 (?) und ergänzte „... und sie ergriffen Jesus und führten ihn gebunden zum Richthaus". Ähnlich bei Mt 27,1; Mk 15,1 jedoch ohne Richthaus.

¹¹ Jesus antwortete: Sagst du das von dir aus, oder haben es dir andere von mir gesagt?
¹² Pilatus antwortete: Bin ich denn ein Jude? Dein Volk und die Hohepriester haben dich mir ausgeliefert. Was hast du getan?
¹³ Jesus antwortete: Mein Königtum ist nicht von dieser Welt. Wenn mein Königtum von dieser Welt wäre, würden meine Diener kämpfen, dass ich den Juden nicht ausgeliefert würde. Nun aber ist mein Königtum nicht von hier.
¹⁴ Da sagte Pilatus zu ihm: Also bist du doch ein König? Jesus antwortete: Du sagst es: Ich bin ein König. Ich bin dazu geboren und dazu in die Welt gekommen, um für die Wahrheit Zeugnis abzulegen. Jeder, der aus der Wahrheit ist, hört auf meine Stimme.
¹⁵ Pilatus sagte zu ihm: Was ist Wahrheit?
Nach diesen Worten ging er wieder zu den Juden hinaus (...)
¹⁶ Da sagte Pilatus zu den Hohepriestern und zur Menge: Ich finde keine Schuld an diesem Menschen. — Lk 23,4-7
¹⁷ Sie aber behaupteten immer heftiger: Er bringt das Volk in Aufruhr, indem er in ganz Judäa lehrt, von Galiläa bis hierher.
¹⁸ Als Pilatus das hörte, fragte er, ob der Mann ein Galiläer sei.
¹⁹ Und als er erfuhr, dass er aus dem Gebiet des Herodes komme, schickte er ihn zu Herodes, der in diesen Tagen ebenfalls in Jerusalem war.

150 Jesus vor Herodes

¹ Herodes freute sich sehr, als er Jesus sah; denn seit langem hatte er den Wunsch, ihn zu sehen, weil er von ihm gehört hatte, und er hoffte, ihn ein Wunderzeichen wirken zu sehen. — Lk 23,8-12
² Er befragte ihn ausführlich, doch Jesus antwortete ihm nicht.
³ Die anwesenden Hohepriester und Schriftgelehrten erhoben schwere Anklagen gegen ihn.
⁴ Herodes und sein Gefolge zeigten ihm ihre Verachtung. Er verspottete ihn, ließ ihm ein Prunkgewand anlegen und schickte ihn zu Pilatus zurück.
⁵ An diesem Tag wurden Herodes und Pilatus Freunde; vorher hatten sie nämlich in Feindschaft zueinander gestanden.

151 Jesus erneut vor Pilatus

Lk 23,13-17 ¹ Pilatus rief die Hohepriester, die Führenden und das Volk zusammen ² und sagte zu ihnen: Ihr habt mir diesen Menschen gebracht, der ein Volksaufwiegler sein soll. Ich habe ihn in euerer Gegenwart verhört, aber an ihm keinen Grund für euere Anklagen gefunden, ³ auch Herodes nicht; denn er hat ihn uns zurückgeschickt. Ihr seht also: Er hat nichts getan, was den Tod verdient. ⁴ Daher werde ich ihn geißeln lassen und dann freigeben. ⁵ Da schrien sie alle zusammen: Weg mit ihm! (...)

Mk 15,3 ⁶ Die Hohepriester erhoben viele Anklagen gegen ihn.

Mt 27,12-14 ⁷ Auf die Anklage der Hohepriester und Ältesten antwortete er nichts. ⁸ Da sagte Pilatus zu ihm: Hörst du nicht, was sie alles gegen dich vorbringen? ⁹ Doch er antwortete ihm auf kein einziges Wort, sodass sich der Statthalter sehr verwunderte.

Mt 27,19 ¹⁰ Während er aber auf dem Richterstuhl saß, ließ ihm seine Frau sagen: Tue diesem Gerechten nichts an; denn ich habe heute im Traum seinetwegen viel gelitten.[72]

Mt 27,15 ¹¹ An jenem Fest pflegte der Statthalter dem Volk einen Gefangenen freizugeben, den es wollte.

Mk 15,8 ¹² Die Menge zog hin und begann zu begehren, was er ihnen zu gewähren pflegte.

Mt 27,16 ¹³ Nun hatte man damals einen berüchtigten Gefangenen namens Jesus Barabbas.

Joh 18,40 ¹⁴ (...) Barabbas aber war ein Räuber.

Lk 23,19 ¹⁵ Der war nämlich wegen Aufruhr in der Stadt und wegen Mord ins Gefängnis geworfen worden.

Mt 27,17 ¹⁶ Pilatus fragte die versammelte Menge: (...)

Joh 18,39 ¹⁷ Es besteht aber bei euch der Brauch, dass ich euch am Paschafest einen freilasse. Wollt ihr, dass ich euch den König der Juden freilasse?

Mt 27,17-18 ¹⁸ (...) Wen soll ich euch freigeben, Jesus Barabbas oder Jesus, den man den Messias nennt? ¹⁹ Er wusste nämlich, dass sie ihn aus Neid ausgeliefert hatten.

Mt 27,20-22 ²⁰ Die Hohepriester und Ältesten aber hetzten die Massen auf, Barabbas zu fordern, Jesus aber dem Tod preiszugeben.

---

[72] Sequenz der Verse in EE 38,19–25 gegenüber der Preuschen Übersetzung geändert

²¹ Da nahm der Statthalter das Wort und sagte zu ihnen: Welchen von beiden soll ich euch freigeben? Da riefen sie: Barabbas!
²² Pilatus sagte zu ihnen: Was soll ich dann mit Jesus tun, den man den Messias nennt? (...)
²³ Da schrien sie wiederum: Kreuzige ihn!   Mk 15,13
²⁴ Pilatus wandte sich nochmals an sie, weil er Jesus freigeben wollte.   Lk 23,20-21
²⁵ Sie aber schrien dagegen: Kreuzige, kreuzige ihn!
²⁶ (...) Weg mit ihm, den Barabbas gib uns frei!   Lk 23,18
²⁷ Darauf sagte er zum dritten Mal zu ihnen: Was hat er denn Böses getan? Ich habe keine Todesschuld an ihm gefunden; ich will ihn also geißeln lassen und dann freigeben.   Lk 23,22-23
²⁸ Sie aber setzten ihm zu mit großem Geschrei und forderten seine Kreuzigung. Und ihr Geschrei setzte sich durch.
²⁹ Weil aber Pilatus das Volk zufrieden stellen wollte, gab er ihnen (...)   Mk 15,15
³⁰ (...) den frei, der wegen Aufruhr und Mord ins Gefängnis geworfen worden war. (...)   Lk 23,25
³¹ (...) Jesus aber ließ er geißeln (...).   Mt 27,26-28
³² Darauf nahmen die Soldaten des Statthalters Jesus in das Prätorium mit und versammelten die ganze Kohorte um ihn.
³³ Sie zogen ihn aus (...).
³⁴ Die Soldaten flochten einen Kranz aus Dornen, setzten ihn ihm auf den Kopf und warfen ihm einen Purpurmantel um   Joh 19,2
³⁵ (...) und gaben ihm ein Rohr in seine Rechte. Sie beugten die Knie vor ihm, verspotteten ihn und riefen: Heil dir, König der Juden!   Mt 27,29-30
³⁶ Und sie spien ihn an, nahmen das Rohr und schlugen ihn auf den Kopf
³⁷ (...) und gaben ihm Ohrfeigen.   Joh 19,3-12
³⁸ Darauf ging Pilatus wieder hinaus und sagte zu ihnen: Seht, ich bringe ihn zu euch heraus, damit ihr merkt, dass ich keine Schuld an ihm finde.
³⁹ Da kam Jesus heraus, mit Dornenkrone und Purpurmantel. Pilatus sagte zu ihnen: Seht, welch ein Mensch!
⁴⁰ Als ihn die Hohepriester und die Diener sahen, schrien sie: Ans Kreuz (mit ihm), ans Kreuz! Pilatus sagte zu ihnen: Nehmt ihr ihn und kreuzigt ihn! Denn ich finde keine Schuld an ihm.
⁴¹ Die Juden antworteten ihm: Wir haben ein Gesetz und nach dem Gesetz muss er sterben, weil er sich zum Sohn Gottes gemacht hat.

⁴² Als Pilatus das hörte, fürchtete er sich noch mehr.
⁴³ Er ging wieder in das Prätorium hinein und sagte zu Jesus: Woher bist du? Jesus aber gab ihm keine Antwort.
⁴⁴ Da sagte Pilatus zu ihm: Du sprichst nicht mit mir? Weißt du nicht, dass ich Macht habe, dich freizulassen, und Macht, dich zu kreuzigen?
⁴⁵ Jesus antwortete: Du hättest keine Macht über mich, wenn sie dir nicht von oben gegeben wäre. Deshalb hat der größere Schuld, der mich dir ausgeliefert hat.
⁴⁶ Daraufhin wollte Pilatus ihn freilassen.
Die Juden aber schrien: Wenn du ihn freilässt, bist du kein Freund des Kaisers. Jeder, der sich selbst zum König macht, lehnt sich gegen den Kaiser auf.

152 Die Verurteilung Jesu

Joh 19,13-15 ¹ Als Pilatus diese Worte hörte, ließ er Jesus hinausführen und setzte sich auf den Richterstuhl an dem Platz, der Lithostrotos, auf Hebräisch Gabbata, heißt.
² Es war am Rüsttag des Paschafestes, um die sechste Stunde⁽⁷³⁾. Er sagte zu den Juden: Das ist euer König!
³ Da schrien sie: Weg, weg mit ihm, ans Kreuz mit ihm! Pilatus sagte zu ihnen: Eueren König soll ich kreuzigen? Die Hohepriester antworteten: Wir haben keinen König außer dem Kaiser.

Mt 27,24-25 ⁴ Als Pilatus sah, dass er nichts erreichte, sondern dass der Tumult nur noch größer wurde, nahm er Wasser, wusch sich vor dem Volk die Hände und sagte: Ich bin unschuldig an diesem Blut. Seht ihr zu!
⁵ Da rief das ganze Volk: Sein Blut komme über uns und unsere Kinder!

Joh 19,16 ⁶ Da lieferte er ihn an sie aus, damit er gekreuzigt würde. (...)

153 Der Tod des Judas

Mt 27,3-10 ¹ Als nun Judas, der ihn verraten hatte, sah, dass er verurteilt war, ergriff ihn Reue. Er brachte die dreißig Silberstücke den Hohepriestern und Ältesten zurück
² und sagte: Ich habe gesündigt; denn ich habe unschuldiges Blut verraten. Sie aber sagten: Was geht das uns an? Sieh du selbst zu!
³ Da warf er die Silberstücke in den Tempel, ging fort und erhängte sich.

⁽⁷³⁾ Johannes zählt nach römischer Tagesstundenrechnung.

⁴ Die Hohepriester nahmen die Silberstücke und sagten: Man darf sie nicht in den Tempelschatz tun; denn es ist Blutgeld.
⁵ Nachdem sie Rat gehalten hatten, kauften sie davon den Töpferacker als Begräbnisplatz für die Fremden.
⁶ Deshalb heißt dieser Acker Blutacker bis auf den heutigen Tag.
⁷ So erfüllte sich, was durch den Propheten Jeremia gesagt worden ist: Sie nahmen die dreißig Silberstücke – der Preis, den er den Söhnen Israels wert war –
⁸ und gaben sie für den Töpferacker, wie es mir der Herr aufgetragen hatte.

154 Der Kreuzweg

¹ (...) Sie übernahmen Jesus Joh 19,16
² (...) und führten ihn (...) Mk 15,20
³ (...) selbst das Kreuz tragend (...) Joh 19,17
⁴ (...) hinaus, um ihn zu kreuzigen. Mk 15,20
⁵ (...) *Sie* nahmen (...) ihm den Mantel ab und zogen ihm seine eigenen Kleider wieder an. (...) Mt 27,31-32
⁶ Auf dem Weg trafen sie einen Mann aus Zyrene namens Simon (...),
⁷ (...) den Vater von Alexander und Rufus; (...) Mk 15,21
⁸ (...) ihn zwangen sie, ihm das Kreuz zu tragen. Mt 27,32
⁹ (...) *Sie* luden ihm das Kreuz auf, damit er es Jesus nachtrage. Lk 23,26-32
¹⁰ Eine große Volksmenge folgte ihm und viele Frauen, die ihn beweinten und beklagten.
¹¹ Jesus wandte sich zu ihnen um und sagte: Ihr Töchter Jerusalems, weint nicht über mich; weint vielmehr über euch selbst und über euere Kinder!
¹² Denn es kommen Tage, da wird man sagen: Wohl den Unfruchtbaren und den Leibern, die nicht geboren, und den Brüsten, die nicht gestillt haben!
¹³ Dann wird man zu den Bergen sagen: Fallt auf uns!, und zu den Hügeln: Bedeckt uns!
¹⁴ Denn wenn man dies am grünen Holz tut, was wird erst am dürren geschehen?
¹⁵ Mit ihm wurden auch noch zwei Verbrecher zur Hinrichtung geführt.

155 Die Kreuzigung

Lk 23,33 ¹ Als sie an den Ort kamen, der Schädelstätte genannt wird, (...)
Joh 19,17 ² (...) die auf Hebräisch Golgota heißt,
Lk 23,33 ³ (...) kreuzigten sie dort ihn und die Verbrecher, den einen zur Rechten und den anderen zur Linken.
Mk 15,25 ⁴ *Es war die dritte Stunde, als sie ihn kreuzigten.* ⁽⁷⁴⁾
Mk 15,28 ⁵ So erfüllte sich das Schriftwort: Er wurde zu den Übeltätern gezählt.
Mk 15,23 ⁶ Sie gaben ihm mit Myrrhe gewürzten Wein (...)
Mt 27,34 ⁷ (...) mit Galle vermischt zu trinken. Er kostete davon, wollte aber nicht trinken.
Joh 19,23-24 ⁸ Als die Soldaten Jesus gekreuzigt hatten, nahmen sie seine Kleider und machten vier Teile daraus, für jeden Soldaten einen Teil, dazu kam noch das Untergewand. Es war ohne Naht, von oben an in einem Stück durchgewebt.

⁹ Da sagten sie zueinander: Wir wollen es nicht zerteilen, sondern darum losen, wem es gehören soll. So sollte sich das Schriftwort erfüllen: Sie haben meine Kleider unter sich verteilt und um mein Gewand das Los geworfen. So also machten es die Soldaten.
Mt 27,36 ¹⁰ Dann setzten sie sich nieder und bewachten ihn.
Joh 19,19-22 ¹¹ Pilatus hatte auch eine Aufschrift schreiben und am Kreuz anbringen lassen. Sie lautete: Jesus, der Nazoräer, der König der Juden.

¹² Diese Aufschrift lasen viele Juden, weil der Ort, wo Jesus gekreuzigt wurde, nahe bei der Stadt lag. Und sie war auf Hebräisch, Lateinisch und Griechisch geschrieben.

¹³ Da sagten die Hohepriester der Juden zu Pilatus: Schreib nicht: König der Juden, sondern dass er gesagt hat: Ich bin der König der Juden.

¹⁴ Pilatus antwortete: Was ich geschrieben habe, bleibt geschrieben.
Lk 23,35 ¹⁵ Das Volk stand da und schaute zu. (...)
Mt 27,39-40 ¹⁶ Die Vorübergehenden lästerten ihn, schüttelten den Kopf
¹⁷ und sagten: (...)
Mk 15,29 ¹⁸ (...) Ha, der du den Tempel niederreißt und in drei Tagen wieder aufbauen willst,

---

⁽⁷⁴⁾ Diese Passage fehlt eigentümlicherweise bei Preuschens Tatianübersetzung. Hier wurde sie wieder integriert. Die Zeitangabe folgt bei Markus der jüdischen Methode.

¹⁹ ₍...₎ rette dich selbst, wenn du der Sohn Gottes bist, und steig herab vom Kreuz! Mt 27,40-41
²⁰ Ähnlich spotteten auch die Hohepriester, die Schriftgelehrten und Ältesten
²¹ ₍...₎ und höhnten ₍...₎: Lk 23,35
²² ₍...₎ Anderen hat er geholfen; ₍...₎ sich selbst kann er nicht helfen. Mt 27,42
₍...₎
²³ ₍...₎ *Wenn er der Messias Gottes ist, der Auserwählte!* Lk 23,35
²⁴ ₍...₎ *der König Israels,* ₍...₎ Mk 15,32
²⁵ ₍...₎ *dann* soll *er* jetzt vom Kreuz herabsteigen, dann wollen wir an ihn glauben. Mt 27,42-43
²⁶ Er hat auf Gott vertraut; der soll ihn jetzt retten, wenn er Gefallen an ihm hat. Er hat ja gesagt: Ich bin Gottes Sohn.
²⁷ Auch die Soldaten verspotteten ihn, indem sie hinzutraten, ihm Essig reichten Lk 23,36-37
²⁸ und sagten: Wenn du der König der Juden bist, so hilf dir selbst!
²⁹ Ebenso schmähten ihn aber auch die Räuber, die zusammen mit ihm gekreuzigt worden waren. Mt 27,44
³⁰ Einer der gehängten Übeltäter verhöhnte ihn: Bist du nicht der Messias? Hilf dir selbst und uns! Lk 23,39-43
³¹ Doch der andere wies ihn zurecht und sagte: Nicht einmal du fürchtest Gott, obwohl dich doch das gleiche Urteil getroffen hat?
³² Uns allerdings mit Recht; denn wir empfangen, was unsere Taten verdienen; dieser aber hat nichts Unrechtes getan.
³³ Dann sagte er: Jesus, denk an mich, wenn du in dein Reich kommst!
³⁴ Jesus antwortete ihm: Amen, ich sage dir: Heute noch wirst du mit mir im Paradies sein.
³⁵ Bei dem Kreuz Jesu standen aber seine Mutter und die Schwester seiner Mutter, Maria, die Frau des Klopas, und Maria aus Magdala. Joh 19,25-27
³⁶ Als Jesus die Mutter und den Jünger, den er liebte, dastehen sah, sagte er zur Mutter: Frau, da ist dein Sohn!
³⁷ Dann sagte er zu dem Jünger: Da ist deine Mutter! Und von jener Stunde an nahm sie der Jünger zu sich.
³⁸ Von der sechsten Stunde an aber kam eine Finsternis über das ganze Land ₍...₎ Mt 27,45
³⁹ ₍...₎ bis zur neunten Stunde ₍...₎. Lk 23,44-45
⁴⁰ Die Sonne verlor ihren Schein. ₍...₎

Mk 15,34	⁴¹ Und in der neunten Stunde rief Jesus laut: Eloï, Eloï, lema sabachtani?, das heißt übersetzt: Mein Gott, mein Gott, warum hast du mich verlassen?
Mt 27,47	⁴² Als einige von den Umstehenden das hörten, sagten sie: Er ruft Elija.

156 Der Tod Jesu

Joh 19,28-29	¹ Danach, im Wissen, dass alles vollbracht war, sagte Jesus, damit sich die Schrift erfüllte: Ich habe Durst!
	² Ein Gefäß mit Essig stand da. (...)
Mt 27,48	³ Sofort lief einer von ihnen hin, nahm einen Schwamm, füllte ihn mit Essig, (...)
Mk 15,36	⁴ (...) steckte ihn auf ein Rohr und gab ihm zu trinken, (...)
Joh 19,30	⁵ Als Jesus den Essig genommen hatte, sagte er: Es ist vollbracht! (...)
Mt 27,49	⁶ Die Übrigen aber sagten: Lass, wir wollen sehen, ob Elija kommt, um ihn zu retten.
Lk 23	⁷ Jesus aber betete: Vater, vergib ihnen, denn sie wissen nicht, was sie tun! Dann warfen sie das Los, um seine Kleider unter sich zu verteilen.
	⁸ Und Jesus rief laut: Vater, in deine Hände lege ich meinen Geist! Nach diesen Worten (...)
Joh 19,30	⁹ (...) neigte *er* das Haupt und übergab den Geist.
Mt 27,51-54	¹⁰ Da zerriss der Vorhang des Tempels von oben bis unten entzwei, die Erde erbebte und die Felsen spalteten sich,
	¹¹ die Gräber öffneten sich und die Leiber vieler Heiliger, die entschlafen waren, wurden auferweckt.
	¹² Sie kamen nach seiner Auferweckung aus den Gräbern hervor, gingen in die heilige Stadt und erschienen vielen.
Lk 23,47	¹³ Als der Hauptmann sah, was geschehen war, pries er Gott und sagte: Wahrhaftig, dieser Mensch war ein Gerechter!
Mt 27,54	¹⁴ (...) Das war wahrhaftig Gottes Sohn!
Lk 23,48	¹⁵ Und die ganze Volksmenge, die zu diesem Schauspiel zusammengekommen war, schlug sich an die Brust, als sie sah, was geschehen war, und kehrte zurück.

157 Die Durchbohrung der Seite

¹ Weil Rüsttag war und die Leichname nicht während des Sabbats am Kreuz bleiben sollten – denn jener Sabbat war ein großer Festtag –, baten die Juden Pilatus, man möge ihnen die Beine zerschlagen und sie dann abnehmen.   Joh 19,31-37
² Die Soldaten kamen und zerschlugen dem einen die Beine und ebenso dem andern, der mit ihm gekreuzigt worden war.
³ Als sie aber zu Jesus kamen und sahen, dass er schon tot war, zerschlugen sie seine Beine nicht,
⁴ sondern einer von den Soldaten stieß ihm seine Lanze in die Seite, und sofort kam Blut und Wasser heraus.
⁵ Und der es gesehen hat, hat es bezeugt, und sein Zeugnis ist wahr; und er weiß, dass er die Wahrheit sagt, damit auch ihr glaubt.
⁶ Denn das ist geschehen, damit sich das Schriftwort erfüllte: Kein Bein soll an ihm zerbrochen werden.
⁷ Und eine andere Schriftstelle sagt: Sie werden auf den blicken, den sie durchbohrt haben.
⁸ Alle seine Bekannten aber, auch die Frauen, (...) hatten alles von Weitem mit angesehen.   Lk 23,49
⁹ Sie waren ihm schon in Galiläa nachgefolgt und hatten ihm gedient, (...)   Mk 15,41
¹⁰ Unter ihnen waren Maria aus Magdala, ( )   Mt 27,56
¹¹ (...) Maria, die Mutter des jüngeren Jakobus und Joses, (...)   Mk 15,40
¹² (...) die Mutter der Zebedäussöhne   Mt 27,56
¹³ (...) und Salome   Mk 15,40-41
¹⁴ (...) und viele andere, die mit ihm nach Jerusalem hinaufgezogen waren.
¹⁵ (...) *Sie hatten alles von Weitem mit angesehen.*   Lk 23,49

158 Das Begräbnis Jesu

¹ Als es schon Abend geworden war – es war nämlich Rüsttag, das heißt der Tag vor dem Sabbat –,   Mk 15,42
² (...) kam ein reicher Mann aus Arimathäa[75] (...)   Mt 27,57
³ (...), einer Stadt in Judäa, (...)   Lk 23,51
⁴ (...) namens Josef. *Er* war Mitglied des Hohen Rates; er war ein guter und gerechter Mann   Lk 23,50

---

[75] Hinsichtlich der Verse EE 60,34–36 verweist Preuschen in seiner Übersetzung ausschließlich auf Lk 23.

| Joh 19,38 | ⁵ *und* ein Jünger Jesu ₍…₎, freilich aus Furcht vor den Juden nur ein geheimer ₍…₎.
| Lk 23,51 | ⁶ *Dieser hatte* ihrem Beschluss und Vorgehen nicht zugestimmt ₍…₎ und erwartete auch das Reich Gottes.
| Mk 15,43-45 | ⁷ ₍…₎ Josef von Arimathäa ₍…₎ wagte es, zu Pilatus zu gehen, und bat um den Leichnam Jesu.
⁸ Pilatus aber wunderte sich, dass er schon gestorben sein sollte, ließ den Hauptmann kommen und fragte ihn, ob er schon lange tot sei.
⁹ Als er es vom Hauptmann erfahren hatte, ₍…₎
| Mt 27,58 | ¹⁰ ₍…₎ befahl Pilatus, ihn ihm zu überlassen.
| Mk 15,46 | ¹¹ Der kaufte Leinwand, nahm ihn herab *und* hüllte ihn in die Leinwand ₍…₎.
| Joh 19,38-42 | ¹² ₍…₎ Er kam also und nahm seinen Leichnam ab.
¹³ Aber auch Nikodemus kam, der vormals bei Nacht zu ihm gekommen war, und brachte eine Mischung von Myrrhe und Aloe, etwa einhundert Pfund.
¹⁴ Sie nahmen den Leichnam Jesu und umwickelten ihn samt den Gewürzen mit Leinenbinden, wie es bei den Juden Begräbnissitte ist.
¹⁵ An dem Ort, wo er gekreuzigt worden war, befand sich ein Garten und in dem Garten ein neues Grab, in dem noch niemand bestattet worden war.
¹⁶ Wegen des Rüsttages der Juden und weil das Grab in der Nähe war, setzten sie Jesus dort bei.
| Mt 27,60 | ¹⁷ ₍…₎ *Josef* wälzte ₍…₎ einen großen Stein vor den Eingang des Grabes und ging weg.
| Mk 15,47 | ¹⁸ Maria aus Magdala aber und Maria, die Mutter des Joses, sahen zu, wohin er gelegt wurde.
| Lk 23,55-56 | ¹⁹ ₍…₎ *Sie* sahen zu, wie der Leichnam im Grab bestattet wurde.
²⁰ Dann kehrten sie heim und ₍…₎
| Mk 16,1 | ²¹ ₍…₎ kauften ₍…₎ Balsam, um (zum Grab) zu gehen und ihn zu salben.

159 Die Bewachung des Grabes

| Lk 23,56 | ¹ ₍…₎ Am Sabbat ruhten sie, wie es das Gesetz vorschreibt.
| Mt 27,62-66 | ² Am anderen Tag, ₍…₎ versammelten sich die Hohepriester und Pharisäer bei Pilatus

³ und sagten: Herr, wir erinnern uns, dass jener Verführer, als er noch lebte, gesagt hat: Nach drei Tagen werde ich auferweckt werden.
⁴ Gib also Befehl, dass das Grab bis zum dritten Tag bewacht wird, damit nicht etwa seine Jünger kommen, ihn stehlen und dem Volk sagen: Er ist von den Toten auferweckt worden! Dann wäre der letzte Betrug schlimmer als der erste.
⁵ Pilatus sagte zu ihnen: Ihr sollt eine Wache haben. Geht und sorgt für Sicherung, so gut ihr könnt.
⁶ Da gingen sie, versiegelten den Stein und sicherten das Grab mit der Wache.

160 Das leere Grab

¹ Nach dem Sabbat, in der Morgendämmerung des ersten Wochentags, (...) Mt 28,1
² (...) im ersten Morgengrauen (...), Lk 24,1
³ (...) kamen Maria aus Magdala und die andere Maria, um nach dem Grab zu sehen. Mt 28,1
⁴ (...) Die Frauen (...) brachten den Balsam, den sie bereitet hatten, Lk 24,1
⁵ *und* sagten zueinander: Wer wird uns den Stein vom Eingang des Grabes wegwälzen? Mk 16,3-4
⁶ (...) *Er* war nämlich sehr groß.
⁷ Da geschah ein gewaltiges Erdbeben; denn ein Engel des Herrn stieg vom Himmel herab, trat hinzu *und* wälzte den Stein weg (...) Mt 28,2
⁸ Da fanden sie den Stein vom Grab weggewälzt; Lk 24,2
⁹ (...) ein Engel (...) setzte sich darauf. Mt 28,2-4
¹⁰ Sein Aussehen war wie ein Blitz und sein Gewand weiß wie Schnee.
¹¹ Aus Furcht vor ihm erbebten die Wächter und waren wie tot.
¹² *Sie* gingen hinein, fanden aber den Leichnam des Herrn Jesus nicht. Lk 24,3
¹³ Sie (...) sahen einen jungen Mann auf der rechten Seite sitzen, bekleidet mit einem weißen Gewand, und sie erschraken. Mk 16,5
¹⁴ Der Engel aber sagte zu den Frauen: Fürchtet euch nicht! Ich weiß, ihr sucht Jesus, den Gekreuzigten. Mt 28,5-6
¹⁵ Er ist nicht hier; denn er ist auferweckt worden, wie er gesagt hat. Kommt und seht die Stelle, wo er gelegen hat.
¹⁶ Während sie noch ratlos waren, traten zwei Männer in strahlenden Gewändern zu ihnen. Lk 24,4-7

¹⁷ Sie erschraken und senkten den Blick zu Boden. Die Männer aber sagten zu ihnen: Was sucht ihr den Lebenden bei den Toten? ¹⁸ Er ist nicht hier, sondern er ist auferweckt worden. Erinnert euch an das, was er euch gesagt hat, als er noch in Galiläa war: ¹⁹ Der Menschensohn muss in die Hände der Sünder ausgeliefert und gekreuzigt werden und am dritten Tag auferstehen.

Mt 28,7 ²⁰ Dann geht schnell zu seinen Jüngern und sagt ihnen: Er ist von den Toten auferweckt worden. Er geht euch voraus nach Galiläa.

(...)
Mk 16,7 ²¹ (...) Dort werdet ihr ihn sehen, wie er euch gesagt hat.
Mt 28,7 ²² (...) Ich habe es euch gesagt.
Lk 24,8 ²³ Da erinnerten sie sich an seine Worte.

161 Die Frauen berichten Petrus und Johannes

Mt 28,8 ¹ Da eilten sie weg vom Grab, voll Furcht und großer Freude, und liefen zu seinen Jüngern, um ihnen die Botschaft zu verkünden,

Mk 16,8 ² (...) denn Angst und Entsetzen hatte sie gepackt. Und sie sagten niemand *sonst* etwas; denn sie fürchteten sich.

Joh 20, 2-10 ³ Da kam *Maria von Magdala* zu Simon Petrus gelaufen und zu dem anderen Jünger, den Jesus liebte, und sagte zu ihnen: Man hat den Herrn aus dem Grab weggenommen, und wir wissen nicht, wohin man ihn gelegt hat.

⁴ Da machten sich Petrus und der andere Jünger auf und gingen zum Grab.

⁵ Die beiden liefen miteinander, aber der andere Jünger war schneller als Petrus und kam zuerst an das Grab.

⁶ Er beugte sich vor und sah die Leinenbinden daliegen; hinein ging er jedoch nicht.

⁷ Dann kam auch Simon Petrus hinter ihm her. Er ging in das Grab hinein und sah die Leinenbinden daliegen

⁸ und das Schweißtuch, das seinen Kopf bedeckt hatte; aber es lag nicht bei den Leinenbinden, sondern für sich zusammengefaltet an einer eigenen Stelle.

⁹ Hierauf ging auch der andere Jünger, der zuerst zum Grab gekommen war, hinein und sah und glaubte.

¹⁰ Denn noch hatten sie die Schrift nicht verstanden, dass er von den Toten auferstehen musste.

¹¹ Dann gingen die Jünger wieder nach Hause.

162 Die Erscheinung Jesu vor Maria aus Magdala

¹ Maria aber stand draußen vor dem Grab und weinte. Während sie weinte, beugte sie sich in das Grab vor ² und sah zwei weiß gekleidete Engel dasitzen, einen am Kopfende und einen am Fußende der Stelle, wo der Leichnam Jesu gelegen hatte. ³ Sie sagten zu ihr: Frau, warum weinst du? Sie antwortete ihnen: Weil man meinen Herrn weggenommen hat und ich weiß nicht, wohin man ihn gelegt hat. ⁴ Nach diesen Worten wandte sie sich um und sah Jesus dastehen, wusste aber nicht, dass es Jesus war. ⁵ Jesus sagte zu ihr: Frau, warum weinst du? Wen suchst du? Sie meinte, es sei der Gärtner, und sagte zu ihm: Herr, wenn du ihn fortgetragen hast, sag mir, wohin du ihn gelegt hast. Dann werde ich ihn holen. ⁶ Jesus sagte zu ihr: Maria! Da erkannte sie ihn und sagte auf Hebräisch zu ihm: Rabbuni!, das heißt: Meister. ⁷ Jesus sagte zu ihr: Halte mich nicht fest; denn ich bin noch nicht zum Vater hinaufgegangen. Geh aber zu meinen Brüdern und sag ihnen: Ich gehe hinauf zu meinem Vater und euerem Vater, meinem Gott und euerem Gott.

Joh 20,11-17

⁸ Nach seiner Auferstehung, in der Frühe des ersten Wochentages, erschien er zuerst Maria aus Magdala, aus der er sieben Dämonen ausgetrieben hatte.

Mk 16,9

163 Der Betrug der Hohepriester

¹ ₍...₎ *Und es* kamen einige von der Wache in die Stadt und meldeten den Hohepriestern alles, was sich zugetragen hatte. ² Da versammelten sie sich mit den Ältesten, hielten Rat und gaben den Soldaten reichlich Geld ³ mit der Weisung: Erzählt, seine Jünger sind in der Nacht gekommen und haben ihn gestohlen, während wir schliefen. ⁴ Wenn das dem Statthalter zu Ohren kommt, werden wir ihn beschwichtigen und dafür sorgen, dass ihr nichts zu befürchten habt. ⁵ Sie aber nahmen das Geld und taten, wie man sie angewiesen hatte. Und dieses Gerede verbreitete sich unter den Juden bis auf den heutigen Tag.

Mt 28,11-15

164 Maria aus Magdala bei den Jüngern

Joh 20,18 ¹ Maria aus Magdala ging zu den Jüngern und verkündigte ihnen: Ich habe den Herrn gesehen, (...)

Mt 28,9-10 ² (...) Jesus (...) *sei* ihnen entgegen *gekommen* und sagte: Seid gegrüßt! Sie gingen zu ihm, umfassten seine Füße und warfen sich vor ihm nieder.

³ Da sagte Jesus zu ihnen: Fürchtet euch nicht! Geht und sagt meinen Brüdern, sie sollen nach Galiläa gehen; dort werden sie mich sehen.

Lk 24,9 ⁴ Sie kehrten vom Grab zurück und verkündeten alles den Elf und allen Übrigen

Mk 16,10 ⁵ (...) und (...) seinen trauernden und weinenden Gefährten.

Lk 24,10 ⁶ Die Magdalenerin Maria, Johanna und Maria, die Mutter des Jakobus, und die Übrigen, die bei ihnen waren, erzählten es den Aposteln.

Mk 16,11 ⁷ Als sie hörten, dass er lebe und von *ihnen*[76] gesehen worden sei, glaubten sie es nicht.

Lk 24,11-12 ⁸ (...) *I*hnen kamen diese Worte wie leeres Gerede vor (...)

165 Die Emmaus-Jünger

Mk 16,12 ¹ Hierauf offenbarte er sich in anderer Gestalt zweien von ihnen (...).

Lk 24,13-35 ² Am gleichen Tag *nämlich* gingen zwei von den Jüngern nach einem Dorf namens Emmaus, das sechzig Stadien von Jerusalem entfernt ist.

³ Sie sprachen miteinander über alles das, was sich zugetragen hatte.

⁴ Während sie miteinander sprachen und überlegten, kam Jesus hinzu und ging mit ihnen.

⁵ Ihre Augen aber waren gehalten, dass sie ihn nicht erkannten.

⁶ Er fragte sie: Was sind das für Reden, die ihr da auf dem Weg miteinander führt? Da blieben sie traurig stehen.

⁷ Einer von ihnen namens Kleopas antwortete ihm: Bist du der einzige Fremde in Jerusalem, der nicht weiß, was in diesen Tagen dort geschehen ist?

⁸ Er fragte sie: Was denn? Sie antworteten ihm: Das mit Jesus von Nazaret, der ein Prophet war, mächtig in Tat und Wort vor Gott und dem ganzen Volk,

---

[76] Redaktionell angepasst von Singular in den Plural.

⁹ und wie ihn unsere Hohepriester und Führer zur Todesstrafe verurteilt und ihn gekreuzigt haben.
¹⁰ Wir aber hofften, dass er es sei, der Israel erlösen werde. Und nun ist zu alldem heute schon der dritte Tag, seit dies geschehen ist.
¹¹ Aber auch einige Frauen ₍...₎ haben uns in Bestürzung versetzt. Bei Tagesanbruch waren sie beim Grab
¹² und fanden seinen Leichnam nicht; sie kamen und erzählten, sie hätten eine Erscheinung von Engeln gehabt, die sagten, er lebe.
¹³ Dann gingen einige von uns zum Grab und fanden es so, wie die Frauen gesagt hatten; ihn selbst aber haben sie nicht gesehen.
¹⁴ Da sagte er zu ihnen: Ihr Unverständigen, wie träge ist euer Herz, an alles das zu glauben, was die Propheten gesagt haben!
¹⁵ Musste nicht der Messias alles dies erleiden und so in seine Herrlichkeit gelangen?
¹⁶ Und er begann, ihnen mit Mose und allen Propheten auszulegen, was sich in der ganzen Schrift auf ihn bezieht.
¹⁷ Als sie sich dem Dorf näherten, zu dem sie unterwegs waren, tat er, als wolle er weitergehen.
¹⁸ Da drängten sie ihn und sagten: Bleibe bei uns; denn es will Abend werden und der Tag hat sich schon geneigt. Da ging er mit hinein, um bei ihnen zu bleiben.
¹⁹ Und als er sich mit ihnen zu Tisch gelegt hatte, nahm er das Brot, sprach das Segensgebet, brach und gab es ihnen.
²⁰ Da wurden ihnen die Augen aufgetan und sie erkannten ihn; er aber entschwand ihren Blicken.
²¹ Da sagten sie zueinander: Brannte uns nicht das Herz in der Brust, als er auf dem Weg mit uns redete und uns die Schriften erschloss?
²² Noch in derselben Stunde brachen sie auf und kehrten nach Jerusalem zurück. Dort fanden sie die Elf und ihre Gefährten versammelt,
²³ die sagten: Wahrhaftig, der Herr ist auferweckt worden und dem Simon erschienen!
²⁴ Da erzählten auch sie, was auf dem Weg geschehen war und wie sie ihn beim Brotbrechen erkannt hatten.
²⁵ ₍...₎ Aber auch ihnen glaubten sie es nicht.   Mk 16,13

166 Jesus erscheint den Jüngern in Jerusalem

Lk 24,36 ¹ Während sie noch darüber redeten, (...)
Joh 20,19 ² *als es an jenem ersten Wochentag Abend geworden war und die Jünger dort, wo sie sich befanden, aus Furcht vor den Juden die Türen verschlossen hatten, kam Jesus, trat in ihre Mitte und sagte zu ihnen: Friede sei mit euch!*
Mt 14,27 ³ (...) Habt Vertrauen, ich bin es. Fürchtet euch nicht!
Lk 24,37-40 ⁴ Erschrocken und von Furcht ergriffen meinten sie, einen Geist zu sehen.
⁵ Da sagte er ihnen: Was seid ihr bestürzt und warum steigen Zweifel in eueren Herzen auf?
⁶ Seht meine Hände und meine Füße an: Ich bin es selbst! Fasst mich doch an und seht! Ein Geist hat doch nicht Fleisch und Bein, wie ihr es an mir seht.
⁷ Als er dies gesagt hatte, zeigte er ihnen seine Hände und seine Füße
Joh 20,20 ⁸ (...) und seine Seite. (...)
LK 24,41-49 ⁹ Weil sie aber vor Freude noch immer nicht glauben und nur staunen konnten, sagte er zu ihnen: Habt ihr etwas zu essen?⁽⁷⁷⁾
¹⁰ Da reichten sie ihm ein Stück gebratenen Fisch.⁽⁷⁸⁾
¹¹ Er nahm es und aß es vor ihren Augen.
¹² Er sagte zu ihnen: Dies sind meine Worte, die ich zu euch gesprochen habe, als ich noch bei euch war: Alles muss erfüllt werden, was im Gesetz des Mose, bei den Propheten und in den Psalmen über mich geschrieben steht.
¹³ Dann öffnete er ihnen den Sinn für das Verständnis der Schriften
¹⁴ und sagte zu ihnen: So steht es geschrieben: Der Messias wird leiden und am dritten Tag von den Toten auferstehen.
¹⁵ In seinem Namen wird man allen Völkern, angefangen von Jerusalem, Umkehr zur Vergebung der Sünden verkünden.
¹⁶ Ihr seid Zeugen dafür.
¹⁷ Und seht, ich sende die Verheißung meines Vaters auf euch herab. (...)
Joh 20,20-23 ¹⁸ (...) Da freuten sich die Jünger. (...)

⁽⁷⁷⁾ Sequenz in EE 62,7-9 gegenüber der Preuschen Übersetzung redaktionell geändert
⁽⁷⁸⁾ Hier ergänzte Preuschens Tatianübersetzung: „(...) und von Honig". Vielleicht handelt es sich um eine frühe Fassung des Lukasevangeliums.

¹⁹ Da sagte er noch einmal zu ihnen: Friede sei mit euch! Wie mich der Vater gesandt hat, so sende auch ich euch.
²⁰ Als er dies gesagt hatte, hauchte er sie an und sagte zu ihnen: Empfangt heiligen Geist!
²¹ Wem ihr die Sünden vergebt, dem sind sie vergeben, und wem ihr sie nicht vergebt, dem bleiben sie unvergeben.

167 Der ungläubige Thomas

¹ Thomas aber, einer von den Zwölf, Zwilling genannt, war nicht bei ihnen, als Jesus kam.
² Die anderen Jünger sagten zu ihm: Wir haben den Herrn gesehen. Er entgegnete ihnen: Wenn ich nicht an seinen Händen das Mal der Nägel sehe und meinen Finger in das Mal der Nägel lege und meine Hand in seine Seite lege, glaube ich nicht.
³ Nach acht Tagen waren seine Jünger wieder versammelt und Thomas war bei ihnen. Da kam Jesus bei verschlossenen Türen, trat in ihre Mitte und sagte: Friede sei mit euch!
⁴ Dann sagte er zu Thomas: Reiche deinen Finger her und sieh meine Hände an und reiche deine Hand her und lege sie in meine Seite, und sei nicht ungläubig, sondern gläubig!
⁵ Thomas antwortete ihm: Mein Herr und mein Gott!
⁶ Jesus sagte zu ihm: Weil du mich gesehen hast, glaubst du? Selig, die nicht sehen und doch glauben.
⁷ Noch viele andere Zeichen, die nicht in diesem Buch aufgeschrieben sind, hat Jesus vor seinen Jüngern getan.
⁸ Diese aber sind aufgeschrieben, damit ihr glaubt, dass Jesus der Messias ist, der Sohn Gottes, und damit ihr als Glaubende Leben habt in seinem Namen.

168 Der Auferstandene am See von Tiberias

¹ Danach offenbarte sich Jesus den Jüngern am See von Tiberias noch einmal. Er offenbarte sich in folgender Weise: Joh 21,1-24
² Simon Petrus und Thomas, Zwilling genannt, ferner Natanaël aus Kana in Galiläa und die Söhne des Zebedäus sowie noch zwei andere von seinen Jüngern waren beisammen.
³ Simon Petrus sagte zu ihnen: Ich gehe fischen. Sie sagten zu ihm: Wir gehen auch mit dir. Sie gingen hinaus und stiegen in das Boot. Aber in jener Nacht fingen sie nichts.
⁴ Als es schon Morgen wurde, stand Jesus am Ufer. Die Jünger merkten jedoch nicht, dass es Jesus war.

⁵ Jesus sagte zu ihnen: Kinder, habt ihr nicht etwas zu essen? Sie antworteten ihm: Nein.
⁶ Da sagte er zu ihnen: Werft das Netz auf der rechten Seite des Bootes aus; dann werdet ihr etwas fangen. Da warfen sie es aus und konnten es wegen der Menge der Fische nicht mehr einziehen.
⁷ Da sagte jener Jünger, den Jesus liebte, zu Petrus: Es ist der Herr! Sobald Simon Petrus hörte, dass es der Herr sei, gürtete er sich das Obergewand um – er war nämlich nackt – und sprang in den See.
⁸ Die anderen Jünger aber kamen mit dem Boot – denn sie waren nicht weit vom Land entfernt, nur etwa zweihundert Ellen – und schleppten das Netz mit den Fischen hinter sich her.
⁹ Als sie ans Land gestiegen waren, sahen sie am Boden ein Kohlenfeuer und Fisch darauf und Brot.
¹⁰ Jesus sagte zu ihnen: Bringt von den Fischen, die ihr gerade gefangen habt!
¹¹ Da stieg Petrus hinauf und zog das Netz ans Land, das mit großen Fischen gefüllt war, einhundertdreiundfünfzig Stück; und obwohl es so viele waren, riss das Netz nicht.
¹² Jesus sagte zu ihnen: Kommt, nehmt das Frühmahl ein! Keiner von den Jüngern wagte ihn zu fragen: Wer bist du? Sie wussten ja, dass es der Herr war.[79]
¹³ Jesus trat hinzu, nahm das Brot und gab es ihnen, ebenso den Fisch.
¹⁴ Das war bereits das dritte Mal, dass Jesus sich nach seiner Auferstehung von den Toten den Jüngern offenbarte.
¹⁵ Als sie das Frühmahl eingenommen hatten, sagte Jesus zu Simon Petrus: Simon, Sohn des Johannes, liebst du mich mehr als diese? Er antwortete ihm: Ja, Herr, du weißt, dass ich dich lieb habe. Er sagte zu ihm: Weide meine Lämmer!
¹⁶ Er fragte ihn zum zweiten Mal: Simon, Sohn des Johannes, liebst du mich? Er antwortete ihm: Ja, Herr, du weißt, dass ich dich lieb habe. Jesus sagte zu ihm: Weide meine Schafe!
¹⁷ Zum dritten Mal fragte er ihn: Simon, Sohn des Johannes, hast du mich lieb? Da wurde Petrus traurig, weil Jesus ihn zum dritten Mal gefragt hatte: Hast du mich lieb? Und er antwortete ihm:

---

[79] Hier ergänzte Preuschens Tatianübersetzung: „... der ihnen aber in anderer Gestalt erschienen war". Damit wollte Tatian wohl erklären, warum die Jünger ihn überhaupt fragten, wer er sei.

Herr, du weißt alles, du erkennst, dass ich dich lieb habe. Jesus sagte zu ihm: Weide meine Schafe!
¹⁸ Amen, amen, ich sage dir: Als du jung warst, hast du dich selbst gegürtet und bist gegangen, wohin du wolltest. Wenn du aber alt geworden bist, wirst du deine Hände ausstrecken und ein anderer wird dich gürten und dich führen, wohin du nicht willst.
¹⁹ Das sagte er, um anzudeuten, durch welchen Tod er Gott verherrlichen würde. Nach diesen Worten sagte er zu ihm: Folge mir!
²⁰ Petrus wandte sich um und sah den Jünger, den Jesus liebte, nachkommen, denselben, der auch bei dem Mahl an seiner Brust gelegen und gesagt hatte: Herr, wer ist es, der dich verrät?
²¹ Als Petrus ihn sah, fragte er Jesus: Herr, was soll mit ihm werden?
²² Jesus antwortete ihm: Wenn ich will, dass er am Leben bleibt, bis ich komme, was geht das dich an? Du aber folge mir!
²³ Daher verbreitete sich unter den Brüdern die Ansicht: Jener Jünger stirbt nicht. Jesus aber hatte nicht zu ihm gesagt: Er wird nicht sterben, sondern: Wenn ich will, dass er am Leben bleibt, bis ich komme, was geht dich das an?
²⁴ Das ist der Jünger, der über diese Dinge Zeugnis ablegt und dies geschrieben hat, und wir wissen, dass sein Zeugnis wahr ist.

169 Der Missionsbefehl

¹ Die elf Jünger gingen nach Galiläa zu dem Berg, wohin Jesus sie bestellt hatte. — Mt 28,16-17

² Als sie ihn sahen, warfen sie sich vor ihm nieder, einige aber zweifelten.

³ Später offenbarte er sich den Elf selbst, während sie zu Tisch lagen, und tadelte ihren Unglauben und die Härte ihres Herzens, weil sie denen, die ihn nach seiner Auferweckung gesehen, nicht geglaubt hatten. — Mk 16,14

⁴ Da trat Jesus zu ihnen, redete sie an und sagte: Mir ist alle Gewalt gegeben im Himmel und auf der Erde. — Mt 28,18

⁵ ₍...₎ Wie mich der Vater gesandt hat, so sende auch ich euch. — Joh 20,21

⁶ ₍...₎ Geht hinaus in alle Welt und verkündet das Evangelium allen Geschöpfen! — Mk 16,15

⁷ Darum geht nun hin und macht alle Völker zu Jüngern, tauft sie auf den Namen des Vaters und des Sohnes und des heiligen Geistes, — Mt 28,19-20

⁸ und lehrt sie alles halten, was ich euch aufgetragen habe. Seht, ich bin bei euch alle Tage bis ans Ende der Welt.

Mk 16,16–18 ⁹ Wer glaubt und sich taufen lässt, wird gerettet. Wer aber nicht glaubt, wird verdammt werden.

¹⁰ Denen aber, die glauben, werden diese Zeichen folgen: In meinem Namen werden sie Dämonen austreiben, in neuen Sprachen reden;

¹¹ Schlangen werden sie aufheben und wenn sie etwas Todbringendes getrunken haben, wird es ihnen nicht schaden; Kranken werden sie die Hände auflegen und sie werden gesund werden.

Lk 24,49 ¹² (...) Ihr aber sollt in der Stadt⁽⁸⁰⁾ bleiben, bis ihr mit Kraft aus der Höhe ausgerüstet seid.

170 Christi Himmelfahrt

Mk 16,19 ¹ Nachdem Jesus, der Herr, zu ihnen gesprochen hatte, (...)
Lk 24,50–51 ² (...) führte *er* sie hinaus bis in die Nähe von Betanien, erhob seine Hände und segnete sie.

³ Während er sie segnete, schied er von ihnen und wurde in den Himmel emporgehoben

Mk 16,19 ⁴ (...) und setzte sich zur Rechten Gottes.
Lk 24,52–53 ⁵ Sie warfen sich anbetend vor ihm nieder und kehrten in großer Freude nach Jerusalem zurück.

⁶ Und sie waren allezeit im Tempel und priesen Gott.

Mk 16,20 ⁷ *Danach* aber zogen *sie* hinaus und predigten überall, und der Herr wirkte mit ihnen und bestätigte das Wort durch die begleitenden Zeichen.

Joh 21,25 ⁸ Es gibt aber auch noch vieles andere, was Jesus getan hat. Wollte man das alles im Einzelnen niederschreiben, so würde, wie ich glaube, selbst die ganze Welt die Bücher nicht fassen, die man dann schreiben müsste.

⁽⁸⁰⁾ Hier ergänzte Preuschens Tatianübersetzung: „Jerusalem".

Anhang

I. Tatians Diatessaron:
Historische und methodische
Erläuterungen

1. Übersicht

Die Evangelien-Kompilation Tatians, die unter der Bezeichnung Diatessaron[1] in den kirchlichen Gebrauch kam, war und ist sicherlich eines der erstaunlichsten Werke der altchristlichen Literatur. Entstanden um 170 war sie in vielem ihrer Zeit voraus. Die Kanonisierung der heute gebräuchlichen vier Evangelien sollte erst Jahrhunderte später erfolgen, und selbst deren Inhalte lagen den Zeitgenossen Tatians nur in mündlicher Überlieferung oder als frühe schriftliche Fassungen vor. In diesem 2. Jahrhundert, in dem weder die Kirche organisatorisch gefestigt, noch wesentliche Glaubensfragen allgemeinverbindlich geklärt waren, unternahm jener Tatian nun den kühnen Versuch, das Verkündungsanliegen durch eine Zusammenfassung der vier Evangelien zu einem einzigen, zusammenhängenden Bericht zu befördern. Anders noch als Marcion von Sinope, der eine Vereinheitlichung auf Grundlage des Lukas-Evangeliums anstrebte,[2] und Justin, der neben nichtkanonischen Quellen nur auf die drei synoptischen Evangelien für seine Harmonie zurückgriff,[3] entschied sich Tatian weitsichtig für die Evangelien des Markus, Matthäus und Lukas, aber auch für das des Johannes, das in der damaligen Kirche durchaus noch nicht unumstritten war.[4] Damit traf er bereits im 2. Jahrhundert

---

[1] Eusebius von Cäsarea, Kirchengeschichte IV, 29, 6: „Ihr erster Stifter Tatian verfaßte eine Art Evangelienharmonie und nannte das Werk Diatessaron." (Kraft, Eusebius von Cäsarea, Kirchengeschichte, Darmstadt ²1981, S. 229). Eusebius war also wohl der erste, der diese Bezeichnung benutzt hat.
[2] Dazu allgemein: Klinghardt, Das älteste Evangelium und die Entstehung der kanonischen Evangelien. Untersuchung – Rekonstruktion – Übersetzung – Variante, 2 Bde., Tübingen 2015; Baarda vermutet als Grund dafür, warum Marcion sich auf ein Evangelium beschränken wollte, dessen Vorliebe für den Apostel Paulus, der in seinen Briefen nur von dem Evangelium in der Singularform spricht, vgl. Baarda, The Diatessaron and its Beginning, A Twofold Statement of Tatian, in: Crawford/Zola (Hrsg.), The Gospel of Tatian, Exploring the Nature and Text of the Diatessaron, London 2021, S. 20.
[3] Inwieweit auch Justin auf nicht-kanonische, judenchristliche Texte zurückgriff: Petersen, Tatian's Diatessaron, Leiden – New York 1994, S. 346–348.
[4] Vgl. Bludau, Die ersten Gegner der Johannes-Schriften, Freiburg im Breis-

eine Auswahl, die erst in den folgenden Jahrhunderten als Ergebnis eines längeren Prozesses, beginnend im 2. Jahrhundert über den Osterfestbrief des Kirchenvaters Athanasius von Alexandria und schließlich durch die Aufnahme in die Liste der zu rezipierenden biblischen Bücher im *Decretum Gelasianum*[5] endgültig kanonisiert werden sollte und die bis heute ihre Gültigkeit behalten hat. Vielleicht war Tatians Entschluss sogar ein Präjudiz für die Kanonisierung der uns bekannten vier Evangelien.

Die Bedeutung der Auswahlentscheidung Tatians darf jedenfalls nicht unterschätzt werden. Gerade in dieser frühen Phase biblischer Traditionsbildung kursierten zahlreiche Evangelientexte diversen Ursprungs,[6] deren Zuverlässigkeit damals nicht geklärt war. Und das sprunghafte Anwachsen weiterer apokrypher Texte trug auch nicht zur Erhellung bei.

In der Forschung[7] wird immer noch die Frage diskutiert, ob und in welchem Umfang Tatian in seinen Harmonietext weitere, nichtkanonische Quellen an der ein oder anderen Stelle hatte einfließen lassen. Bis zur endgültigen kirchlichen Anerkennung der kanonischen Evangelientexte sollten ja noch viele Jahre, sogar Jahrhunderte, vergehen, in denen die Urfassungen immer wieder textlich modifiziert wurden. Insoweit bleibt auch heute fraglich, ob die wenigen nachgewiesenen Abweichungen in den Übersetzungen des Diatessaron tatsächlich auf nichtkanonischen Texten oder eher auf Interpretationen der Übersetzer beruhen. Vielleicht sind sie aber auch nur auf ältere Fassungen der Evangelientexte aus der Zeit Tatians zurückzuführen.[8] Es liegt in der Natur der Sache, dass Tatian nur Zugriff auf die zeitgenössischen Fassungen

---

gau 1925, S. 122 ff.; Baarda (wie Anm. 2), 8. Kapitel, The Gospel of John in the Second Century, S. 21–23.

[5] (...) *de libris recipiendis et non recipiendis.*

[6] U.a. Thomasevangelium, Ägypter-Evangelium (nicht zu verwechseln mit dem koptischen), Judas-Evangelium, Ebioniter-Evangelium, Petrus-Evangelium, Matthias-Evangelium, Nazaräer-Evangelium, Jakobus-Protoevangelium, Hebräer-Evangelium; Übersicht bei Schneemelcher, Neutestamentliche Apokryphen, Bd. 1, Tübingen [7]2012.

[7] Zur Theorie, Tatian habe das apokryphe Thomasevangelium als fünfte Quelle benutzt: vgl. Baker, The Gospel of Thomas and the Diatessaron, JTS 16, 1965, S. 449–454; Quispel, L'Évangile selon Thomas et le Diatessaron, in: Vigiliae Christianae 13, 1959, S. 87–117, hier: S. 87; zusammenfassende Übersicht über sonstige mögliche Quellen bei Petersen (wie Anm. 3), S. 33 f.

[8] Wie z. B. die bei Tatian fehlende Perikope der Ehebrecherin (Joh 7,53 – 8,11),

hatte.[9] Ob diese wenigen kritisierten Passagen die Verwertung nichtkanonischer Quellen tatsächlich andeuten oder nicht, kann für die vorliegende Arbeit jedoch letztlich dahinstehen, da es ja nicht um eine Übersetzung des Diatessaron, sondern um eine moderne Harmonie unter Berücksichtigung des Aufbaus, nicht des Wortlautes bei Tatian, geht. Insofern finden sich hier nur Texte aus den kanonischen Evangelien wieder.

Aus dem aktuellen Allgemeingedächtnis ist das Diatessaron inzwischen weitgehend verschwunden. Dennoch darf man seine Wirkmächtigkeit bis in die heutige Zeit nicht unterschätzen. Gerade im syrisch-arabischen Raum wurde es zum Standardlektionar im liturgischen Gebrauch. Die sogenannten „getrennten Evangelien"[10] bzw. „Evangelien der Getrennten"[11] traten zeitweilig sogar in den Hintergrund.

Wie ungeheuer groß die Verbreitung des Diatessaron war, lässt sich aus den Quellen nur erahnen. Der einflussreiche syrische Kirchenvater Aphrahat (um 270 – um 350) zitierte jedenfalls in seinem *Akrostikon* ausschließlich das Evangelium in der Fassung des Diatessaron. Ephräm der Syrer (306–373) benutzte das Diatessaron ebenfalls als die Primärquelle. Und wenn der tatiankritische Bischof Theodoret im Jahr 423, also lange nach Athanasius, von immer noch 200 Ausgaben des Diatessaron im liturgischen Gebrauch in den 800[12] Gemeinden seines Bistums in Cyrrus berichtet[13], kann daraus nur gefolgert werden, dass zuvor wohl noch mehr Gemeinden dieser einen Diözese mit diesem Werk ausgestattet waren. Wie viel mehr Exemplare musste es dann in den zahlreichen anderen Diözesen des syrisch-arabischen Raums gegeben haben? Der orthodoxe Hardliner-Bischof von Edessa,

---

die in den frühen Fassungen des Johannesevangeliums ebenfalls noch nicht vorhanden war; ausführlich dazu u. S. 229f.

[9] Die ihm wohl vorlagen; so auch v. Soden, Schriften des Neuen Testaments, Band 1, 2. Abteilung, Berlin 1907, S. 1624.
[10] So schon im Jahr 791: Theodorus bar Koni, Liber Scholiorum, II, hrsg. Von Scher, CSCO 69 (Syr. 26), Louvain-Löwen 1912, S. 159, Zeile 9–16
[11] So schon Bischof Rabbula von Edessa um 430, vgl. Vööbus, Syriac and Arabic Documents regarding Legislation Relative to Syrian Ascetism, PETSE 11, Stockholm 1960, S. 47.
[12] Vgl. Petersen (wie Anm. 3), S. 42 Anm. 20.
[13] Die er freilich beschlagnahmte; vgl. Ephräm der Syrer, Kommentar zum Diatessaron, übersetzt und eingeleitet von Christian Lange, Zwei Halbbände, Turnhout 2008, S. 48f. mit weiteren Verweisen.

Rabbula (412–435) musste ebenfalls zu deutlichen Ermahnungen greifen, um den Gebrauch des Diatessaron einzuschränken: „Die Priester und Diakone haben dafür Sorge zu tragen, dass in allen Kirchen eine Ausgabe der getrennten Evangelien vorhanden ist und gelesen wird."[14]

Auch für die Folgezeit wissen wir, dass das Diatessaron nicht nur eine lokale, sondern eine überregionale Bekanntheit besaß. Von China[15] bis nach Island[16] lassen sich seine Spuren nachweisen. Umso erstaunlicher erscheint es, dass nach heutigem Kenntnisstand kein einziges originales Exemplar oder wenigstens originale Fragmente davon erhalten geblieben sind.

Mit der Kanonisierung der Evangelien in der Form von vier getrennten Texten war auch das Urteil über das Diatessaron gesprochen. Je länger die vier Überlieferungen nebeneinander existiert hatten, desto mehr hatten sie gerade in ihrer separierten Gestalt an Autorität gewonnen. Nicht nur ihre Inhalte, sondern sogar jedes einzelne Wort wurde im Sinne einer Verbalinspiration als unmittelbar von Gott eingegeben und damit unantastbar geglaubt. Jede Abweichung wurde folgerichtig als Häresie verfolgt.

Ab der Mitte des 4. Jahrhunderts traf es dann das liturgische Lektionar der syrischen Kirche mit voller Wucht: es wurde verboten. In koordinierten Aktionen wurden die verbliebenen Exemplare allmählich, aber systematisch aus dem liturgischen Betrieb und aus den Kirchen entfernt und durch die vier getrennten Evangelien, meist in der Form der Peschitta[17], ersetzt. Jedenfalls mahlten die Mühlen dieser Revision derart gründlich, dass bis heute kein einziges Original gefunden wurde. Andererseits ist davon auszugehen, dass dieser Prozess nicht überall gleich schnell ablief, sondern häufig schleichend, der vielleicht Jahre, mancher-

---

[14] Vööbus (wie Anm. 12), S. 47.
[15] Zu den gefundenen Fragmenten in Turfan/China: Petersen, An Important Unnoticed Diatessaronic Reading in Turfan Fragment M-18, in: Text and Testimony, Essays on New Testament and Apocryphal Literature in Honour of A. F. J. Klijn, hrsg. von Baarda, Hilhorst, Luttikhuizen und van der Woude, Kampen/NL 1988, S. 187–192.
[16] Vgl. van Arkel de Leeuw van Weenen, Quispel, The Diatessaron in Iceland and Norway, VigChr 32 (1978), S. 214–215.
[17] In syrischer Sprache verfasste Bibelübersetzung mit den vier getrennten Evangelien. Peschitta = „die einfach zu Verstehende".

orts sogar Jahrhunderte gedauert haben mag. Das Diatessaron blieb so noch eine gewisse Zeit als Lektionar im kirchlichen Gebrauch erhalten. Gerade im syrisch-arabischen Raum war die Opposition gegen die byzantinische Reichskirche groß, und es bildeten sich christliche Gemeinschaften, die eine eigene Christologie entwickelten und den liturgischen Anweisungen aus Konstantinopel durchaus kritisch gegenüberstanden.

Tatsächlich schien das Diatessaron trotz aller Anfeindungen seine Strahlkraft nicht verloren zu haben. Nicht anders ist es erklärbar, dass es in kirchlichen Schriften in verschiedenen Teilen der Welt immer wieder Erwähnung fand,[18] und bis ins Mittelalter Versionen in alt-niederdeutscher (altsächsisch), alt- und mittelhochdeutscher, arabischer, armenischer, französischer, georgischer, griechischer, lateinischer, mittel-englischer, mittel-italienischer, mittel-niederländischer und persischer Sprache in die Bibliotheken gelangten.[19]

Eine der bisher noch nicht ausreichend untersuchten Wirkungen dürfte das Diatessaron bei der Verfassung der synkretistischen Lehre von Mani (Manichäismus) gespielt haben, der um 240 den christlich-neutestamentlichen Teil seiner Weltanschauung auf der Grundlage des Diatessaron formulierte.[20] Auf diesem Weg dürfte in der Folge auch der Kirchenvater Augustinus mittelbar von Tatian beeinflusst worden sein.

Bei der Entstehung des Koran scheint das Diatessaron ebenfalls eine Rolle gespielt zu haben. Im Zuge der Eingliederung der syrischen Kirche in die byzantinische Reichskirche war das Diatessaron im westlichen syrischen Amtsbereich des Patriarchats von Antiochia zwar verboten worden; dies galt jedoch nicht für den arabischen Raum, der sich zunehmend von der Reichskirche abgesetzt hatte. Die christlichen Missionierungen aus Alexandria, Antiochia, aber auch aus Edessa hatten einerseits zwar große Erfolge gehabt, andererseits jedoch (noch) nicht zur Formung einer einheitlichen Kirchenorganisation geführt. Die eher auf Stammesstrukturen basierende arabische Gesellschaft setzte sich zudem äußerst heterogen zusammen. So waren neben ost-

---

[18] Petersen (wie Anm. 3), S. 432 ff.
[19] Übersichten bei Petersen (wie Anm. 3), S. 448 ff.463 ff.; McFall, Tatian's Diatessaron: Mischievous or Misleading?, in: Westminster Theological Journal, Bd. 56, 1994, S. 87–114, hier S .94 f.
[20] Vgl. Petersen (wie Anm. 3), S. 433.

kirchlichen und judenchristlichen auch andere, teils unabhängige christliche Gruppierungen entstanden. Die Konzilien von Ephesus 431 und Konstantinopel (II.) 553 hatten die Ablehnung reichskirchlicher Ordnungen und Entscheidungen nicht schlichten können, im Gegenteil. Daher ist davon auszugehen, dass gerade im arabischen Raum liturgische Verbote verpufften, und das Diatessaron der frühen Missionare auch später noch im Gebrauch blieb. Wenn im Koran mehrfach vom „Evangelium" gesprochen wird, so liegt es also nahe, dass damit die Version Tatians in Gestalt des Diatessaron gemeint ist, das im arabischen Raum immer noch in hohem Ansehen stand. Denn ausdrücklich wird im Koran nur die Singularform benutzt. Es ist also nicht von den Evangelien, sondern immer nur von dem Evangelium die Rede.[21] In dieser Hinsicht bildete das Diatessaron eine wesentliche Grundlage des ethischen, aber auch des historischen Gerüstes des Koran. An zwölf Stellen erwähnt der Koran das (eine) Evangelium.[22]

Aus heutiger Sicht bleibt jedenfalls festzuhalten, dass das weithin vergessene und im Original verschwundene Diatessaron die Kulturentwicklung sowohl des Orients als auch des Okzidents maßgeblich beeinflusste und damit eines der wirkmächtigsten Bücher unserer Geschichte war und über seine mittelbaren Fernwirkungen immer noch ist.

2. Das verlorene Diatessaron

Das Merkwürdigste an dem vielzitierten und vielübersetzten Diatessaron ist die Tatsache, dass bisher kein einziges Exemplar im Original gefunden wurde. Die jüngsten Versuche das Diatessaron zu rekonstruieren[23] sind daher eher mit einem Indizienprozess zu vergleichen, dem das eigentliche Beweisstück fehlt.

Bis heute ist nicht einmal abschließend geklärt, in welcher Sprache es ursprünglich verfasst worden ist. Ob in Syrisch-Aramäisch oder doch in Griechisch bleibt eine offene Streitfrage.[24] Auf

---

[21] Also nicht von der Peschitta, die die vier getrennten Evangelien enthielt.
[22] Sure/Vers: 3,3.48.65; 5,46.47.66.68.110; 7,157; 9,111; 48,29; 57,27.
[23] „The goal of Diatessaronic research is the reconstruction of the harmony's text": Petersen (wie Anm. 3), S. 368.
[24] Übersicht über die Diskussion bei Metzger, The Early Versions of the New Testament. Their Origin, Transmission, and Limitations, Oxford 1977, S. 30–

der Grundlage der Ergebnisse von Zahn[25] und später von Petersen[26] und Joosten[27] scheint es zumindest eine syrische Originalversion oder eine Übersetzung ins Syrische von einer griechischen Urfassung geben zu haben, die ihrerseits nicht mehr vorhanden ist, auf der aber die arabischen, persischen und armenischen Übersetzungen beruhen, während alle westlichen Derivate auf eine lateinische Protoübersetzung zurückzuführen sind.[28]

Kenntnis vom Diatessaron haben wir also nur aus seinen Derivaten, nämlich einigen Bezugnahmen in der frühchristlichen Literatur, aus dem Kommentar zum Diatessaron von Ephräm dem Syrer sowie aus Handschriften des 1. Jahrtausends, die auf das Diatessaron verweisen bzw. inhaltlich auf dem Diatessaron aufbauen oder mehr oder weniger getreue Übersetzungen in andere Sprachen darstellen.

a) Das Diatessaron in der frühchristlichen Literatur

Schon die frühen christlichen Autoren beschäftigten sich intensiv mit der Person Tatians. Irenäus von Lyon (um 135–200), der sonst sehr umfassend und detailreich berichtet, erwähnt das Diatessaron mit keinem einzigen Wort, wohl aber den „Enkratiten" Tatian.[29] Clemens von Alexandria (um 150–215) nennt zwar Tatians *Oratio ad Graecos* und sein verschollenes Werk „Über die Vollkommenheit nach dem Erlöser", kennt aber anscheinend nicht das Diatessaron[30]. Tertullian (um 150–220) bezichtigt Tatian zwar einer häretischen „Enthaltung von Speisen"[31], erwähnt das Dia-

---

32; es gibt aber auch Befürworter einer griechischen Urfassung: vgl. Baarda (wie Anm. 2), S. 17.

[25] Zahn, Geschichte des neutestamentlichen Kanons, I.1, Erlangen 1888, S. 388ff.

[26] Petersen (wie Anm. 3), Appendix II: A Stemma of the Diatessaronic Tradition, S. 490.

[27] Joosten, Tatian's Sources, S. 56ff.

[28] Kritisch zu dieser These: Schmid, Unum ex Quattuor, Freiburg im Breisgau 2006, S. 44f.

[29] Irenäus von Lyon, Gegen die Häresien I, 28, 1 (übersetzt und eingeleitet Brox, in: Fontes Christiani, Bd. 8/1, Freiburg im Breisgau 1993, S. 325).

[30] Vgl. Trelenberg, Spezialprobleme, in: Tatianos, Oratio ad Graecos, hrsg. und neu übersetzt von Jörg Trelenberg, Tübingen 2012, S. 207.

[31] Tertullianus, Über das Fasten. Gegen die Psychiker, übersetzt von K. A.

tessaron genauso wenig wie Hippolyt von Rom (um 170–235), der Tatian pauschal Lästerungen vorwirft.[32] Origenes (185–253) wiederum verortet Tatian in der Nähe der Gnosis bzw. der Marcionisten[33], verliert aber kein einziges Wort über das Diatessaron. Erst Eusebius von Cäsarea (265–339) spricht nicht nur über den Häretiker Tatian, sondern auch und wohl als erster über das Diatessaron. Erstaunlich ist vor allem, dass seine scharfe Kritik an Tatian nicht mit gleicher Schärfe das Diatessaron trifft:

„Ihr erster Stifter Tatian verfaßte eine Art Evangelienharmonie und nannte das Werk Diatessaron. Es ist bei manchen noch heute im Umlauf. Auch soll er es gewagt haben, einige Sätze des Apostels zu umschreiben, um die Ausdrucksweise zu verbessern."[34]

Der Vorwurf der Verfälschung wird auch später immer wieder erhoben werden, jedoch stets nur im Zusammenhang mit den Paulusbriefen. Dass diese Vorwürfe aber gerade nicht auf das Diatessaron übertragen wurden, deutet also darauf hin, dass dieses Werk eine deutlich höhere Akzeptanz erfuhr.

Danach taucht das Diatessaron namentlich erst wieder bei Epiphanios von Salamis (315–403) auf, der es wohl fälschlicherweise mit dem Hebräerevangelium verwechselte.[35] Die Schrift Addai, die die Abgar-Legende wiedergibt und um das Jahr 400 entstanden war, nahm ausdrücklich Bezug auf Tatians Evangelienharmonie, diesmal jedoch ohne die namentliche Nennung ihres Kompilators: „Außerdem trafen sich täglich viele Menschen und versammelten sich zum Messgebet und für das Alte Testament und das Neue, welches das Diatessaron ist."[36]

Heinrich Kellner, 1912/15, 15. Kap. Die Ansichten des Apostels Paulus über das Fasten und den Unterschied der Speisen. Das Verhalten des Herrn in dieser Hinsicht.
[32] Hippolyt von Rom, Refutatio omnium haeresium, Widerlegung aller Häresien. Aus dem Griechischen übersetzt von Graf Konrad Preysing (Bibliothek der Kirchenväter, 1. Reihe, Band 40), München 1922, Buch VIII, Kapitel 7 (S. 146f.), Kapitel 16 (S. 154) sowie Buch X, Kapitel 18 (S. 185).
[33] Origenes, De oratione, hrsg. von Koetschau (GCS 3), Berlin 1899, S. 24.
[34] Eusebius von Cäsarea, Kirchengeschichte IV, 29, 6.
[35] Epiphanios Constantiensis, Panarion Haeresium, hrsg. von Holl, 2. Aufl. Berlin 1922, Neuauflage hrsg. von Dummer, Berlin 1980, S. 46f.
[36] Übersetzt nach Petersen (wie Anm. 3), S. 38f.

Bischof Theodoret von Cyrrhus (393–457), formulierte schon kritischer:

„Dieser [sc. Tatian] stellte ein Evangelium, genannt Diatessaron, zusammen, indem er die Stammbäume und alles andere, was bewies, dass der Heiland aus dem Samen Davids nach dem Fleisch geboren worden war, ausschnitt. Und dieses Werk war nicht nur bei seinen Anhängern in Gebrauch, sondern auch unter denjenigen, die den Apostolischen Lehren folgen, es aber wegen seiner Kürze ein wenig zu unschuldig benutzten, da sie nicht das unheilvolle Wirrwarr seiner Zusammenstellung erkannten."[37]

Damit war Theodoret der erste, der seine Kritik nicht nur gegen die Person Tatians, sondern direkt gegen das Diatessaron richtete.

In der westlichen Welt war das Diatessaron wohl lange Zeit unbekannt. Noch Hieronymus (347–420) geiselte Tatian zwar als Häretiker[38], vom Diatessaron aber kein Wort! Erst Victor von Capua (gest. 554) beschäftigte sich damit, ohne sicher zu wissen, dass Tatian sein Kompilator war. In seinem Vorwort zum lateinischen Codex Fuldensis (vor 546), der auf dem Diatessaron aufbaute, führte er aus:[39]

„Als mir zufällig das aus den vier Evangelien zusammengefügte Evangelium in meine Hände fiel und ich mangels eines Titels den Namen des Autors nicht finden konnte, untersuchte ich sorgfältig, wer wohl die Taten und Worte unseres Herrn und Retters, nachdem die Lesung des Evangeliums aufgespalten worden war, wieder zurück in die Reihenfolge gebracht hatte, der sie [Anm.: urspünglich] gefolgt waren ... Es wurde mir klar,

---

[37] Theodoret von Cyrrhus, Compendium haereticarum fabularum, Migne PG 83, S. 335–556, I.20; übersetzt aus dem Englischen von Petersen (wie Anm. 3), S. 42 und mit leichten Abweichungen bei McFall (wie Anm. 19), S. 87.
[38] Hieronymus, in: ep. Ad Gal. 6,8, zitiert nach Daniel, Tatianus der Apologet. Ein Beitrag zur Dogmengeschichte, Halle 1837, S. 261: „Tatianus (...) accerrimus haeresiarches (...)" und in: Hieronymus, In Amos prophetam 2, 12, zitiert nach Trelenberg (wie Anm. 30), S. 53 Anm. 286: „Tatianus Encratitarum princeps".
[39] Codex Fuldensis, Novum Testamentum latine interprete Hieronymo, hrsg. von Ranke, Marburg – Leipzig 1868, S. 1.

auch nach seiner Historia[40], dass Tatian, ein sehr gelehrter Mann und berühmter Redner dieser Zeit, die vier zu einem Evangelium verband, für das er die Bezeichnung Diapente[41] schuf."

b) Der Kommentar zum Diatessaron von Ephräm dem Syrer[42]

Ein wichtiger Hinweis für die Bedeutung des Diatessaron im syrisch-aramäischen Raum stellt die Tatsache dar, dass ihm ein eigener Kommentar gewidmet worden ist. Dieser konnte erst in neuerer Zeit aus diversen Fragmenten wiederhergestellt werden.[43]

Hier wird sehr anschaulich, wie das Diatessaron in den damaligen Kirchengemeinden gesehen wurde: nicht etwa als ein eigenständiges Werk Tatians, sondern als eine gängige Darstellung des Evangeliums. Das Diatessaron war das Standardwerk, das keinen Autor im eigentlichen Sinne benötigte. Daher findet sich im Kommentar auch keine Erwähnung Tatians und erst recht keine Rechtfertigung für die Benutzung gerade dieses Kompendiums. Ephräm kommentierte die einzelnen Passagen des Diatessaron ohne offenbar irgendeinen Zweifel daran zu haben, dass diese komponierte Evangeliumdarstellung die wirklich richtige sei.

c) Das Diatessaron in der assyrischen Kirche des Ostens

Im östlichen Raum fand das Diatessaron noch lange Zeit in vielen Manuskripten Erwähnung. Im *Scholion* aus dem Jahr 791 wird es

---

[40] Gemeint ist wohl: nach dem Studium der Kirchengeschichte des Eusebius.
[41] Die Angabe des Begriffs „Diapente" statt „Diatessaron" hat viele Spekulationen über eine etwaige fünfte Quelle des Diatessaron ausgelöst. Zur Frage, ob in diesem Kontext das apokryphe Thomas-Evangelium eine Rolle gespielt haben mag, s. o. Anm. 7. Andere interpretierten eine musikalische Parallele. Vielleicht war es aber auch nur ein Versehen. Vgl. Petersen (wie Anm. 3), S. 49.
[42] Über die Frage, ob Ephräm selbst oder einer seiner Schüler den Kommentar verfasst hat, hatte schon Zahn spekuliert: „nur das Collegienheft eines Schülers Ephraims", Zahn (wie Anm. 25), 390; Mills, The Wrong Harmony: Against the Diatesseronic Character of the Dura Parchment, in: Crawford/Zola (wie Anm. 2), S. 163 ff., spricht daher nur vom „Pseudo-Ephraem".
[43] Ephräm der Syrer, Kommentar zum Diatessaron, übersetzt und eingeleitet Lange, in: Fontes Christiani, Bde. 54/1-2, Turnhout 2008.

zum ersten Mal in einem syrischsprachigen Text erwähnt. Sein Verfasser Theodorus bar Koni, Lehrer an der exegetischen Schule von Kashkar, schreibt:

„Schließlich kam der Grieche Tatian und als er sah, dass in den getrennten Evangelien die Geschehnisse zwei- oder dreimal beschrieben wurden, begann er sie niederzuschreiben, jedes für sich, und erstellte aus allen Vieren ein Buch, und nannte es Diatessaron."[44]

Um 860 bezieht sich der nestorianische Bischof Isho'dad aus Merv im Vorwort seines Kommentars zum Markusevangelium darauf: „Nun traf Tatian, ein Schüler des Philosophen und Martyrers Justin, eine Auswahl aus den vier Evangelien, verband sie und nannte es Diatessaron, was bedeutet, ‚aus den Vermischten'."[45] In zahlreichen Schriften der Ostkirche wurde auf Tatian und das Diatessaron weiterhin Bezug genommen. Wie hoch dabei das Ansehen Tatians noch lange Zeit blieb, lässt sich aus einem Fragment des sonst verlorenen Kommentars zum Neuen Testament von Abd Iso bar Berika, dem Erzbischof von Nisibis, aus dem Jahr 1299 ablesen:

„Tatian, ein gewisser Philosoph, erfasste mit seiner Fähigkeit den Sinn der Worte der Evangelisten, und verstand mit seinem Geist die Absicht ihrer göttlichen Bücher. Er erstellte ein wundervolles Evangelium von ihren vieren, das er Diatessaron nannte, in dem er mit aller Sorgfalt die genaue Reihenfolge jener Dinge, die durch den Retter gesagt oder getan worden waren, einhielt. Er fügte zum ursprünglichen Zustand in keinster Weise irgendetwas eigenes hinzu."[46]

---

[44] Theodorus bar Koni. Liber Scholiorum, II, hrsg. Scher, CSCO 69 (Syr. 26), Louvain-Löwen 1912, S. 159, Zeile 9–16.
[45] Isho'dad of Merv, The Commentaries of Isho'dad of Merv, hrsg. von Gibson, HSem V-VII, Cambridge 1911, Bd. 1, S. 123.
[46] Abd Iso' bar Berika, Nomokanon, in: Scriptorum veterum nova collectio e vaticanis codicibus edita, hrsg. von Mai, Rom 1838, Bd. 10, Teil 1, S. 191 (eigene Übersetzung).

Es überwogen also die wohlwollenden Beurteilungen Tatians und seines Werkes im assyrischen Raum. In einigen Schriften wurde Tatian fälschlich sogar als „Bischof" bezeichnet.[47]

d) Der abendländische Tatian

In der westlichen Welt, die vom Patriarchat in Rom, also vom Papst repräsentiert wurde, ließ das Interesse an der Person Tatians mit der Zeit immer mehr nach, auch wenn es noch zu gelegentlichen Erwähnungen seiner Person kam. Insbesondere seit dem Morgenländischen Schisma von 1054 wurden die Schwerpunkte kirchlichen Interesses neu gesetzt. Dafür erfuhr das Diatessaron selbst, wenn auch nicht als Protagonist, so doch wenigstens mittelbar eine eigene, unerwartete Bedeutung: eine frühe Übersetzung des Originals (aus dem Syrischen oder Griechischen) in das Lateinische,[48] die selbst wiederum verlorenging, bildete zunächst die Grundlage des Codex Fuldensis. Dieser wiederum wurde dann zur Basis der mittelalterlichen Evangelienharmonien des Westens.[49] Unter dem Schlagwort „unum ex quattuor evangelium"[50] entstanden in der Folge zahlreiche mittelalterliche Harmonien in verschiedenen Teilen Europas, die alle mehr oder weniger in Verbindung zum Diatessaron standen.[51] Selbst in der Zeit der Reformation ebbte das Interesse an der Harmonisierung der getrennten Evangelien nicht ab.[52] Erst mit der Aufklärung ging die Zahl der Harmoniesierungsprojekte deutlich zurück.

---

[47] So z. B. im Kommentar von Dionysius bar Salibi, Bischof von Mar'aš und Amida, um 1170 (vgl. Petersen, [wie Anm. 3], S. 60) oder im Lexikon von 'Abū'l Hasan bar Bahlul, nach 1214 (vgl. ebd., S. 55).
[48] Die Altlateinische-Harmonie-Hypothese wird aber auch in Frage gestellt: „beruht überdies auf anachronistischen Voraussetzungen", Schmid (wie Anm. 28), S. 44 f.
[49] Dazu ausführlich: Schmid (wie Anm. 28), S. 59 f., (9.–13. Jhd.) S. 183 ff.
[50] Dieses Schlagwort prägte wohl Rufin mit seiner lateinischen Übersetzung des Wortes Diatessaron aus Eusebius, siehe Watson, Harmony or Gospel? On the Genre of the (So-Called) Diatessaron, in: Crawford/Zola (wie Anm. 2), S. 69–92, hier S. 74 f.
[51] Schmid (wie Anm. 28), S. 17 mit weiteren Verweisen.
[52] Über die Evangelienharmonien des 16.–18. Jahrhunderts: Wünsch, Evangelienharmonie im Reformationszeitalter, Berlin – New York 1983.

e) Neuanfänge im 19. Jahrhundert

Im 19. Jahrhundert nahm nach einer gewissen Ruhephase das Interesse am Diatessaron dann sprunghaft zu. Das lag zum einen daran, dass nun der Codex Fuldensis, Ephräms Kommentar und das arabische Diatessaron einem breiteren Publikum zugänglich wurden. Zum anderen hatte sich inzwischen eine akademische, also nicht kircheninstitutionelle Forschergemeinde etabliert. Universitäten und wissenschaftliche Einrichtungen übernahmen jetzt den Versuch, das Diatessaron zu deuten und zu rekonstruieren. Im Zuge dieser Arbeiten konnten zahlreiche weitere Handschriften und Dokumente identifiziert werden, die einen unmittelbaren oder mittelbaren Bezug zum Diatessaron besaßen. Dabei handelte es sich meist um Übersetzungen bzw. Übersetzungen von Übersetzungen, oder um Schriften, die Teile des Diatessaron wiedergaben oder in abgewandelter Form verarbeitet hatten.

Nach dem Ersten Weltkrieg wurden diese Rekonstruktionarbeiten um neue Quellen, wie die inzwischen zugängliche mittelitalienische, die mittel-niederländische und die persische Harmonie und die anfangs noch als Derivat des Diatessaron gedeutete Dura-Harmonie[53] erweitert.

f) Die heutige Diatessaron-Forschung

Gerade in den letzten Jahrzehnten änderte sich der Forschungsschwerpunkt erneut. Das Ziel der Rekonstruktion des verschollenen Diatessaron blieb zwar bestehen, jedoch wurden die Erkenntnisse und Schlussfolgerungen der bisherigen Forschungen kritisch auf den Prüfstand gestellt und teilweise revidiert.[54]

Ein breites Publikumsinteresse ist freilich nach wie vor nicht feststellbar, genauso wenig wie die Rehabilitierung dieser von vielen als gutgemacht und nützlich geschätzten Arbeit Tatians.[55]

---

[53] Mills (wie Anm. 42), S. 145–170.
[54] Zum Stand der Diskussion, Crawford/Zola (wie Anm. 2).
[55] So etwa schon Bischof Victor von Capua 546: Codex Fuldensis (s. Anm. 39), S. 1 f.

3. Zur Person Tatians

Über die Person Tatians ist ähnlich Spärliches wie über die Genese seines Werkes bekannt. Außer der Bezeichnung Tatian bzw. Tatianos kennen wir keine weiteren Namen[56] dieses visionären Erstellers des Diatessaron.

Als zeitgenössische Quellen aus dem 2. Jahrhundert sind uns nur der Text des Irenäus aus der Zeit um 180[57] sowie die Selbstauskunft Tatians in seiner *Oratio ad Graecos*[58] bekannt, deren Glaubwürdigkeit in jüngster Zeit aber durchaus kritisch gesehen wird: „Es ist offenbar, dass Tatian sogar seine eigene Vita stilisiert, um seiner Schrift Überzeugungskraft und seiner Verteidigung des Christentums größere Wirkung zu verleihen."[59]

Fast alle sonstigen frühchristlichen Stellungnahmen stammen aus deutlich späterer Zeit und dürften Interpretationen oder Addenda zum Irenäus-Text darstellen. Davon ausgenommen sind vielleicht einige ergänzende Angaben des Eusebius um 300,[60] der ansonsten die Ausführungen von Irenäus unter Angabe dieser Quelle, jedoch in modifizierter Form,[61] übernahm, sowie einige Bemerkungen des Epiphanios über die Spätzeit Tatians.[62]

---

[56] Später wird er in der syrischen Welt „Tatian der Grieche" genannt werden, in der westlichen Welt andererseits „Tatian der Syrer".
[57] Irenäus, Adversus haereses, I. 28, 1.
[58] Übersetzung in Trelenberg (wie Anm. 30), S. 84–192.
[59] Trelenberg (wie Anm. 30), S. 5; noch pointierter Di Cristina, Discorso ai Greci, S. 18: "Tatiano, per parte sua, presenta se stesso come un viaggiatore, una sorta di pellegrino del sapere; parla con una certa frequenza delle proprie personali conoscenze, crede nella bontà della sua documentazione e della esperienza delle cose di cui si occupa: ci tiene insomma a presentare se stesso come un intelletuale e un ricercatore assiduo, quanto non facilmente soddisfatto, della verità."
[60] Eusebius von Cäsarea IV, 29, 4: „Etwas später brachte ein Mann namens Severus in die erwähnte Sekte noch mehr Leben und wurde Anlaß, daß ihre Anhänger Severianer genannt wurden. Diese benützen das Gesetz, die Propheten und die Evangelien, wobei sie allerdings den Inhalt der heiligen Schriften eigenartig auslegen. Den Apostel Paulus beschimpfen sie, und seine Briefe lehnen sie ab; auch die Apostelgeschichte nehmen sie nicht an." (Kraft [wie Anm. 1], S. 228 f.).
[61] So äußerte Irenäus z. B., dass Tatian als Hörer Justins noch kein Häretiker gewesen sei; Eusebius wandelt dies so ab, dass Tatian dies nur geäußert habe.
[62] Epiphanius Constantiensis, Panarion Haer. 34–64, hrsg. von Holl, Berlin ²1922, Neuauflage hrsg. von Dummer, Berlin 1980, S. 202 ff.

In seiner *Oratio* gibt Tatian an, im Land der Assyrer geboren zu sein.[63] Petersen vermutet, dass dies um das Jahr 120 gewesen sein muss.[64] Tatian erwähnt auch, er sei „als freier Mann" auf seine „edle Abkunft nicht stolz".[65] Petersen[66] schließt daraus, dass er wohl das Kind wohlhabender Eltern gewesen sei, die vielleicht mittleren oder höheren Schichten entstammten. Tatian berichtet weiter, er sei „unterrichtet [worden] zuerst in euren[67] Lehren, danach jedoch in denjenigen, die ich nun zu verkündigen bekenne".[68] Und an anderer Stelle: „Zum einen habe ich eure Sophistik studiert, zum anderen sind mir viele Künste und Theorien begegnet."[69] Eine gewisse Kenntnis der griechischen Götterwelt, der griechischen Kultur und der philosophischen Strömungen seiner Zeit lässt sich schon aus der *Oratio* ableiten. Wie profund diese Kenntnisse tatsächlich waren, kann letztlich jedoch nicht ermittelt werden.[70]

Tatian berichtet außerdem:[71] „Dieses habe ich dargelegt nicht als Wissen aus zweiter Hand, sondern nachdem ich große Teile der Erde bereist habe." Diese kosmopolitische Selbstdarstellung erscheint zumindest plausibel, da Wissensmehrung durch Wanderungen und Reisen im 2. Jahrhundert durchaus weit verbreitet war.

Aus seiner Aussage „das Feldherrenamt weise ich zurück"[72] zu schließen, er sei militärischer Offizier gewesen, sonst wäre ihm ein solches Amt gar nicht erst angeboten worden,[73] scheint jedoch ein wenig weit hergeholt.

---

[63] Oratio, S. 191.
[64] Petersen (wie Anm. 3), S. 72.
[65] Oratio, S. 115.
[66] Petersen (wie Anm. 3), S. 68f.; so auch Preuschen, Tatian, Diatessaron, aus dem Arabischen übers. u. hrsg., Heidelberg 1926, S. 20: „Wie es scheint, erhielt er im Hause seiner Eltern, die aus guter Familie und in guter Vermögenslage waren, eine gediegene Bildung."
[67] Gemeint sind „in euren griechischen Lehren".
[68] Oratio, S. 191.193.
[69] Oratio, S. 179.
[70] Hawthorne, Tatian and his discourse to the Greek, in: Harvard Theological Review 57, 1964, S. 163; kritisch dazu: Trelenberg (wie Anm. 30), S. 4.
[71] Oratio, S. 179.
[72] Oratio, S. 115.
[73] Da es ihm nicht angeboten worden wäre.

Irgendwann um das Jahr 150 scheint er jedenfalls in Rom angekommen zu sein und schloss sich dem späteren Märtyrer Justin als Hörer an.[74] Dort traf er auf die christliche Lehre[75]. Er selbst benennt als eines der Motive für seine Bekehrung, dass er den Mysterien- und Ritenkult der Griechen einerseits abstoßend fand,[76] von der Natürlichkeit der christlichen Lehre andererseits fasziniert war, die er als ungekünstelt und frei von Arroganz beschreibt: „Und es widerfuhr mir, dass sie mich überzeugten, wegen ihrer schlichten Ausdrucksweise, ihrer ungekünstelten Art des Redens, der guten Verständlichkeit ... und der Lehre von einem einzigen Herrscher des Alls." [77] Der Monotheismus und die Überzeugungskraft der Glaubensargumente sind etwas, was heute noch die Gläubigen erfüllt. Justin könnte Tatian auch zur Erstellung einer Harmonisierung der getrennten Evangelien inspiriert haben. Justin hatte auf der Grundlage der synoptischen Evangelien bereits ein eigenes zusammenfassendes Werk erstellt,[78] das Tatian für seine Harmonie um das Johannes-Evangelium erweiterte.

Aus der Aussage des Eusebius, Tatian habe einen Schüler namens Rhodon besessen,[79] folgern manche, dass er schon in Rom eine eigene Schule betrieben habe.[80]

Nach dem Märtyrertod Justins unter dem Präfekten Rusticus zwischen 163 und 177 soll sich Tatian von der Kirche getrennt haben.[81] Ob dem tatsächlich so war oder ob diese Darstellung

---

[74] Irenäus, Haer I, 28, 1; Tatian bestätigt zwar seinen Romaufenthalt, nicht aber konkret seine Hörerrolle bei Justin; dafür erwähnt er Justin zweimal in seiner *Oratio* (18/6 S. 135; 19/2 S. 137); andererseits: Trelenberg (wie Anm. 30), S. 195 ff. (III. Spezialprobleme, 1. War Tatian ein Schüler Justins?).

[75] Ob er auf seinen Reisen und Studien bereits vorher mit christlichen Lehren konfrontiert wurde, lässt sich aus der *Oratio* nicht eindeutig ermitteln.

[76] Dieses Thema zieht sich durch die ganze *Oratio*.

[77] Oratio, S. 161.

[78] Petersen (wie Anm. 3), S. 27–29.

[79] Eusebius von Cäsarea, Kirchengeschichte V, 13.

[80] Bardenhewer, Geschichte der altkirchlichen Literatur, I, Freiburg im Breisgau 1913, S. 392–394.

[81] Irenäus, Haer. I, 28, 1: „Er war Anhänger Justins gewesen und hatte solche Vorstellungen nie vertreten, solange er in dessen Nähe war. Nach Justins Märtyrertod fiel er von der Kirche ab. In der überheblichen Selbsteinschätzung, ein Lehrer zu sein, wurde er stolz und aufgeblasen, als sei er etwas Besseres als die anderen. Er gab seiner Schule eine eigne Richtung ..."; gegen die Annahme einer Schulgründung: Harnack, Überlieferung, S. 203, Anm. 240. Er

nur einen weiteren Teil der Kampagne des Irenäus gegen Tatian darstellt, ist nicht zu klären.

Einigkeit scheint in der Frage zu bestehen, dass Tatian nach dem Tod Justins Rom verlassen hat oder sogar verlassen musste und sich nach Syrien begab.[82] Epiphanius[83] schildert, dass die Lehre Tatians dort an Einfluss gewann, insbesondere in den Regionen von Antiochia und Daphne, entlang des Orontes (im heutigen Syrien), und weiter in Zilizien und Pisidien. Epiphanius berichtet auch, dass Tatian dort eine eigene Schule gegründet habe.

Über Tatians Ende ist nichts bekannt. Konkrete Angaben zu den Umständen oder zum Zeitpunkt seines Todes gibt es nicht. Petersen vermutet, dass Tatian zwischen den Jahren 180 und 190. gestorben sei.[84]

4. Zur Motivation Tatians

Zu Lebzeiten Jesu gab es noch keine schriftlichen Aufzeichnungen über sein Wirken. Vielmehr beruhten die Mitteilungen darüber auf der Wahrnehmung der Apostel bzw. der sie begleitenden Anhänger und später auf einer darauf aufbauenden, zunächst rein mündlichen Überlieferung. So bildeten sich über die Jahrzehnte verschiedene lokale Traditionen, wie über das Leben und Leiden Christi und seine Auferstehung berichtet werden sollte. Schon zur Zeit Tatians existierten verschiedene, teilweise sogar widersprüchliche Evangelien-Berichte,[85] die allesamt noch vorkanonisch, also noch nicht selektiert bzw. allgemein anerkannt worden waren. Der Wunsch aus diesem „Überlieferungschaos" einen einheitlichen Geschehensablauf des Lebens, Sterbens und der Auferstehung Jesu von Nazaret zu destillieren, bestand bereits sehr früh und führte im 2. Jahrhundert zu zahlreichen Anläufen, sich entweder auf ein Evangelium zu beschränken[86] oder Synopsen bzw.

---

möchte διδασκαλεῖον mit „Lehre" nicht mit „Schule" übersetzen. Das widerspricht zumindest der gängigen Übersetzungspraxis.
[82] Petersen extrapoliert etwa das Jahr 172.
[83] Epiphanius Constantiensis, Panarion Haer. 34–64, (46, 1, 8), S. 204f.
[84] Petersen (wie Anm. 3), S. 72.
[85] S. o. S. 210 Anm. 6.
[86] Vgl. z. B. Marcion, Origenes.

Harmonisierungen der verschiedenen Traditionen zu erstellen[87]. Das Werk Tatians ist, jedenfalls nach heutigem Wissensstand, das erste, das den Versuch unternimmt, eine Harmonisierung aller vier Evangelien, nämlich des Markus, Matthäus, Lukas und Johannes zu erarbeiten.

Die jüngst aufgeworfene Frage, ob das Diatessaron die vier Evangelien als neues Evangelium ersetzen oder nur ergänzen sollte, ist nicht zielführend.[88] Das Diatessaron sollte weder ergänzen, noch ersetzen, sondern die vier Evangelien mit ihrem gesamten Inhalt einheitlich darstellen.

Über die Frage, welche Motive Tatian zu seiner Harmonie bewegten, wird in der Literatur intensiv spekuliert.[89] Manche sehen Hochmut, gar Größenwahn als Triebfeder, andere einen gesteigerten Geltungsdrang. Wieder andere betrachten das Diatessaron als Vorarbeit für die Gründung seiner Lehrschule in Syrien. Für wieder andere ist das Diatessaron Ausdruck eines gewissen Unbehagens in Anbetracht von vier getrennten Evangelien, die die Vermittlung der Heilsgeschichte zu verkomplizieren schienen. Vielleicht war die Schaffung des geeinten Evangeliums daher auch Ausdruck einer gewissen ökonomischen Vorgehensweise, die die Christianisierung erleichtern sollte. Durch das Studium nur eines der vier Evangelien wurden eben nicht alle Episoden aus dem Leben und Wirken Jesu vollständig abgedeckt. Um ein umfassendes Bild zu erhalten, mussten alle vier Evangelien parallel studiert werden. Das hatte zur Folge, dass zahlreiche Passagen, die in mehreren Evangelientexten inhalts- oder sogar wortgleich vorkamen, auch mehrfach gelesen werden mussten. Schließlich wird vertreten, dass das Verfassen einer eigenen Evangeliumversion im 2. Jahrhundert einfach „en vogue" gewesen sei, wie sich aus den zahlreichen Synopsen, Harmonien oder Beschränkungen auf eines der Evangelien ergäbe. Tatian habe sich gleichsam einer Mode angeschlossen. Tatsäch-

---

[87] Vgl. z. B. Justin, Ammonius von Alexandria, Theophilos von Antiochien. Ob es sich um echte Harmonien oder doch nur um Synopsen gehandelt hat, ist nicht ganz klar, da die Texte nicht überliefert sind.
[88] James W. Barker, Tatian´s Diatessaron and the Proliferation of Gospel, in: Crawford/Zola (wie Anm. 2), S. 111f., hier S. 112: „... but I have come to reject ‚supplement or replace' as a false dichotomy that mischaracterizes the nature of Gospel proliferation."
[89] Vgl. die Übersicht bei Petersen (wie Anm. 3), S. 72ff.

lich kursierten im 2. Jahrhundert eine ganze Reihe von Harmonien, neben der bereits erwähnten des Justin u.a. auch die des Theophilos von Antiochien[90] oder jene des Ammonius von Alexandria,[91] die jedoch sämtlich nicht mehr erhalten sind.

All diese Motive sind denkbar, aber keines ist wirklich nachweisbar. Belegt sind allerdings einige Selbstauskünfte Tatians in seiner *Oratio*, die zumindest Hinweise auf seine wahren Beweggründe erlauben:

a. „Durch einen Willensakt der göttlichen Einfachheit sprang das Wort hervor."[92] Hier betonte Tatian den einen Willen und das eine Wort. Konsequenz der göttlichen Einfachheit könnte damit auch das eine Diatessaron als Schilderung der einen Heilsgeschichte sein, der Tatian Gestalt verleihen wollte. „Dabei sollte es darauf ankommen, dass man möglichst natürlich spricht."[93] Auch hier deutet Tatian auf eine natürliche, widerspruchsfreie und möglichst einfache Darstellung hin, wie sie das Diatessaron für sich betrachtet bietet. Dieses Anliegen hebt Tatian schließlich auch an anderer Stelle als etwas Erstrebenswertes hervor:[94] „Und es widerfuhr mir, dass sie mich überzeugten, wegen ihrer schlichten Ausdrucksweise, ihrer ungekünstelten Art des Redens, der guten Verständlichkeit"[95]. Den Gläubigen ein Buch an die Hand zu geben, das gut verständlich und schlicht im Aufbau war, war offensichtlich eines der Ziele seiner Evangelienharmonie.

b. Auch bei der Suche nach weiteren Motiven lohnt es sich, bei Tatian selbst zu schürfen: „Denn denen, die unsere Lehren näher untersuchen wollen, werde ich eine leicht einleuchtende und ausführliche Darstellung geben."[96] Dies kann als direkter Hinweis auf das Diatessaron verstanden werden. Da die vier Evangelien bei genauerer Betrachtung durchaus Diskrepanzen aufwiesen, waren sie zu Zeiten Tatians zum Fokus paganer Kritik gegen das Christentum geworden. Celsus[97] etwa bezeichnet die Lehre des Chris-

---

[90] Dazu s. McFall (wie Anm. 19), S. 97.
[91] Dazu s. Petersen (wie Anm. 3), S. 32f.
[92] Oratio, S. 97.
[93] Oratio, S. 155.
[94] Oratio, S. 161.
[95] Oratio, S. 161.
[96] Oratio, S. 163.
[97] U.a. in seiner Arbeit *Alethes logos*, hrsg. und übersetzt von Hoffmann, Celsus, On the True Doctrine, Oxford, 1987, S. 66 ff.; Kritik kam aber auch von

tentums als Betrug und führt als Beweis gerade die scheinbaren Widersprüchlichkeiten auf, die, wenn sie das göttliche Handeln wahrhaft wiedergeben würden, nicht sein dürften. Tatsächlich führte gerade die Vielzahl der Evangelien zu einem realen Problem bei den verschiedenen christlichen Gruppierungen in Rom,[98] die jeweils verschiedene Lösungsansätze verfolgten. Origenes beschreibt dieses Problem so:

„... wenn jemand die Evangelien sorgfältig studiert ..., dann wird ihm schwindlig, und er wird entweder jeden Versuch die Wahrheit der Evangelien zu ergründen aufgeben ... und ... zufälligerweise eines von ihnen auswählen oder er wird annehmen, dass die Wahrheit der vier nicht im wörtlichen Text liegt." [99]

Dieser Argumentation mag auch Tatian gefolgt sein, nur hat er im Unterschied zu Origenes einen anderen Lösungsweg (als die Konzentration auf nur eines der Evangelien) gefunden. Er erstellte eine Harmonie aus allen vieren, die allein durch die Vereinheitlichung der berichteten Geschehnisse etwaige Widersprüche beseitigen und damit das Evangelium unangreifbar machen konnte.

Sicherlich werden auch andere Gründe eine Rolle gespielt haben. Letztlich waren es jedoch nicht die sekundären Evangelien-Texte, die die christliche Theologie ausmachten, sondern es waren die primären Geschehnisse und die Botschaft von Jesus Christus. Sie in einer den wahren Geschehnissen möglichst nahekommenden Art und Weise, also als einheitliche Darstellung wiederzugeben, ist eines der Verdienste Tatians.

---

anderen, wie Porphorius, Hierocles, Julian und ebenso von den Manichäern; vgl. dazu Baarda, Vier = Eén: Enkele bladzijden uit de geschiedenis van de harmonistiek der Evangelien, Kampen/NL 1969, S. 12.

[98] Cullmann, Die Pluralität der Evangelien als theologisches Problem im Altertum, in: Vorträge und Aufsätze 1925–1962, hrsg. von Fröhlich, Tübingen, 1945, S. 552 ff.

[99] Das Origeneszitat übersetzt nach Baarda, The Diatessaron and its Beginning, in: Crawford/Zola (wie Anm. 2), S. 21.

5. Kritik am Diatessaron

Die Kritik am Diatessaron setzt meist an der Person Tatians an. Dieser sei wegen seiner gnostischen Gesinnung und seiner enkratitischen Auffassungen ein Häretiker, und das Werk eines Häretikers dürfe nicht allgemeine Anerkennung in der Kirche finden. Jedenfalls beginnt schon Irenäus mit einem bunten Strauß an Vorhaltungen: Tatian habe ähnlich den Valentianern an ein System unsichtbarer Äonen geglaubt,[100] wofür sich jedoch in den von ihm überkommenen Schriften keine Anhaltspunkte finden lassen. Vielleicht beruhte dieser Vorwurf auf einer Fehlinterpretation einer Stelle in der *Oratio*, wo Tatian das Wort „Äon" jedoch in einem anderen Zusammenhang benutzte.[101]

Dass Tatian andererseits gnostischen Tendenzen nicht völlig fernstand, kann aus manchen Passagen seiner *Oratio* geschlossen werden. Dort lassen sich durchaus dualistische Ansätze erkennen. Eingang in das Diatessaron haben sie jedoch nicht gefunden, soweit wir das aus den Übersetzungstexten ableiten können.

Ein weiterer Vorwurf des Irenäus lautet, dass Tatian Anhänger des Saturninus und des Markion gewesen sei, die dann als „Enkratiten" bezeichnet werden.[102] Eusebius ernannte Tatian daraufhin gleich zum Stifter der Enkratitenbewegung.[103] Die Enkratiten zeichneten sich durch Auffassungen aus, die der damaligen gängi-

---

[100] Nach Irenäus lehrten die Valentianer, dass in unsichtbaren und unnennbaren Höhen ein vollkommener Äon gewesen sei, auf das insgesamt acht Äonen zurückzuführen seien (ursprüngliche Achtheit). Diese Achtheit habe sich auf dreißig erweitert: Irenäus, Haer. I, 1; zu Tatian heißt es in I, 28, 1: „[Tatian] fabelte von bestimmten unsichtbaren Äonen, wie sie bei den Valentinianer vorkommen ..."

[101] „Und deshalb haben wir den Glauben, dass nach der Vollendung aller Dinge auch eine leibliche Auferstehung geschehen wird ... nach Vollendung unseres jetzigen Äons ...", Oratio, S. 99.

[102] Irenäus, Haer. I, 28, 1: „Von Saturninus und Markion stammen die sogenannten Enkratiten, die die Ehelosigkeit propagieren. Damit lehnen sie ab, was von Gott zu Beginn eingerichtet wurde, und klagen also indirekt den an, der Mann und Frau zur Fortpflanzung des Menschengeschlechts geschaffen hat. Sie haben auch Enthaltsamkeit von Dingen eingeführt, die sie für beseelt halten. Das ist undankbar gegen Gott, der alles gemacht hat. Sie sprechen auch dem ersterschaffenen Menschen (Adam) das Heil ab. Das haben sie erst jetzt dazuerfunden, seit ein gewisser Tatian als erster diese Blasphemie eingeführt hat."

[103] „Ihr erster Stifter Tatian": Eusebius, Hist. I, 29, 1.

gen Kirchenlehre entgegenstanden. So waren sie nicht nur Verfechter einer strengen Abstinenz von tierischer Nahrung mit der Begründung, dass die Fauna Teil der beseelten und damit geschützten Welt sei. Sie forderten auch die absolute Ehelosigkeit und propagierten sexuelle Abstinenz. Ob Tatian diesen enkratitischen Ansichten tatsächlich folgte, lässt sich weder aus der *Oratio* noch aus seinem Diatessaron[104] belegen. Im Gegenteil: Wenn sich Tatian in seiner *Oratio* mehrfach gegen den Ehebruch ausspricht, so kann man daraus zumindest ableiten, dass er das Institut der Ehe durchaus schützen wollte.[105] Wenn er dort außerdem äußert „Unzucht ist mir verhasst"[106], so entspricht das eher dem kirchlichen Mainstream der Zeit. Und aus der kritischen Äußerung „ihr schlachtet Tiere um des Fleischfressens willen"[107] kann auch kein militanter Vegetarismus abgeleitet werden.

Ein weiterer Vorwurf des Irenäus lautet, Tatian hätte die Rettung Adams verneint und diese Position als eigenständige Ansicht vertreten.[108] Woher Irenäus diese Erkenntnis allerdings zog, verrät er nicht. In den überlieferten Schriften finden sich dafür jedenfalls keinerlei Anhaltspunkte. Im Diatessaron selbst werden im Gegenteil alle betreffenden Stellen „kanonisch" wiedergegeben.

Ergibt sich also keine Evidenz aus den uns bekannten Schriften des Tatian selbst, so bleibt nur mehr das Urteil der Kirchenväter bzw. Kirchenschriftsteller, die in ihrer Zeit unter Umstän-

---

[104] Lediglich in einem Manuskript, nämlich in der mittelalterlichen niederländischen Übersetzung von Liege (Liege Manuskript, S. 314), findet sich eine gegenüber Mt 19,4 abgewandelte Darstellung. Ins Hochdeutsche übertragen steht dort (Ergänzungen gerade Darstellung mit Adam findet sich jedoch in keiner hervorgehoben): „Er antwortete: Habt ihr nicht gelesen, dass der Schöpfer sie am Anfang männlich und weiblich geschaffen hat? Und Adam sagte: Darum wird der Mann Vater und Mutter verlassen und sich an seine Frau binden und die zwei werden ein Fleisch sein?"; diese der anderen Übersetzungstexte. Es handelt sich wohl eher um eine eigene Interpretation des Erstellers der mittel-niederländischen Harmonie.
[105] Z. B. Oratio, S. 131: „Wie könnte es aber gut sein, bei Ehebrüchen Hilfe zu leisten?", weiter unten kritisch über den griechischen Schauspieler: „... ein Darsteller von Mord und Totschlag, ein Mahner zum Ehebruch ..., eine Hilfe für Kriminelle", S. 145.
[106] Ebd., S. 115 oder „... alles Unzüchtige aber steht fernab und ausgesondert", S. 169.
[107] Ebd., S. 149.
[108] „Aus sich selbst aber behauptet er, auch Adam sei nicht gerettet worden.", Irenäus, Haer. I, 28, 1.

den noch Zugriff auf heute verschollene Tatianschriften hatten. Vielleicht ergaben sich daraus tatsächlich andere, neue Gesichtspunkte? Wir wissen es nicht. Was wir wissen: ihr Urteil war vernichtend: Die Person Tatian wurde durchgehend als Häretiker verurteilt.[109]

Einige Vorwürfe richteten sich aber auch konkret gegen sein Diatessaron selbst. Es sei unheilvoll wirr und gebe die Heilsgeschichte nicht korrekt wieder.[110] Ob Letzteres wirklich der Fall ist, lässt sich nur im Einzelvergleich verifizieren, also im Rahmen der Frage, ob, wo und in welchem Umfang es textliche Abweichungen von den Einzelevangelien gibt und warum. McFall[111] hat sich dieser Frage angenommen und festgestellt, dass Tatian im Diatessaron bis auf wenige Ausnahmen im Wesentlichen die gesamten Texte der vier Evangelisten unverändert und vollständig, jedoch ohne inhaltliche Doppelungen, übernommen hat. So bleibt eigentlich nur hinsichtlich der Handlungsreihenfolge der Vorwurf des Theodoret von Cyrrhus bestehen, Tatian habe ein „unheilvolles Wirrwarr" angerichtet.[112] Inwieweit diese Kritik gerechtfertigt ist, soll weiter unten untersucht werden[113].

6. Die Methode Tatians

Wie die Handschriften nahelegen, hat Tatian in äußerst akribischer Weise versucht, alle Inhalte und alle Formulierungen der vier Evangelien in möglichst kompletter Weise zusammenzuführen. Da zum Zeitpunkt der Kompilation noch keine „kanonischen" Evangelien existierten,[114] konnte Tatian nicht gegen kanonische Regeln verstoßen, und man darf unterstellen, dass er dies auch nicht beabsichtigt hätte. Da er die Texte der Evangelien bis auf wenige Stellen, die meist untergeordnete und eher redaktionelle

---

[109] Dazu: Trelenberg S. 204 ff.
[110] So schon Theodoret von Cyrrhus, s. o. S. 217 Anm. 37.
[111] McFall (wie Anm. 19), S. 89 f. (zur Absicht seiner Arbeit), 112–114.
[112] S. o. S. 217.
[113] S. u. insb. S. 237.
[114] Der sog. *Canon Muratori*, ein Verzeichnis von Biblischen Büchern, das überwiegend in die gleiche Zeit wie das Diatessaron datiert wird, verweist zwar ebenfalls auf die vier Evangelien. Ob irgendwelche normativen Wirkungen von diesem Verzeichnis ausgingen, ist jedoch nicht geklärt.

Bedeutung besaßen, nicht veränderte, ist weiter anzunehmen, dass es Tatian nicht darum ging, eine eigene Lehrmeinung klandestin einfließen zu lassen, sondern die überlieferten Texte mit größtem Respekt im Sinn einer *suggestio verborum* und nicht nur einer *suggestio rerum* bestehen zu lassen. Nur so konnte das Diatessaron, obwohl sein Kompilator Tatian der Häresie beschuldigt wurde, in seiner Wirkmächtigkeit lange Zeit überleben.

Im Einzelnen hat man sich das Vorgehen Tatians wie folgt vorzustellen. Aus den vier Evangelien, wie sie ihm vorlagen, schnitt er ganze Absätze, manchmal aber auch nur einzelne Satzteile heraus und setzte sie neu zusammen.[115] Dazu entwarf er einen einheitlichen, chronologischen Handlungsstrang, der Doppelungen vermeiden und Widersprüchlichkeiten bzw. abweichende Darstellungsweisen ausräumen sollte. Dabei scheint er folgende Grundsätze befolgt zu haben: detaillierte Schilderungen wurden allgemeineren vorgezogen, parallele Handlungsstränge wurden harmonisiert und Abweichungen unter Berücksichtigung des chronologischen Ablaufs angeglichen.

Dabei musste Tatian, wollte er eine einzige Harmonie schaffen, mit Stellen zurechtkommen, bei denen die Evangelisten denselben Sachverhalt aus verschiedenen, unterschiedlichen Blickwinkeln beschrieben. Nur im Fall der Stammbäume Jesu bei Matthäus und Lukas hat er entgegen seiner sonstigen Praxis eine ganze Passage ausgelassen und damit einen offenen Widerspruch im Diatessaron vermieden.

Bei Abweichungen im zeitlichen Ablauf hat er sich für die Reihenfolge in einem der getrennten Evangelien entschieden ohne eine echte Präferenz für einen der Evangelisten zu zeigen. Bei lediglich abweichenden Schilderungen ohne offenen Widerspruch hat er eine additive Vorgehensweise angewandt, d.h. er hat sämtliche Elemente der Schilderungen der Evangelisten kumuliert. Bereits Theodorus bar Koni hat in seinem 791 entstandenem *Liber Scholorium* diese Technik Tatians beschrieben: „Und damit er nicht ein Zeugnis auszuwählen und drei auszulassen hatte, formulierte er so, dass er das Zeugnis aller vier aufnahm."[116] Tatsächlich konnte durch diese Vorgehensweise eine ganze Reihe von scheinbaren Widersprüchen, die vor allem in der nichtchrist-

---

[115] McFall (wie Anm. 19), S. 112, geht von etwa 990 Einzelschnitttexten aus.
[116] Petersen (wie Anm. 3), S. 51.

lichen Literatur,[117] aber auch von christlicher Seite[118] formuliert worden waren, aufgelöst werden. Die Offenbarungsgeschichte mag dadurch an manchen Stellen reichhaltiger wirken, als beim Lesen eines einzelnen der vier Evangelien, aber vielleicht ist das auch ein Erkenntnisgewinn. Im Fall der Auferstehungsperikope zum Beispiel führt die Berücksichtigung aller Schilderungen der Evangelisten zu einer erweiterten Darstellung mit mehreren Engeln und weiß gekleideten Personen am und im Grab, wie sie vor dem Hintergrund der Einzelevangelien vielleicht ungewohnt erscheinen mag. An diesem Beispiel kann man aber auch erkennen, mit welcher Hochachtung Tatian die einzelnen Evangelientexte behandelte und jede einzelne Aussage mit allen Konsequenzen bestehen lassen wollte.

Im Einzelnen ergaben sich im Diatessaron Abweichungen von den Texten der vier Einzelevangelien wie folgt:

a. Die Ehebrecherin-Perikope (Joh 7,53–8,11)

Eine häufig erwähnte Abweichung betrifft die sogenannte Ehebrecherin-Perikope (lat. *adultera*) aus dem Johannesevangelium, die im Diatessaron nicht enthalten ist. Manche Kritiker sahen das Weglassen dieser Perikope als Beweis für eine enkratitische, ehekritische Haltung Tatians. Die Perikope findet sich jedoch auch in keinem der ältesten griechischen Textzeugnisse des Johannesevangeliums wieder, weder in den beiden Papyri mit Johannestexten aus dem 2./3. Jahrhundert (P^{66} und P^{75}),[119] noch im Codex

---

[117] Z.B. Ally, 101 klare Widersprüche in der Bibel (übersetzt von Muhammed Klinek) in: www.way-to-allah.com/dokument/101_klare_Widersprueche_in_der_Bibel.pdf; dagegen: Beutler, 101 vermeintliche Widersprüche in der Bibel. Liebevoll entkräftet von Kurt Beutler / Antwort an Shabir Ally, 2021 in: https://ibrahim-impulse.net/101-vermeintliche-widersprueche-in-der-Bibel/.
[118] Z.B. Neidhart, Probleme und scheinbare Widersprüche in den Berichten der Evangelien über den Tod und Auferstehung Jesu, Augsburg 2019.
[119] Bei P^{66} und P^{75} handelt es sich um die sogenannten Bodmer Papyri, nämlich um von Hand gefertigte Niederschriften von Teilen des Johannes- und des Lukasevangeliums aus dem 2.-3. Jahrhundert nach Christus, die der Privatgelehrte Martin Bodmer 1956 aufkaufte und die danach erstmals ausgewertet wurden. P^{66} wird danach auf den Beginn des dritten, vielleicht auch schon auf das zweite Jahrhundert datiert, P^{75} etwas später auf die Zeit um 225 nach Christus.

Sinaiticus und auch nicht im Codex Vaticanus aus dem 4. Jahrhundert. Der erste verfügbare griechische Nachweis für die Perikope ist die lateinisch-griechische Diaglotte des Codex Bezae des 5. Jahrhunderts. Allgemein wird heute in der Forschung angenommen, dass es sich bei der Ehebrecherin-Perikope um einen Einschub aus dem späten 2. Jahrhundert handelt.[120] Insoweit konnte Tatian den Text also nicht kennen, da er in der Mitte des 2. Jahrhunderts eben noch nicht Teil des Johannesevangeliums war.

Das zeigt aber auch, dass die Tatian vorliegenden Fassungen der Evangelien durchaus noch von den späteren, letztlich kanonisierten Texten abweichen konnten – mit entsprechenden Auswirkungen auf den Urtext des Diatessaron.

b. Andere Auslassungen

Hier geht es um Textstücke aus den Einzelevangelien, die Tatian nicht in sein Diatessaron übernommen hat. In Summe handelt es sich um 44 von 3.779 Versen (ohne die Ehebrecherin-Perikope).[121]

Am intensivsten wurde in diesem Zusammenhang moniert, dass Tatian den Stammbaum Jesu, wie er im Matthäus- bzw. im Lukasevangelium enthalten ist, nicht übernommen hat. Dabei gilt es jedoch zu beachten, dass der Stammbaum Jesu in zwei der vier kanonischen Evangelien[122] ebenfalls nicht vorhanden ist. Dass Jesus aus dem Geschlecht Davids stammt, was durch den Stammbaum verdeutlicht werden sollte, bestreitet Tatian in seinem Werk andererseits nicht.

Über die Gründe Tatians, den Stammbaum Jesu wegzulassen, kann tatsächlich nur spekuliert werden. Ob er ihn als Einleitungstext den Lesefluss störend empfand, ob er die Widersprüche zwischen dem Stammbaum bei Mt 1,1–17 und bei Lk 3,23–38 für derart unüberbrückbar einschätzte, sodass ihm eine Harmonisierung an dieser Stelle nicht möglich erschien, oder ob der Stammbaum vielleicht in der Tatian vorliegenden Fassung der Evangelien ein-

---

[120] Vgl. dazu Beutler, Das Johannesevangelium, Freiburg im Breisgau ²2016, S. 261–264.
[121] So jedenfalls McFall (wie Anm. 19), S. 102.
[122] Nicht bei Markus und Johannes.

fach noch nicht vorhanden war: Wir wissen es nicht. Einen weiteren interessanten Gesichtspunkt bringt Watson ins Spiel, wenn er mutmaßt, dass Tatian deswegen keinen Stammbaum übernommen habe, da dieser auf der Person Josefs aufbaut, der gar nicht der leibliche Vater Jesu war.[123] Insoweit sei dieser Stammbaum nur der rechtliche, nicht der wirkliche Abstammungsnachweis Jesu.

Weitere Auslassungen sind nur noch bei einigen, wenigen Versen festzustellen[124]. Für die vorliegende Arbeit wird dazu weiter unten für jeden Einzelfall Stellung genommen werden.

c. Erklärende Ergänzungen

An einzelnen Stellen[125] hat Tatian ein oder mehrere Wörter zum kanonischen Text hinzugefügt. Diese Addenda, sämtlich unterhalb der Versebene, hatten eher erklärenden Charakter und veränderten den Inhalt der Versaussage nicht. Dies soll an zwei Beispielen aufgezeigt werden (Zusätze fett hervorgehoben):

EE 57,9 (= Mk 6,16): „Als aber Herodes das hörte, sagte er zu seinen Höflingen"

Den Zusatz „zu seinen Höflingen" entnahm Tatian Mt 14,2 und konkretisierte damit lediglich die Aussage in Mk 6,16.

EE 76,5–6 (= Mt 17,25–26): „Was meinst du Simon? Von wem nehmen die Könige der Erde Zoll oder Steuer? Von ihren Söhnen oder von den Fremden? Als er antwortete: Von den Fremden, sagte Jesus zu ihm: Also sind die Söhne frei. Es sprach zu ihm Simon: Allerdings. Es sprach zu ihm Jesus: Gib ihnen auch du wie die anderen Leute."

Hier wird deutlich, dass Tatian lediglich die zuvor getroffene Aussage erklärend ergänzt, um mögliche Fehlinterpretationen aus-

---

[123] Watson (wie Anm. 50), S. 69–92, hier S. 85 ff.
[124] Nach McFall (wie Anm. 19) dann nur noch bei 12 von 3.779 Versen.
[125] Weniger als 20 Stellen.

zuschließen. Anlass für eine inhaltliche Kritik am Diatessaron bieten diese Stellen nicht.

d. Echte textliche Veränderungen – abweichender Wortlaut

Die Frage, ob Tatian apokryphe Textbestandteile in sein Diatessaron hat einfließen lassen, wird lebhaft diskutiert.[126] Ein Urteil darüber, ob dies überhaupt bzw. an wie vielen Stellen möglicherweise erfolgte, ist im Fluss. Vööbus ermittelte auf Grundlage mehrerer Textderivate acht mögliche Abweichungen,[127] die Leloir um drei ergänzte.[128] Petersen erwähnt 13 mögliche Passagen.[129] Keine ist wirklich zweifelsfrei belegt, da sie sämtlich nicht aus dem verlorenen Original nachweisbar sind, sondern nur aus jeweils einer der zahlreichen Übersetzungen stammen und in anderen nicht erscheinen. Dies deutet daher eher auf eine abweichende Interpretation der Übersetzer hin.

e. Grammatikalische Abweichungen

Eine andere Quelle systematischer Abweichungen ergab sich aus der Konstruktionsweise des Diatessaron. Tatian setzte seine Evangelienharmonie aus den Versen bzw. Versteilen der vier Evangelien zusammen. Dabei musste er nicht nur einen eigenen chronologischen Ablauf erstellen, sondern insbesondere an den Schnittstellen, also dort, wo dem Text eines Evangeliums der eines anderen Evangeliums folgt, aus rein grammatikalischer Sicht eine Glättung vornehmen, die aber eher formaler Natur war (z. B. Änderung von Relativpronomen, Interpunktion etc.). Darauf deuten jedenfalls die Übersetzungstexte hin.

---

[126] S. o. S. 210 f. mit Anm. 7.
[127] U. a. auf Basis der mittel-niederländischen, venezianischen, armenischen, persischen Harmonie, Vööbus, The History of Ascetism in the Syrian Orient, Bd. 1, S. 40–43, CSCO 184, Louvain-Löwen 1958.
[128] Leloir, Éphrem de Nisibe, Commentaire de l'Évangile concordant ou Diatessaron, SC 121, Paris 1966, S. 12.
[129] Petersen (wie Anm. 3), S. 79 ff.

f. Pseudo-tatianische Veränderungen

Eine generelle Quelle möglicher Divergenzen ergab sich aus der Tatsache, dass der Urtext des Diatessaron verloren ist. Alles, was wir vermuten, beruht auf den zahlreichen und mehr oder weniger gelungenen Übersetzungen, Versionen und Kommentaren, aus denen der Urtext des Diatessaron rekonstruiert werden könnte, was naturgemäß gewisse Unschärfen mit sich bringt. Mit anderen Worten: Abweichungen können auch auf einer fehlerhaften Übersetzung des tatianischen Urtextes beruhen, müssen also gar nicht Tatian selbst zugeschrieben werden.

g. Anpassungen in der zeitlichen Abfolge

Sowohl unter der Perikopenebene als auch hinsichtlich ihrer Abfolge hat Tatian Anpassungen vorgenommen, die vor allem seiner kompilativen Methode geschuldet waren. Eine „böswillige" Veränderung kann darin aber nicht gesehen werden.[130] Insbesondere bei der Verortung der einzelnen Perikopen musste Tatian von der Reihenfolge, wie sie sich aus dem ein oder anderen Evangelientext ergab, an einigen Stellen abweichen, da sich im Vergleich zu den jeweils anderen Evangelientexten Disharmonien ergaben. Dies galt insbesondere im Verhältnis von den synoptischen Evangelien zum Johannesevangelium. Hier war Tatian tatsächlich gezwungen, Kompromisse zu finden, um konkurrierende Darstellungen zeitlich (nicht jedoch inhaltlich) zu harmonisieren. Daher ist an dieser Stelle der Kritik Theodorets („unheilvolles Wirrwarr") zumindest insoweit zuzustimmen, als Tatian an einigen Stellen tatsächlich eine eigene Priorisierung finden musste. Für exakt dieses Vorgehen hatte Tatian andererseits aber bereits früh auch Zustimmung erhalten.[131]

---

[130] McFall (wie Anm. 28), S. 112 ff.

[131] Etwa von Bischof Victor von Capua (vor 546): „Wer wohl die Taten und Worte unseres Herrn und Retters, nachdem die Lesung des Evangeliums aufgespalten worden war, wieder zurück in die Reihenfolge gebracht hatte, der sie (Anm.: ursprünglich) gefolgt waren." Codex Fuldensis (s. Anm. 39), S. 1; oder vom assyrischen Bischof Abd Iso' Bar Berika 1299 in seinem Nomokanon: „... indem er mit aller Sorgfalt die genaue Reihenfolge jener Dinge, die durch

II. Das eine Evangelium:
Tatians Diatessaron in einer neuen Ausgabe

1. Zur Methode dieser Ausgabe und des neu zusammengestellten Textes

Die Vorgehensweise Tatians bei der Erstellung des Diatessaron und seine Motivation, nämlich der einen göttlichen Wahrheit im Leben und Wirken Jesu auch nur eine inhaltlich vollständige, chronologisch kohärente und widerspruchsfreie Darstellung gegenüberzustellen, waren Vorbild für diese Arbeit. Dabei geht es im Gegensatz zu den Zielen der wissenschaftlichen Forschung[132] nicht darum, das verlorene Original des Diatessaron quellenexegetisch zu rekonstruieren, sondern eine aktuelle Evangelienharmonie zu schaffen, die die Frohe Botschaft in einer zeitgemäßen Form angelehnt an die Konzeption Tatians wiedergibt. Das vorliegende Werk ist also keine deutsche Ausgabe des Diatessaron!

Es handelt sich aber auch nicht um eine redaktionelle Neufassung des Evangeliums und schon gar nicht um ein inhaltlich eigenständiges Produkt. Vielmehr wurde Tatians Absicht übernommen, die vier Evangelientexte weitestgehend vollständig und wörtlich in die Harmonie einfließen zu lassen[133]. Darauf aufbauend wurde das von Tatian geschaffene Aufbauschema zur Grundlage für den hier vorgelegten harmonisierten Evangelienbericht. Die deutsche Textfassung fußt auf der aktuellen Ausgabe Herder-Übersetzung des Neuen Testaments. Damit will diese Arbeit sowohl sprachlich als auch inhaltlich die Erkenntnisse der Bibelforschung berücksichtigen. Alle Texte stammen also aus der revidierten HÜ[134]. Keinerlei weiteren Sätze oder Satzteile wurden angefügt.

---

den Retter gesagt oder getan worden waren, einhielt", in: Scriptorum veterum nova collectio e vaticanis codicibus edita, Bd. 10, S. 191.

[132] Petersen (wie Anm. 3), S. 368.
[133] So auch Petersen ebd., S. 26 f.: „*While it is true that the Diatessaron appears to have been a very subtle, word-by-word harmonization, and the canonical gospels seem to use their sources en bloc ...*"
[134] Nur in zwei Fällen wurde die Textversion der EÜ verwendet: Zum einen bei EE 14,12, da die HÜ an dieser Stelle zu interpretativ erschien, zum anderen S. 21 f. Anm. 2 (Stammbaumversion nach Lk 3,23–38), da die HÜ an dieser Stelle einigen Parenthesen enthielt.

Was die Gliederung der vorliegenden Ausgabe betrifft, so orientiert sie sich an der arabischen Version von Tatians Diatessaron, die Erwin Preuschen ihrerseits aus dem Arabischen ins Deutsche übertragen hat. Preuschens Übersetzung war nicht die erste in eine moderne Sprache,[135] wird jedoch als eine sehr exakte und wortgetreue Arbeit angesehen.[136] Der „Bauplan"[137] des arabischen Diatessaron wurde für die vorliegende Ausgabe weitgehend übernommen.

Den Aufbau gerade der arabischen Version des Diatessaron zu entnehmen, erschien unter mehreren Gesichtspunkten statthaft. Die Frage, ob das arabische Diatessaron eine authentische Wiedergabe des verlorenen Urtextes darstellt, war schon von August Pott, dem Herausgeber der Preuschen Übersetzung gestellt worden[138] und blieb lange Gegenstand intensiver Diskussionen. Hier hat eine gewisse Rehabilitierung in den letzten Jahren eingesetzt. So urteilt Baarda: „... the Arabic harmony text, as so often, appears to be of high value for the reconstruction of the original Syriac Diatessaron ... The neglect and disregard which was so often the share of the Arabic Harmony is unwarranted."[139] Für die Nähe des arabischen Textes zur Urfassung des Diatessaron spricht, dass der Text um 1195 direkt aus dem Syrischen übersetzt wurde und der Aufbau des arabischen Textes vollständig mit dem Kommentar Ephräms korreliert. Der Rückgriff auf das Gefüge der arabischen Übersetzung bot außerdem einen entscheidenden Vorteil. Die arabische Version ist nämlich nicht nur als Fragment erhalten, sondern weitgehend vollständig überliefert und eröffnet

---

[135] Übersetzungen der arabischen Version des Diatessaron existierten bereits von Ciasca, Tatiani Evangeliorum Harmoniae Arabice, Rom 1888, Hogg, The Diatessaron of Tatian, Edinburgh 1897, Hill, The Earliest Life of Christ Ever Compiled from the four Gospels, Being the Diatessaron of Tatian, Edinburgh 1903, Marmadji, Diatessaron de Tatien, Beirut 1935.

[136] Vgl. McFall (wie Anm. 19), S. 90 Anm. 7.

[137] Dazu ausführlich: Preuschen (wie Anm. 66), § 4. Das arabische Diatessaron, S. 50–60.

[138] Ebd. insbes. S. 55 f.

[139] Baarda, To the Roots of the Syriac Diatessaron Tradition (TA 25:1–3), Novum Testamentum 28, 1986, S. 25; für eine hohe Authentizität des arabischen Textes auch Peters: „... arabische Wiedergabe eines solchen altsyrischen Evangelientextes scheint aber nach dem 5. oder höchstens dem frühen 6. Jahrhundert nicht mehr denkbar", Peters, Das Diatessaron Tatians (OrChrA 123), Rom 1939 (Neudruck Rom 1962), S. 50.

damit einen Gesamtblick auf Tatians Werk. Der Vergleich mit den anderen Derivaten bestätigt im Übrigen weitgehend Preuschens Aufbauschema.

Um nachvollziehbar zu machen, welche Verse aus den kanonischen Evangelien in unsere Ausgabe einfließen, werden die betreffenden Verse in der Marginalspalte neben dem Fließtext der Evangelienharmonie mitgeteilt. Dabei wird für jeden Vers bzw. Versabschnitt nur auf ein kanonisches Evangelium verwiesen, auch wenn ein Vers inhalts- oder wortgleich bei einem oder mehreren anderen Evangelisten zu finden ist.

Die Stellenverweise auf die kanonischen Evangelien in ihren feststehenden Kapitel- und Verszählungen entsprechen den üblichen Usancen (Mt für Matthäusevangelium, Mk für Markusevangelium, Lk für Lukasevangelium, Joh für Johannesevangelium).

Eine redaktionelle Neufassung wurde in Bezug auf die Einteilung in Abschnitte bzw. Kapitel durchgeführt. Tatian selbst hatte wahrscheinlich keine derartige Unterteilung vorgenommen, insoweit gab es hierfür auch keine Vorgaben. Heutige Bibelübersetzungen haben aus Gründen der besseren Lesbarkeit die jeweiligen Perikopen in Abschnitte gegliedert und diesen Abschnitten neu gefasste Überschriften, die nicht zum kanonischen Bibeltext gehören, zugewiesen. Auch die vorliegende Evangelienharmonie gliedert den Gesamttext in Kapitel bzw. Abschnitte, insgesamt 170 (Preuschen hatte den Text in 55 Kapitel gegliedert). Die zugehörigen Überschriften haben wir, soweit passend, aus der HÜ übernommen bzw. aus den Texten selbst extrahiert. Dort, wo Erzählabschnitte im allgemeinen Sprachgebrauch eine eigene Bezeichnung erfahren haben (z. B. „Die Weihnachtsgeschichte", „Christi Himmelfahrt" etc.) haben wir diese bevorzugt gewählt.

Die Nummerierung der Abschnitte im Text in 170 Abschnitte bzw. Kapitel möchte also der besseren Übersichtlichkeit, aber auch der Zitierfähigkeit dienen. Die 170 Abschnitte bzw. Kapitel erhielten dazu auch eine eigene Verszählung. Es wurden hierbei jedoch lediglich die Verszahlen selbst, nicht die Einteilung der Verse verändert, außer in Fällen, wenn der Text von einem Evangelisten zu einem anderen wechselt; hier erhielt der neue Text eine je eigene (fortlaufende) Verszahl. – Für die Zitierung des hier vorgelegten Textes „Das eine Evangelium" empfehlen wir als Kürzel „EE".

Für die Fälle, dass der Text des Diatessaron von dem der getrennten Evangelien abweicht, wurde im vorliegenden Buch wie folgt verfahren:

a. Zusatztexte

An den wenigen Stellen, an denen im Diatessaron zusätzliche Textteile erschienen,[140] wurden diese in der vorliegenden Arbeit zunächst aus dem Fließtext entfernt, jedoch vollständig in die Anmerkungen übernommen und dort wiedergegeben.

b. Fehlstellen

An einigen, wenigen Stellen hat Tatian Passagen aus den Evangelientexten nicht übernommen bzw. weggelassen. Nach McFall[141] handelt es sich um 56 Verse. Im vorliegenden Werk wurde versucht, die fehlenden Stellen wieder in den Text zu integrieren, um eine größtmögliche Harmonie mit der HÜ herzustellen. Im Einzelfall bedeutete dies:

aa. Der Stammbaum Jesu wurde in der längeren Version von Mt 1,1–17 an den Anfang der Harmonie gesetzt, sodass damit einer der wichtigsten Angriffspunkte der historischen Kritik beseitigt werden konnte. In Anmerkung (2) des Textteils wurde außerdem ergänzend die lukanische Version des Stammbaums mitgeteilt (Lk 3,23–38, nach EÜ).

bb. Der Einleitungssatz von Mk 1,1, auf den Tatian ebenfalls verzichtet, wurde dem eingefügten Stammbaum vorangestellt.

cc. Die „Ehebrecherin"-Perikope (Joh 7,53 – 8,11), die im Diatessaron fehlt, wurde in den Fließtext eingefügt. Für die Positionierung haben wir uns für eine Verortung bei EE 114, also nach Joh 7,37–52 (EE 113,1–16) und nach Mt 22,41–46 (EE 113,17–22) entschieden. Damit konnte die Folge des Johannesevangeliums

---

[140] Jedenfalls im Vergleich mit den kanonischen Texten. Ob diese Stellen tatsächlich Addenda Tatians waren oder auf Übersetzungsfehlern oder gar auf alten Fassungen der Evangelien beruhten, s.o. S. 210f. und 236.
[141] McFall (wie Anm. 19), S. 102.

beibehalten werden, ohne den Einschub von Matthäus zu vernachlässigen.

Die neu eingefügten Texte werden im Fließtext kursiv ausgezeichnet, um anzuzeigen, dass sie in Tatians Diatessaron nicht enthalten sind.

Bei den verbleibenden Versen, die in Tatians Diatessaron nicht enthalten sind, wurde bei der Wiedergabe meist der Version der HÜ der Vorzug gegeben, um die textliche Integrität unserer Evangelienharmonie nicht zu gefährden. Eingefügt wurden also z. B.

- Mk 15,25 (Stunde der Kreuzigung) jetzt EE 155,4;
- Joh 2,12–13, jetzt EE 100,1–2[142].

Abweichungen von dieser Vorgehensweise gab es nur in drei Fällen:

In zwei Fällen wurden die Fehlstellen in die Anmerkungen des Textteils aufgenommen, da es sonst zu inhaltlichen Doppelungen gekommen wäre:

- Mt 18,4[143] jetzt in Anmerkung (32) zu EE 76,14;
- Joh 1,6 jetzt Anm. (3) zu EE 14,2[144].

Allein der Prolog des Lukasevangeliums (Lk 1,1–4) wurde in dieser Ausgabe ebenso wie bei Tatian weggelassen, da er sich nur auf die persönliche Verkündungsmotivation des Lk-Verfassers für sein Evangelium bezieht.

Letztendlich konnte im vorliegenden Text für alle 56 Verse, die in den vier Einzelevangelien, jedoch nicht im Diatessaron vorhanden sind, eine harmonische Lösung gefunden werden.

---

[142] „Danach zog er mit seiner Mutter, seinen Brüdern und seinen Jüngern nach Kafarnaum hinab. Dort blieben sie nur wenige Tage. Das Paschafest der Juden war nahe, und Jesus zog nach Jerusalem hinauf."

[143] Mt 18,4: „wer sich so klein macht, wie dieses Kind, ist im Himmelreich der Größte"; im Fließtext heißt es bereits in Lk 9,48: „Denn wer unter euch allen der Kleinste ist, der ist groß."

[144] „Ein Mensch trat auf, von Gott gesandt, sein Name war Johannes". Der Grund für die Nichteinfügung in den Fließtext war die Konkurrenzsituation zu Lk 3,2 im Fließtext: „... erging in der Wüste das Wort an Johannes, den Sohn des Zacharias". Der Text von Lukas umfasst inhaltlich alle Bestandteile von Joh 1,6 und erweitert sie um die Nennung des Zacharias.

c. Widersprüche

An einer Stelle musste ein offensichtlicher Widerspruch der vier Evangelien untereinander geglättet werden. Da sämtliche Texte der HÜ entstammen, geht es hier nicht um Abweichungen Tatians vom Wortlaut eines der Evangelisten,[145] sondern nur um einen semantischen Widerspruch, der sich aus dem modernen Wortlaut der HÜ ergibt:

Der vieldiskutierte Konflikt[146] aus Mt 10,10 bzw. Mk 6,8 vs. Lk 9,3 und 10,4 (Stab oder kein Stab?) – hier EE 40,12 – bleibt in HÜ (und EÜ) erhalten, da hier jeweils das gleiche Wort „Stab" gewählt wurde. Der Intention Tatians folgend, sollten die Texte kumulativ zusammengefügt werden. Daher haben wir in einem Fall das Synonym „Stecken" verwendet.[147]

d. Sprachliche Anpassungen

Weitere untergeordnete Abweichungen vom Wortlaut der Evangelisten ergaben sich aus grammatikalischen Notwendigkeiten. Denn teilweise wurden Satzelemente aus verschiedenen Evangelien zusammengesetzt. Dies machte etwa eine Anpassung von Reflexivpronomen usw. notwendig. Diese Minimalanpassungen wurden im Text jeweils kursiv ausgezeichnet.

Der vorliegende Text entspricht dem Text der aktuellen HÜ der vier Evangelien. Es wurden also keine Ereignisse oder Einzelheiten weggelassen, es wurde auch nichts hinzugefügt. Dies unterscheidet das EE vom Diatessaron.[148] Dennoch umfasst der Text nur etwa drei Viertel des Umfangs der vier kanonischen Evangelien, was vor allem darauf beruht, dass viele Perikopen gleichen

---

[145] Denn hier wurde dann der Text der HÜ wiedergegeben und nicht der Text Tatians.

[146] Z. B. Baarda, A Staff Only, Not a Stick. Disharmony of the Gospels and the Harmony of Tatian (Matthew 10.9 f.; Mark 6.8 f.; Luke 9.3 & 10.4), in: The New Testament in Early Christianity, hrsg. von Savin, BEThL 86 (Neudruck Louvain-Löwen 1989), S. 327.

[147] So ausdrücklich auch im arabischen Diatessaron und in der armenischen Version von Ephräms Kommentars. – Beim analogen Problem das Schuhwerk betreffend (EE 40,14), war die Unterscheidung leichter, da die HÜ bei Lk 10,4 von „Schuhen" und bei Mt und Mk von „Sandalen" spricht.

[148] Zu den dortigen Ergänzungen bzw. Auslassungen s. o. S. 231 ff.

Inhalts und Wortlauts aus den Einzelevangelien nur einmal dargestellt werden mussten. Ziel dieser Arbeit war es ja gerade, Doppelungen zu vermeiden. Dort, wo solche inhaltlichen Doppelungen aus den getrennten Evangelien im vorliegenden Text weggefallen sind, erfolgte aus Gründen der Lesbarkeit kein weiterer Hinweis, jedenfalls dann nicht, wenn der Wortlaut bzw. der Sinn der Berichte vollständig wiedergegeben wurde. Andernfalls erfolgen weiterführende Hinweise in den Anmerkungen des Textteils.

2. Die Kritik an der Gattung Evangelienharmonie

Obwohl Evangelienharmonien über einen langen Zeitraum im religiösen Gebrauch waren und damit offensichtlich ein ernsthaftes Bedürfnis der Gemeinden befriedigten, hat sich in der theologischen Literatur überwiegend eine Skepsis gegenüber dieser Gattung herausgebildet. Borse fasst sie wie folgt zusammen:

„Harmonisierende Auslegung wird den theologischen und schriftstellerischen Eigenarten der Evangelisten nicht gerecht. Sie verstellt den Blick auf literarische Abhängigkeiten und unterscheidet nicht zwischen kerygmatischen und historischen Aussagen. Sie verleitet zu Angleichungen, die den Wortlaut verfälschen." [149]

Andere unterstellten den Verfassern von Harmonien schlichtweg Naivität und im Ergebnis hoffnungslose Trivialität.[150]

Auf die Evangelienharmonie Tatians trifft diese Kritik nur teilweise zu. Sicherlich ergaben sich auch hier geringfügige Angleichungen beim Wortlaut. Diese Angleichungen liegen jedoch in

---

[149] Borse, Evangelienharmonie, in: LThK³, Bd. 3, 1995, Sp. 1030 (Zitat ohne lexikalische Kürzel); vgl. auch Hörner, Zweisträngige Tradition der Evangelienharmonie, Harmonisierung durch den „Tatian" und Endharmonisierung durch Georg Kreckwitz u. a., Hildesheim 2000, S. 13 ff.
[150] So fasst Schmid (wie Anm. 28), S. 275 f., die Kritik zusammen: „In dieser Perspektive sind Evangelienharmonien als vorfindliche Texte nicht nur hoffnungslos trivial. Vielmehr scheint auch der Evangelienharmonie als konzeptionelles Phänomen etwas prinzipiell Verfehltes anzuhaften, insofern sie immer und zu jeder Zeit den jeweiligen ‚Eigenarten der Evangelisten nicht gerecht' werden kann."

ihrer Eingriffstiefe unterhalb den Unschärfen, die sich schon aus der Übersetzung ins Deutsche ergeben.[151] Es war ja gerade das Anliegen Tatians, auch den Wortlaut und nicht nur die Inhalte der Evangelientexte in sein Werk zu überführen.

Unter kerygmatischem Gesichtspunkt hat Tatian sehr sorgfältig sämtliche Aussagen der Evangelisten kumulativ übernommen und nicht etwa selektiv ausgewählt. Die schriftstellerischen Eigenheiten der Evangelisten sind sicherlich literarisch schützenswert. In dieser Ausgabe steht jedoch nicht deren schriftstellerisches Profil, sondern das Verkündigungsanliegen im Vordergrund. Und das ist unstrittig ein einziges und kein viergeteiltes. Hier Komplexität zu reduzieren, mag man naiv nennen, andererseits darin aber vielleicht doch eine zulässige und notwendige Rückbesinnung auf das eine Verkündigungsgeschehen erkennen. Sind die einzelnen Evangelien nicht auch Ergebnis eines Kompositionsprozesses, wie etwa die intensiven Diskussionen um die „Synoptische Frage"[152] aufzeigt?

Neben allen berechtigten Einwänden gegen die Gattung Evangelienharmonie darf gerade im Fall des Diatessaron nicht außer Acht gelassen werden, dass eine Zusammenführung der Texte konkrete Vorteile bietet. So ist das Evangelium als einheitlicher und vollständiger Text für den Leser einfacher verständlich und entspricht den sonst üblichen Lesegewohnheiten für Texte mit historischem Aufbau. Der Umfang des Evangelientextes ist zudem deutlich reduziert, da Doppelungen entfallen. Nach McFall spart der Text des Diatessaron etwa 28% gegenüber dem Volltext der vier Evangelien ein, ohne dass es zu inhaltlichen Kürzungen käme.[153] Einige scheinbare Widersprüche zwischen den Evangelien lösen sich, wie weiter oben bereits dargestellt, erst durch die kumulative Darstellung auf.[154] Der Text des Diatessaron erscheint dadurch widerspruchsfreier.

---

[151] Vgl. dazu etwa die große Zahl an deutschen Bibelübersetzungen, die teilweise sehr verschieden sind.
[152] Vgl dazu bspw.: Prostmeier, Kleine Einleitung in die synoptischen Evangelien, Freiburg im Breisgau 2006.
[153] McFall (wie Anm. 19), S. 114.
[154] Vgl. Beutler, 101 vermeintliche Widersprüche in der Bibel. Entkräftet von Kurt Beutler. Antwort an Shabir Ally, 2021, in: https://ibrahim-impulse.net/101-vermeintliche-widersprueche-in-der-Bibel/, insbesondere ab dem vermeintlichen „Widerspruch 34": so traf Jesus den Petrus eben zweimal, erst beim

Die erstaunlichste Wirkung besteht jedoch darin, dass sich stellenweise ganz neue Sichtweisen auf das Heilsgeschehen ergeben. Wenn nämlich in der Evangelienharmonie alle Aspekte einer Perikope aufscheinen, ergibt sich daraus mitunter eine neue, umfassendere Gesamtschau.

Für die Frage des Ehebruchs etwa werden die Aussagen von Matthäus (19,4–9) und Markus (10,10–12) durch die des Lukas (16,18) ergänzt (s. EE 77,7–16). Nach der Auferstehung präsentiert Jesus den Jüngern seine Wundmale nicht nur an seinen Händen und Füßen (Lk 24,40), sondern auch an seiner Seite (Joh 20,20; EE 166,7–8). Und das Auferstehungsgeschehen am und im Grab leuchtet mit einer massiven Präsenz himmlischer Scharen in einem ganz neuen Glanz (vgl. EE 160,7–17).

3. Eine Evangelienharmonie für heute

Zweck dieser Arbeit ist es nicht nur, ein weitgehend unbekanntes Werk neu zu beleuchten, sondern den Absichten und Motiven Tatians folgend, eine Evangelienharmonie vorzulegen. Dabei soll es sich nicht, wie in der heutigen Wissenschaft intensiv versucht, um eine wörtliche Übersetzung des hypothetischen Textes Tatians ins Deutsche handeln, sondern es wurde der Versuch unternommen, mit dem Bauplan des Diatessaron eine Evangelienharmonie unter Verwendung der HÜ in deutscher Sprache zu erstellen.

Mit dieser Methode sollte nicht nur ein einziger und einheitlicher Evangelientext quasi nach den Anweisungen Tatians erstellt, sondern auch ein „vollständiges" Evangelium vorgelegt werden, das in Einklang mit den kanonisierten Texten der vier Evangelien steht. Denn durch seine Harmonisierung wollte Tatian gerade nicht die Bedeutung der vier Evangelien untergraben, sondern im Gegenteil stärken. Das ist auch Ziel dieser Ausgabe.

Doch brauchen wir heute eine Evangelienharmonie? Einerseits gehen wir wie selbstverständlich davon aus, dass es eben vier

---

zweiten Mal folgte er ihm endgültig (EE 18 und 20); oder vermeintlicher „Widerspruch 37": zunächst trug Jesus das Kreuz selbst und danach erst Simon von Kyrene (EE 154) etc.

Evangelien sind, die als Teil der christlichen Bibel Leben und Wirken Jesu beschreiben und nicht etwa nur eines. Dies hat sich in einer fast zweitausend Jahre alten kirchlichen Tradition in den Überzeugungen der Gläubigen verfestigt. Gleichzeitig akzeptieren wir aber doch genauso selbstverständlich, dass uns eine Vielzahl von Evangelienharmonien in unserem täglichen Leben begleitet. Darstellungen des Lebens Jesu etwa in Literatur und Film sind aus der Natur der Sache heraus immer harmonisierte Darstellungen der vier Evangelien. Die schon in frühester Jugend unseren Kindern übergebenen Kinderbibeln sind nichts anderes als kurzgefasste Evangelienharmonien. Wenn die Leidensgeschichte zum Passionsfestspiel wird oder Jesus gar als Musical-Star auftritt, so liegt auch diesem Plot eine harmonisierte Darstellung der Geschehnisse zugrunde. Und selbstverständlich gehen wir davon aus, dass es nur ein Leben und ein Leiden Christi gegeben hat und nicht etwa vier unabhängige Handlungsstränge. Die Frage wäre also naheliegend, warum wir heute in der Verkündigung nicht öfter von *einem* Evangelientext ausgehen.

Nachwort

Danken möchten wir allen, die mit viel Enthusiasmus und hoher Energie an diesem Projekt mitgearbeitet haben. Die Arbeit hat sich gelohnt. Herausgekommen ist ein Text, der nicht nur alle Aspekte des Wirkens und Lebens Jesus erfasst, sondern auch die Freude der Botschaft Jesu unversehrt transportiert. Durch die Übernahme der Texte aus der HÜ konnte brückenschlagend eine Einheit erstellt werden, die ausschließlich auf kanonisierten Texten beruht. Durch den historischen Aufbau eröffnet sich auch dem Erstleser der Frohen Botschaft die Möglichkeit, in einfacher, aber vollständiger Weise vom Inhalt des Evangeliums eine Vorstellung zu erhalten. In diesem Sinn soll „das eine Evangelium" ähnlich wie eine Schulbibel für Kinder als Lektüre für den erweiterten Gebrauch durch Erwachsene sein.

Nicht in Konkurrenz treten möchte diese Ausgabe mit den vier Evangelientexten des Neuen Testaments, die als kanonische Texte ihre volle Bedeutung behalten. Deren Kompositionen bilden jeweils in sich geschlossene Einheiten, die nicht aufgelöst werden sollten. Aber als Harmonie neben den vier Evangelien möchte diese Ausgabe den Zugang zum Glauben vereinfachen und wie ein Bericht über Leben und Lehre Jesu von Nazaret gelesen werden.

In den Erläuterungen zur Revision der Einheitsübersetzung (2016) wird festgehalten, dass „bestimmte Wiedergaben (...) sich mit dem Abstand einiger Jahre, stilistisch oder von der Wortwahl her, als doch zu zeitgebunden"[155] erwiesen haben. Vielleicht erfordern die neue Zeit und die Gewohnheiten der Menschen, die in ihr leben, auch einen vereinfachten Zugang zur Frohen Botschaft. Einen solchen haben wir in diesem Buch zu schaffen versucht.

---

[155] Die Bibel, Einheitsübersetzung, Anhang, I. 2, S. 1448

Quellen und Literatur

1. Diatessaron und Derivate

Arabische Harmonie:
Ciasca, Agostino, Tatiani Evangeliorum harmoniae arabice, Rom 1888.
Hill, James Hamlyn, The Earliest Life of Christ Ever Compiled from the four Gospels, Being the Diatessaron of Tatian, Edinburgh 1903.
Hogg, Hope W., The Diatessaron of Tatian, Edinburgh 1897.
Marmadji, A. S., Diatessaron de Tatien, Beirut 1935.
Preuschen, Erwin und Pott, August: Tatian, Diatessaron, aus dem Arabischen übers. u. hrsg., Heidelberg 1926.

Armenische Version des Kommentars von Ephräm:
Saint Éphrem, Commentaire de l'Évangile concordant, version araménienne, Leloir, Louis (Hrsg.), Corpus Scriptorum Christianorum Orientalium 137 (armenisch) und 145 (lateinisch), Louvain-Löwen 1953–54.

Persische Harmonie:
Diatessaron Persiano, Messina, Giuseppe (Hrsg.), Biblica et Orientalia 14, Rom 1951.

Mittel-niederländisches Harmonie:
De Levens van Jezus in het Mittelnederlandsch, hrsg. von Bergsma, J., BML 54, 55, 61, Leiden 1895–98.
Plooij, Daniel (Hrsg.), Liege Manuskript = A primitive text of the Diatessaron. The Liege manuscript of a mediaeval Dutch translation: a preliminary study, mit einer Einführung von J. Rendel Harris (1923), Neuauflage 2021.

Mittelhochdeutsche Harmonie:
Gerhardt, Christoph (Hrsg.), Das Leben Jhesu, Corpus sacrae scripturae neerlandicae medii aevi, series minor, Bd. 1, Vol. 5, Leiden 1970.

Altdeutsche Harmonie:
Sievers, Eduard (Hrsg.), Tatian. Lateinisch und altdeutsch, Paderborn 1872 (Nachdruck Norderstedt 2015).

2. Antike Quellen

Abd Iso' bar Berika, Nomokanon, in: Scriptorum veterum nova collectio e vaticanis codicibus edita, hrsg. Von A. Mai, Rom 1838, Bd. 10, Teil 1.
Die Bibel, Einheitsübersetzung der Heiligen Schrift, Gesamtausgabe, Stuttgart 2017.
Die Bibel. Das Neue Testament. Die Psalmen, Revidierte Ausgabe, Freiburg im Breisgau 2022 (Herderübersetzung/HÜ).
Celsus, Alethes logos, hrsg. und übersetzt von R. J. Hoffmann, Celsus, On the True Doctrine, Oxford, 1987.
Ephräm der Syrer, Kommentar zum Diatessaron, übersetzt und eingeleitet von Christian Lange, Fontes Christinai, Zwei Halbbände, Turnhout 2008.
Epiphanius Constantiensis, Panarion Haeresium 34–64, hrsg. von Holl, Karl, Berlin ²1922, Neuauflage hrsg. von Dummer, Jürgen, Berlin 1980.
Eusebius von Cäsarea, Kirchengeschichte, herausgegeben und eingeleitet von Heinrich Kraft, München ²1981.
Eusebius von Cäsarea, Werke, Bd. 7: Die Chronik des Hieronymus, Teil 1: Text, hrsg. von Helm, Rudolf, Leipzig 1913 (Nachdruck)
Hieronymus, in Eusebius Werke, Bd. 7, Die Chronik des Hieronymus, Hieronymi Chronicon, hrsg. von Helm, Rudolf, Erster Teil, Leipzig 1913 (Nachdruck).
Hieronymus, Commentarii in Prophetas Minores, hier: In Amos prophetam, hrsg. von M. Adriaen, Corpus Christianorum Series Latina (CCSL) 76, Turnholt 1969.
Hippolyt von Rom, Refutatio omnium haeresium, hrsg. von Marcovich, Miroslav, Berlin 1986.
Irenäus von Lyon, Gegen die Häresien, in: Des heiligen Irenäus fünf Bücher gegen die Häresien. Aus dem Griechischen übersetzt von Klebba, Ernst (Bibliothek der Kirchenväter, 1. Reihe, Bd. 3), München 1912, (Nachdruck).
Isho'dad of Merv, The Commentaries of Isho'dad of Merv, hrsg. von Gibson, Margaret D., Bd. 1, Cambridge 1911.
Origenes, De oratione, hrsg. von Koetschau, Paul (GCS 3), Berlin 1899.
Tatianos, Oratio ad Graecos, Rede an die Griechen, hrsg. und neu übersetzt von Trelenberg, Jörg, Tübingen 2012.
Tertullianus, Quintus Septimius Florens, Über das Fasten. Gegen die Psychiker, übersetzt von K.A. Kellner, Heinrich, Bibliothek der Kirchenväter, Tertullians Ausgewählte Schriften ins Deutsche übersetzt, 1912/15.
Theodoret von Cyrrhus, Compendium haereticarum fabularum, Migne, Jean-Paul, Patrologia graeca, Bd. 83, S. 335–556.

Theodorus bar Koni, Liber Scholiorum, II, hrsg. von Scher, Addai, CSCO 69 (Syr. 26), Louvain-Löwen 1912.

3. Literatur

Ally, Shabir, 101 klare Widersprüche in der Bibel (übersetzt von Muhammed Klinek) in: www.way-to-allah.com/dokument/101_klare_Widersprueche_in_der_Bibel.pdf, (ohne Datum).

van Arkel de Leeuw van Weenen, Andrea, Quispel, Gilles, The Diatessaron in Iceland and Norway, Vigiliae Christianae 32, 1978, S. 214 f.

Baarda, Tjitze, A Staff Only, Not a Stick. Disharmony of the Gospels and the Harmony of Tatian (Matthew 10.9 f.; Mark 6.8 f.; Luke 9.3 & 10.4), in: The New Testament in Early Christianity, hrsg. von J.-M. Savin, BEThL 86 (Neudruck Louvain-Löwen 1989, S. 327 ff.

–, The Diatessaron and Its Beginning, A Twofold Statement of Tatian, 8. Kapitel, The Gospel of John in the Second Century, S. 21 ff., in: Crawford, Matthew R., und Zola, Nicholas J. (Hrsg.), The Gospel of Tatian, Exploring the Nature and Text of the Diatessaron, London 2021, S. 13–24.

–, To the Roots of the Syriac Diatessaron Tradition (T^A 25:1–3), Novum Testamentum 28, 1986, S. 1–25.

–, Vier = Eén: Enkele bladzijden uit de geschiedenis van de harmonistiek der Evangelien, Kampen 1969.

Baker, Aelrad, The Gospel of Thomas and the Diatessaron, Journal of Theological Studies, 16, 1965, S. 449–454.

Bardenhewer, Otto, Geschichte der altkirchlichen Literatur, Bd. 1, Freiburg im Breisgau 1913, S. 392–394.

Barker, James W., Tatian's Diatessaron and the Proliferation of Gospel, in: Crawford, Matthew R., und Zola, Nicholas J. (Hrsg.), The Gospel of Tatian, Exploring the Nature and Text of the Diatessaron, London 2021, S. 111–141.

Beutler, Johannes, Das Johannesevangelium. Kommentar, Freiburg im Breisgau ^{2}2016.

Beutler, Kurt, 101 vermeintliche Widersprüche in der Bibel, Antwort an Shabir Ally, 2021 in: https://ibrahim-impulse.net/101-vermeintliche-widersprueche-in-der-Bibel/

Bludau, August, Die ersten Gegner der Johannes-Schriften, BSt(F) 22, Freiburg im Breisgau 1925, S. 122 ff.

Borse, Udo, Art. Evangelienharmonie, in: Lexikon für Theologie und Kirche, Bd. 3, ^{3}1995, Sp. 1030.

Crawford, Matthew R., und Zola, Nicholas J. (Hrsg.), The Gospel of Tatian, Exploring the Nature and Text of the Diatessaron, London 2021.

Cristina, S. di (a cura di), Discorso ai Greci, Apologetica cristiana e dogmi della cultura pagana, 1991.

Cullmann, Oscar, Die Pluralität der Evangelien als theologisches Problem im Altertum (1945), in: Vorträge und Aufsätze 1925–1962, hrsg. von Fröhlich, K., Tübingen, S. 552 ff.

Daniel, Herrmann Adalbert, Tatianus der Apologet. Ein Beitrag zur Dogmengeschichte, Halle 1837.

Elliott, James Keith, The Apocryphal New Testament, Oxford 1993, S. 3–46.

Hawthorne, G. F., Tatian and his discourse to the Greek, in: Harvard Theological Review 57, 1964, S. 161–188.

Heußer, Theodor, Evangelienharmonie, Die heiligen vier Evangelien übersetzt, chronologisch zusammengefügt und mit textkritischen, sprachlichen und sachlichen Erklärungen versehen, Bd. 1, Gütersloh 1909.

Hörner, Petra, Zweisträngige Tradition der Evangelienharmonie, Harmonisierung durch den „Tatian" und Entharmonisierung durch Georg Kreckwitz u. a., Hildesheim 2000.

Hoffmann, Raymond Joseph, Celsus, On the True Doctrine: a Discourse against the Christians, Oxford 1987.

Joosten, Jan, Tatian´s Sources and the Presentation of the Jewish Law in the Diatessaron, in: Crawford, Matthew R., und Zola, Nicholas J. (Hrsg.), The Gospel of Tatian, Exploring the Nature and Text of the Diatessaron, London 2021, S. 55–66.

Klinghardt, Matthias, Das älteste Evangelium und die Entstehung der kanonischen Evangelien. Untersuchung – Rekonstruktion – Übersetzung – Variante, 2 Bände, Tübingen 2015.

Leloir, Louis (Hrsg.), Éphrem de Nisibe, Commentaire de l'Évangile concordant ou Diatessaron, Sources chrétiennes no. 121, Paris 1966.

McFall, Leslie, Tatian's Diatessaron: Mischievous or Misleading?, in: Westminster Theological Journal 56, 1994, S. 87–114.

Metzger, Bruce M., The Early Versions of the New Testament. Their Origin, Transmission, and Limitations, Oxford 1977.

Mills, Ian N., The Wrong Harmony: Against the Diatesseronic Character of the Dura Parchment, in: Crawford, Matthew R., und Zola, Nicholas J. (Hrsg.), The Gospel of Tatian, Exploring the Nature and Text of the Diatessaron, London 2021, S. 145–170.

Moore, George F., Tatian's Diatessaron and the Analysis of the Pentateuch, Journal of Biblical Literature 9, 1980, S. 201–215.

Peters, Curt, Das Diatessaron Tatians (OrChrA 123), Rom 1939 (Neudruck Rom 1962).

Petersen, William Lawrence, An important unnoticed diatessaronic reading in Turfan Fragment M-18, in: Text and Testimony, Essays on new testament and apocryphal literature in honour of A. F. J. Klijn, hrsg. von Tj. Baarda, A. Hilhorst, G.P. Luttikhuizen und A. S. van der Woude, Kampen/NL 1988, S. 187–192.

–, Tatian's Diatessaron, Its Creation, Dissemination, Significance, and History in Scholarship, Leiden-New York 1994 (Nachdruck Atlanta – Norderstedt 2013).

Preuschen, Erwin und Pott, August: Tatian, Diatessaron, aus dem Arabischen übers. u. hrsg., Heidelberg 1926.

Quispel, Gilles, L'Évangile selon Thomas et le Diatessaron, in: Vigiliae Christianae 13, 1959, S. 87–117.

Schmid, Ulrich B., Unum Ex Quattuor, Eine Geschichte der lateinischen Tatianüberlieferung (Aus der Geschichte der lateinischen Bibel 37), Freiburg im Breisgau 2005.

Schneemelcher, Wilhelm, Neutestamentliche Apokryphen, Bd. I. Evangelien und Verwandtes, begr. von Hennecke, Edgar und fortgeführten von Schneemelcher, Wilhelm, hrsg. von Markschies, Christoph u. a., Tübingen ⁷2012.

Soden, Hermann von, Die Schriften des Neuen Testaments in Ihrer Ältesten Erreichbaren Textgestalt, Hergestellt auf Grund Ihrer Textgeschichte, Band 1: Untersuchungen, 2. Abteilung: Evangelien, Berlin 1907 (Reprint 2018), S. 705–1648.

Trelenberg, Jörg (Hrsg.), Tatianos, Oratio ad Graecos, Rede an die Griechen, Tübingen 2012.

Vööbus, Arthur, The History of Ascetism in the Syrian Orient, Band 1, Corpus Scriptorum Christianorum Orientalium (CSCO) 184, Louvain-Löwen 1958.

–, Syriac and Arabic Documents regarding Legislation Relative to Syrian Ascetism, PETSE 11, Stockholm 1960.

Watson, Francis, Harmony or Gospel? On the Genre of the (So-Called) Diatessaron, in: Crawford, Matthew R., und Zola, Nicholas J. (Hrsg.), The Gospel of Tatian, Exploring the Nature and Text of the Diatessaron, London 2021, S. 69–92.

Wünsch, Dietrich, Evangelienharmonie im Reformationszeitalter, Berlin – New York 1983.

Zahn, Theodor, Geschichte des neutestamentlichen Kanons, Band 1, 1 und 2. Hälfte, Erlangen 1888–89 (Nachdruck: Hildesheim – New York 1975).

Die Herausgeber

Peter Löw, geb. 21. 10. 1960, ist sowohl promovierter Historiker als auch promovierter Rechtswissenschaftler („utriusque") mit dem Schwerpunkt Rechtsgeschichte. Er hält außerdem einen MBA-Titel von der renommierten Business School INSEAD in Fontainebleau. Als Honorarprofessor an der päpstlichen Hochschule Heiligenkreuz hat er sich in Vorlesungen u. a. mit vergleichenden Studien zum Islam und der katholischen und orthodoxen Kirche auseinandergesetzt. In einer interdisziplinären Arbeit hatte er sich zuvor intensiv mit dem Wechselverhältnis von Kirche und Ökonomie befasst (Theologie und Wirtschaft – ... der werfe den ersten Stein, Köln 2017).

Peter Löw ist neben anderen Mandaten Initiator und Kurator des European Heritage Projects, das sich mit der Rettung wichtiger Kulturgüter in Europa befasst. Dort ist es ihm gelungen, zahlreiche bedeutende Baudenkmäler vor dem Untergang zu retten.

Peter Löw ist als päpstlicher Ritter Träger des Großkreuzes des St. Silvester Ordens. Er vertritt den Heiligen und Militärischen Konstantinischen St. Georgs Orden als Delegierter im Priorat Deutschland.

Maximilian Löw, geb. 15. 6. 2001, ist Student der Rechtswissenschaften sowie der Neueren und Neuesten Geschichte an der Albert-Ludwigs-Universität in Freiburg. Nach einem Auslandssemester in Italien hat er sich zuletzt mit Fragen zur Bedeutung des Konzeptes „Dschihad" für das Selbstverständnis des Islam auseinandergesetzt.